Introduction

Avant de présenter Messires Nicolo et Mafeo Polo, ainsi que le fils du premier, Marco, il faut commencer par présenter leur époque, la deuxième moitié du XIIIe siècle. Car, voyageurs parce que commerçants, commerçants parce que Vénitiens, citoyens de la République sérénissime qui fut à la pointe du mercantilisme et aux sources du capitalisme de demain, les Polo sont comme la résultante de leur temps.

Par sa suprématie économique et maritime, Venise devient, dès le XIIe siècle, le fer de lance de l'Europe féodale dans sa première tentative de conquête d'un monde extérieur : les croisades. Déjà banquier et transporteur des troupes de l'Europe, elle jouera aussi le rôle d'instigateur dans la grande piraterie de ce siècle que fut la Quatrième Croisade. C'est ainsi qu'en 1204 elle mène les croisés vers un paradis plus accessible que la Terre Sainte : les richesses de Byzance, par la conquête de Constantinople, porte des grandes routes du Nord et de l'Est.

Or, dans cette dernière moitié du siècle, les rêves de conquête s'évanouissent. En 1250, Saint-Louis est fait prisonnier dans l'avant-dernière croisade avant de mourir dans la dernière. Le domaine croisé en Syrie et Palestine, enclave insignifiante, même aux jours de sa plus grande extension, par rapport à l'immensité du monde musulman, se réduit à quelques villes côtières, dont la dernière, Saint-Jean-d'Acre, sera reprise avant la fin du siècle. En 1261, les Byzantins, alliés des Génois, reprennent aussi leur capitale. Ici, il ne s'agit peut-être que d'un changement d'aire d'influence dans la longue guerre que se livrent Génois et Vénitiens, mais c'est quand même un échec pour Venise.

Dans ce sombre tableau, un espoir soudain éclate. Si bizarre que cela puisse paraître, cet espoir ce sont les Mongols. Il est vrai qu'un instant les Mongols sont apparus comme un danger pour l'Europe. En 1241, leurs armées ont franchi les Carpathes et atteint les environs de Vienne. Mais à la fin de cette même année la mort du Grand Kaghan Oegoedei et les problèmes de sa succession ont probablement arrêté une progression qui ne sera jamais reprise. Toutefois, même avant cette alerte de courte durée, les Mongols étaient considérés par l'Occident comme un puissance salutaire. Les premières informations sur Gengis Khan qui atteignent les avant-postes croisés de Syrie en 1221 le présentent comme... le roi David, et l'apparition des armées mongoles en Arménie, une année plus tôt, est précédée des folles rumeurs annonçant le retour des rois mages. Ce grand espoir qui prend des airs de fin des temps, où les légendes apocalyptiques qui ont nourri l'Europe tout au long du Moyen Age semblent tout d'un coup s'accomplir, a des raisons bien précises.

A un moment où les croisés battent en retraite devant l'Islam, les Mongols apparaissent comme un *deus ex machina.* Ils sont la seule puissance capable d'abattre l'Islam et ils le montrent. La première information de de 1221 fait écho de l'anéantissement des Khwarizmchahs, l'Etat musulman de la Perse — cette Perse qui fut considérée, depuis Darius, en passant par les Sassanides, comme l'ennemi principal de l'Occident, grec, romain ou chrétien. Mais ce n'est qu'un début ; en 1258, Hulagu, petit-fils de Gengis, prend Bagdad, foule le dernier calife, successeur de Mahomet, aux pieds de ses chevaux et supprime le califat. Vers la fin du siècle, la seule puissance islamique indépendante dans la région est le sultanat d'Egypte. Ce qui vient d'être accompli devant les yeux de l'Europe dépasse toutes ses espérances.

De leur côté, les Mongols, suivant l'adage militaire : le danger le plus grand est le danger le plus proche, sont bien disposés envers l'Europe, face à l'ennemi commun qu'est l'Islam. Des alliances locales, même, se créent ; le prince d'Antioche, le roi de la Petite Arménie, chefs de petits Etats croisés, se précipitent pour se déclarer vassaux des Mongols. Par leur intermédiaire, ces derniers ont un accès à la Méditerranée et la lutte, tout au long du siècle, se déroule pour la possession de la Syrie, ultime barrage islamique contre la jonction des Mongols avec l'Occident, défendue par l'Egypte, dernier bastion de l'Islam.

Résultat de ces rapports, les camps étant définis par leur religion, les Mongols se montrent tolérants envers le christianisme. Eux-mêmes sont adeptes d'une religion monothéiste dont les contours assez vagues ont du mal à s'adapter aux exigences d'une religion d'empire. La place est donc libre. D'ailleurs, des rumeurs circulent sans cesse sur la conversion au christianisme de tel ou tel souverain mongol. Les rêves de l'Europe vont donc converger vers cet objectif : un Grand Kaghan des Mongols catholique, apostolique et romain qui sonnerait le glas des gens de Mahomet pour la gloire éternelle de la chrétienté et de l'Occident réunis.

Les deux piliers du catholicisme, le pape et le roi de France, ne perdent pas de temps. Juste après la stabilisation du front européen par l'arrêt des Mongols, le premier envoie un émissaire, le franciscain Jean du Plan Carpin, qui parvient à faire le trajet Lyon-Karakoroum en quinze mois pour assister au couronnement du Grand Kaghan Guyuk. Saint-Louis enverra huit ans plus tard Guillaume de Rubruck auprès du successeur de Guyuk, Mongka. Frère Guillaume découvre là-bas, à son grand étonnement, que le petit peuple de son seigneur avait précédé son envoyé extraordinaire. Mise à part la dénommée Paquette, native de Metz, qu'il rencontre dans les rues de Karakoroum, il trouve aussi Guillaume Boucher, dont le frère habite sur le Grand Pont à Paris, orfèvre de son état, chargé par son nouveau patron de lui fabriquer une fontaine de kimiz, la boisson nationale des Mongols ; le tout étant couronné par un ange sonnant la trompette, beau symbole du rapprochement franco-mongol sous le signe de la fin des temps.

Mis à part ces échanges, les résultats seront minces. Les souverains mongols, déjà entourés par une puissante bureaucratie bouddhiste ou musulmane, dans une région du monde où les seuls exemples du christianisme, les communautés nestoriennes, restent généralement méprisés, sont peu réceptifs aux lointaines et relatives splendeurs de la papauté. Ainsi les Mongols s'intégreront progressivement aux religions dominantes de leur aire d'expansion : le bouddhisme à l'est, l'islam à l'ouest, et l'Occident, pour réaliser ses rêves, se résignera à prendre le chemin le plus long mais le plus sûr, celui de l'accumulation capitaliste.

C'est dans ce contexte, celui de l'alliance avec les Mongols, qu'il faut placer l'aventure des Polo. Pourtant, au début rien ne paraissait les prédestiner à cette tâche. Venise, maître véritable de Constantinople, derrière la façade d'un « Empire latin », exerçait un monopole économique sur la mer Noire et, par-delà, sur l'aboutissement des routes est et nord, celle de la soie et des fourrures. Marco Polo « le vieux », frère aîné de Nicolo et Mafeo, mettant à profit cette situation, s'était établi à Constantinople, où il possédait une maison de commerce avec une « antenne » à Soudak en Crimée. C'est auprès de leur aîné que vont s'installer les deux frères Polo avant de se décider de prendre en charge la « succursale » de Soudak. Ainsi ils s'embarqueront, après un séjour à Venise, vers 1260, dans ce qui va devenir leur premier grand voyage, « por gaagner », comme dit tout simplement le manuscrit français du livre de Marco Polo.

Soudak c'est l'aboutissement de la route des fourrures. Au-delà, c'est le pays des « Tartares du Ponant », les Mongols de la Horde d'Or, maîtres de la steppe russe. Leur souverain, Berké, était le premier prince de la lignée de Gengis à embrasser l'islamisme, faille déjà sérieuse dans les rêves de l'Occident. Mais les frères Polo ne semblent pas s'en soucier. Ils s'enfoncent dans ses domaines pour chercher leurs marchandises à la source, visitent Berké dans sa capitale et par un échange de cadeaux obtiennent le droit de commercer sur son territoire.

Une année à peine s'est écoulée quand un événement vient bouleverser leurs activités. Pour Marco Polo, cet événement serait la guerre entre Berké et Hulagu et l'invasion par ce dernier du sud de la Russie en 1261 qui aurait coupé le chemin de retour aux frères Polo. Or cette guerre, qui s'est déroulée en 1262-63, s'est matérialisée par une bataille indécise dans le Caucase, et les armées de Hulagu ne semblent pas avoir dépassé cette limite. Par contre, en cette même année 1261 se produisait un événement autrement important pour les Polo, que Marco, prisonnier des Génois pendant la rédaction de son livre, tenait peut-être à passer sous silence. Michel Paléologue, empereur byzantin, venait avec l'aide des Génois de reprendre Constantinople des mains des Vénitiens. Du même coup, la mer Noire isolée devenait une chasse gardée des Génois. Les Polo étaient coupés de leurs bases arrière. De même l'issue par le sud, à travers le Caucase, étant coupée à cause de la guerre avec Hulagu, il ne restait que l'est. C'est ainsi que les frères Polo partirent pour Boukhara.

Boukhara c'est une autre route de commerce, celle de la soie, et un autre domaine mongol, celui de la lignée de Tchaghatai, dépendant à l'époque de Koubilai, souverain de la Chine et chef suprême des Mongols. Les Polo y resteront trois ans jusqu'en 1265, et à cette date un envoyé de Hulagu pour Koubilai les amènera avec lui, pour les présenter au Grand Kaghan comme spécimens de « Latins » que ce dernier n'aurait jamais vus auparavant.

Les Polo s'embarquent donc pour la Chine. Il leur faut un an pour arriver à la capitale d'été de Koubilai ; ils y restent pendant l'été de 1266. Koubilai s'entretient avec eux sur l'Europe et décide de les envoyer comme ambassadeurs à Rome. Il leur fournit des sauf-conduits, les fameuses tablettes dont Marco Polo est si fier, et une lettre pour le pape où il demande de lui « envoyer jusqu'à cent hommes savants à enseigner la religion et doctrine chrétiennes ».

On ne sait pas si cette lettre subsiste dans les archives du Vatican, mais elle était source d'un nouvel espoir pour l'Occident et les frères Polo en étaient les porteurs. A partir de ce moment, les Polo deviennent instruments d'un destin capable de changer, selon les convictions de l'époque, la face du monde, et le récit de Marco Polo montre qu'ils en sont conscients. Cela déterminera la suite de leur histoire.

L'interprétation selon laquelle les deux commerçants se sont transformés en missionnaires par cette lettre peut paraître contestable. D'autant plus que les sauf-conduits qu'ils ont obtenus par le biais de cette mission leur ont assuré une immunité et une liberté de circuler, et donc de commercer, à toute épreuve. C'est ainsi qu'ils sortiront non seulement sains et saufs d'un quart de siècle d'épreuves, mais qu'ils rentreront à Venise riches à millions. Dans l'esprit d'un patricien vénitien, où s'arrête la religion et où commence le commerce ? L'un n'empêche pas l'autre. La conversion au christianisme du Grand Kaghan des Mongols n'ouvrirait-elle pas un champ inespéré à l'Occident, à Venise, à la maison Polo ? La conversion a toujours fait marcher le commerce.

Les Polo prennent le chemin du retour pour arriver trois ans plus tard — on est en 1269 — sur les bords de la Méditerranée. Là, ils apprennent que le pape est mort. Le légat de Rome aux lieux saints, Teobaldo Visconti, ne semble pas vouloir prendre des initiatives avant l'élection de son successeur. Ils retournent alors à Venise où Nicolo, qui avait laissé sa femme enceinte, trouve un fils de quinze ans, Marco.

Deux ans passent et le nouveau pape n'est toujours pas élu. Craignant, comme le précise Marco Polo, que Koubilai commence à s'inquiéter de leur absence, ils décident de repartir, cette fois-ci à trois. De retour à

Saint-Jean-d'Acre, ils revoient le légat Visconti, obtiennent des lettres et se mettent en route quand, en septembre 1271, arrive la nouvelle que Visconti vient d'être élu pape. Nouveau retour à Acre, mais le pape ne semble pas plus entreprenant que le légat. A la place des cent docteurs de la foi, les Polo obtiennent en tout et pour tout deux moines, plus ou moins inconnus, qui vont se dérober peu après, aux premières rumeurs de danger.

Les Polo repartent donc, vers le printemps 1272, pour arriver trois ans et demi plus tard auprès de Koubilai. Deux détours et deux arrêts marquent ce voyage : un détour par l'Arménie et le sud du Caucase pour éviter probablement une incursion du sultan d'Egypte dans le nord de la Syrie, puis une remontée de la Perse, du golfe Persique au Khorasan, après l'abandon de l'idée d'un trajet par mer ; un arrêt d'environ un an aux portes de la Chine pour recevoir l'autorisation d'y pénétrer et un autre dans le Haut Afghanistan à cause d'une maladie de Marco Polo.

L'arrivée des trois Polo en Chine trouve Koubilai et les Mongols bien enfoncés dans le carcan des structures millénaires de l'Empire chinois et par conséquent peu disposés à embrasser le christianisme, que la présence des trois seuls Vénitiens ne rendait d'ailleurs pas particulièrement attractif. Les Polo, qui devaient s'en douter un peu, se résignent et s'intègrent de leur mieux dans la bureaucratie sino-mongole. Ils y resteront seize ans.

Il est difficile de reconstituer la vie et l'activité des Polo pendant cette période. D'une part Marco Polo accapare le récit et élimine les deux autres, qui ne seront cités que deux fois dans cette partie de l'ouvrage ; de l'autre, peut-être pour ne pas ennuyer les nobles personnages auxquels il destine son livre, il évite de personnaliser le récit. Il parle de lui-même surtout en tant que témoin des choses observées mais très peu en tant qu'acteur, sauf dans la partie introductive et quelques autres rares endroits. Ainsi on ne peut tenter qu'une chronologie très approximative.

Après un premier apprentissage de la langue mongole et des usages de la cour, Marco Polo passe son examen avec une mission dans le Yunnan, au sud-ouest de la Chine, qu'on peut situer en 1277-78. Ensuite, on peut supposer qu'il était présent à Pékin pendant les événements qui ont suivi l'assassinat du ministre des Finances de Koubilai en 1282. Il a également exercé pendant trois ans une fonction non déterminée, mais qui pourrait être liée à la gabelle, dans la ville de Yangzhou dans le Kiang-sou. Enfin il a été envoyé en ambassade à Ceylan, peut-être en 1284, et dans une autre mission au royaume de Champa, au Vietnam, en 1288 ou même plus tard.

Les années passent ainsi, les Polo aînés vieillissent, Koubilai aussi. Les Polo s'inquiètent du sort qui leur sera réservé après la mort du Grand Kaghan et sollicitent leur départ. En vain. La bureaucratie céleste ne libère pas ses fonctionnaires sans raison valable. L'occasion se présente enfin en 1291. Arghoun, petit-fils de Hulagu et souverain mongol de Perse, veut remplacer son épouse défunte par une autre de la même tribu, célèbre pour la beauté de ses femmes, et envoie une ambassade à ce sujet à son grand-oncle. La fille est choisie mais le retour pose des problèmes. Les descendants de Gengis qui règnent en Asie centrale sont en rébellion endémique contre leurs cousins sédentarisés de la Perse et de la Chine, et cela rend le voyage terrestre périlleux. Marco Polo propose alors la solution providentielle pour la mission et pour les Polo : devenu par ses ambassades familier des mers du Sud, il pourrait servir comme guide pour un retour par mer. La proposition est acceptée mais le voyage ne sera pas pour autant moins difficile. Il durera trois ans, dont cinq mois d'arrêt connu à Sumatra. Pendant ce temps les ambassadeurs et la majorité de la mission périssent. Arghoun meurt et Koubilai aussi. Mais nos héros et la future mariée restent vivants et, après avoir confié celle-ci au fils d'Arghoun, ils peuvent enfin rentrer à Venise en 1295, après une absence d'un quart de siècle.

L'aventure ne se termine pas pour autant pour Marco Polo. Après être sorti indemne de son périple, il est fait prisonnier dans une des petites guerres que se livrent régulièrement Vénitiens et Génois et est emprisonné en

1298 dans la prison de Gênes. Cet enfermement est une aubaine pour la postérité. Car, condamné à l'inaction, il passe son temps à dicter ses Mémoires à un compagnon d'infortune, Rustichello de Pise. Telle est, du moins selon lui, l'origine de son livre. Mais il doit bien s'agir d'une ébauche, complétée après sa libération, parce que, au fur et à mesure que les recherches démontrent l'authenticité de ses informations, une telle rédaction, sans notes et sans documentation, devient de moins en moins plausible. En plus, dans la dernière partie de son livre, Marco Polo mentionne des événements qui se sont déroulés pendant son incarcération, dont il n'a donc pu prendre connaissance qu'après sa libération.

Le reste de la vie de Marco Polo est un conte qui finit bien : un riche mariage et trois filles, une vie heureuse terminée dans les honneurs de la République en 1324.

Le livre de Marco Polo présente le cas extrêmement rare d'un texte qui non seulement vieillit bien, mais se valorise avec le temps. Bien que très célèbre dès sa parution et largement diffusé, même avant l'imprimerie, ce « livre des merveilles » fut d'abord accueilli avec beaucoup de scepticisme. Son époque, habituée à une géographie merveilleuse et standardisée, se trouvait scandalisée par ses innovations. S'il avait décrit le royaume des Amazones où celui des Pygmées, personne ne serait ému. Mais raconter que les rues des villes de Chine étaient pavées de briques et que des pierres noires brûlaient, c'en était trop. Ainsi la réhabilitation se fera lentement, au fur et à mesure que les choses décrites deviennent connues par ailleurs. Et, si l'on songe que le deuxième Européen à visiter plusieurs des régions parcourues par Marco Polo ne l'a fait qu'au XIXᵉ siècle, on comprend pourquoi c'est seulement alors que des études critiques de son œuvre ont été entreprises. Aujourd'hui que la très grande majorité des problèmes historiques et géographiques posés par ce texte ont été élucidés à grands renforts de sources chinoises, mongoles, persanes, arabes, etc., on peut dire que le résultat de cette énorme confrontation fournit aussi la preuve de la valeur de son information.

Tout au long de son livre, Marco Polo présente des qualités d'observation, de documentation, de précision qu'on ne soupçonnerait pas chez un homme de son époque. Mais il n'est pas nécessaire de trop s'étendre là-dessus ; le texte lui-même, avec le minimum des annotations indispensables, suffit amplement à le prouver. Par contre, si la règle n'a plus besoin des preuves, les exceptions demandent à être cernées — parce que des éléments légendaires existent aussi dans ce texte, et s'ils sont marginaux ils occupent pour cela une place particulière qui mérite des explications. Celles-ci permettront aussi bien de résoudre des problèmes d'interprétation qui subsistent encore que de mieux situer le texte dans son époque.

En premier lieu, il faudrait éviter le piège de la « modernité » de l'information fournie et assimiler l'auteur à un personnage de notre époque. Même s'il reste exceptionnel parmi ses contemporains, Marco Polo est un homme de son siècle : le XIIIe ; porteur de son idéologie et de sa conception du monde. On a vu déjà le poids du contexte politique et idéologique dans lequel il se meut et le rôle qu'il joue dans ce contexte. C'est donc à partir de ce fond qu'il faudra rechercher les éléments légendaires dans son œuvre.

Un premier élément qui saute aux yeux est la crédulité, ou l'indulgence, avec laquelle Marco Polo, par ailleurs si soucieux de s'entourer de précautions ou de fournir des preuves de son témoignage personnel, relate un type de récits que sont les miracles visant à prouver la supériorité de la foi chrétienne, perdue au milieu des infidèles. Sa source est sans doute la tradition nestorienne, à laquelle appartient la quasi-totalité des chrétiens de la Haute Asie. Lui considère bien les nestoriens comme des hérétiques par rapport au catholicisme romain, mais il reste que cette tradition et ses miracles constituent les seules preuves de la prépondérance des îlots de christianisme dans l'océan islamique ou bouddhiste. Et Marco Polo a bien besoin de ces miracles, non pas tellement pour les Mongols, dont la cause est perdue et qui ne liront jamais son livre, mais pour les chrétiens « de ce côté-ci de la mer », de cette pauvre Europe qui se mettrait bien à douter en lisant les fastes et la magnificence dans lesquels baigne l'Asie infidèle. Il se surprendra d'ailleurs, maintes fois dans son récit, en train de relater avec étonnement les pouvoirs extraordinaires des « idolâtres » et y coupera net, de peur d'induire ses lecteurs à la tentation. Le rôle des nouveaux apôtres du christianisme qu'assument les Polo dans le cadre de leur mission salvatrice pour l'Occident, et dont Marco est dans son livre la personnification et le porte-parole, porte en lui-même, comme une nécessité, ces éléments légendaires, dont la relation des miracles ne constitue qu'une partie.

Un autre aspect, bien plus important celui-ci, est la transposition du fond apocalyptique que l'Occident chrétien — et l'Orient — ont nourri en son sein tout au long du Moyen Age. Le christianisme, en tant que religion populaire, reprend le messianisme judaïque. L'acceptation de la venue du Messie, la rédemption et le Paradis céleste ne satisfont qu'à moitié. Ou plutôt la récompense dans l'au-delà est la doctrine du christianisme récupéré par le pouvoir séculier et ecclésiastique, tandis que le fond populaire reste foncièrement millénariste, dans l'attente du retour du Messie et d'un Paradis bien terrestre. La secousse produite par l'apparition et l'expansion de l'islam rend évidente cette nécessité du retour. Les vieilles prophéties reviennent à la surface et s'actualisent dans le cadre de la lutte contre l'infidèle et de la victoire finale, située à la fin des temps, les temps actuels bien entendu, et au seuil des temps nouveaux. La tentation de l'Occident de forcer la main à l'apocalypse en se lançant dans les croisades exacerbe ce bouillonnement des légendes. Dans ce contexte, l'arrivée des Mongols a une valeur de fin des temps, de réalisation des prophéties. Marco Polo, nourri de ces légendes, comme tous ses contemporains, se trouve brusquement projeté en leur centre comme instrument de leur réalisation. Sa marche vers Pékin prend alors, avec cette interprétation, une valeur toute particulière. Il se comporte face à ces éléments comme l'évangéliste qui vérifie tout au long de son parcours la conformité des Ecritures aux événements qu'il relate. Mais, comme il s'agit ici d'un parcours réel, la vérification implique surtout une localisation, et c'est de cette tâche que va se charger Marco Polo. Quant au lecteur du XXe siècle, il faut qu'il puisse repérer la légende, à laquelle l'auteur ne se réfère pas explicitement, la considérant comme connue, pour saisir l'interprétation proposée. C'est ce repérage qu'on va essayer d'aborder ici brièvement.

Les bouleversements en Asie centrale, dont l'explosion mongole fut la dernière grande phase, avaient commencé bien auparavant, et l'attention de l'Europe, déjà en alerte par les croisades, était attirée de ce côté. C'est alors que vers 1145 un évêque de la Terre Sainte raconta qu'un roi chrétien venu de l'Orient avait vaincu le roi des Mèdes et des Persans. Ce roi, qui serait descendant des rois mages, s'appelait Prêtre Jean. Ainsi naquit la légende du Prêtre Jean qui a eu la vie dure puisqu'on en trouve des prolongements jusqu'au XIXe siècle. On peut établir ses racines historiques à partir de ses origines de la façon suivante : effectivement, en 1141, le dernier grand empereur Seldjoukide d'Iran, Sandjar, avait subi une défaite décisive contre les Karakhitai, peuple turc venu de l'Est, descendant des Khitan qui avaient dominé la Chine du Nord de 907 à 1122. Or l'Eglise nestorienne, persécutée par les Byzantins, s'était infiltrée à travers l'Asie centrale jusqu'à l'actuelle Mandchourie, et vers cette époque plusieurs peuples turcs ou mongols professaient, y compris leurs familles princières, le christianisme nestorien. Cela donne une base historique solide à cette légende. Les Européens avaient ainsi cristallisé, bien avant Gengis, leurs espoirs orientaux dans la personne du Prêtre Jean, et les tentatives d'identification commencèrent aussitôt. Dans la seconde moitié du XIIe siècle, un peuple turco-mongol, les Kéreyit, devient maître de la Mongolie. Il est en partie chrétien, ainsi que son souverain Ong Khan, à cette époque suzerain de Yesugei, père du futur Gengis Khan. L'identification ne tarde pas à se faire : dès la fin du siècle, Ong Khan est considéré comme le Prêtre Jean.

Marco Polo se tient au début à cette identification. Mais les faits démentent cette légende. Ong Khan est vaincu et tué par Gengis. Si Gengis ou ses successeurs se christianisaient, on n'aurait plus besoin d'autre Prêtre Jean, mais si non... Et Marco Polo trouve mieux sur place. Déjà son interprétation est historiquement plus valable. Les Oengut, une autre tribu turque, sont également chrétiens, leurs souverains aussi, mais en plus ces derniers sont des chefs religieux, héréditairement. Donc ils sont tous prêtres et ils sont tous Prêtre Jean, comme dira Marco Polo. Le nom devenu titre se pérennise, devient intemporel et convient ainsi plus à la légende. En outre, cette famille est une alliée héréditaire des Grands Kaghans. Le Prêtre Jean, à défaut de pouvoir devenir le Grand Kaghan lui-même, devient son mentor. Enfin, par un dernier artifice, Marco Polo transforme les princes Oengut en descendants de Ong Khan et ordonne ainsi la légende en lui donnant un aspect cohérent.

Même souci de localisation et de précision pour les autres légendes, celle de Gog et Magog par exemple. Ces peuples, habitant l'extrémité nord-est de la terre selon l'Ancien Testament, devraient sortir de leur repaire à l'approche des Derniers Jours pour envahir la terre. Le Coran renchérit sur la Bible, en y ajoutant un autre personnage devenu légendaire, Alexandre le Grand. Ce dernier aurait construit une grande muraille pour enfermer derrière Yadjoudj et Madjoudj (Gog et Magog) jusqu'à la fin des temps. L'Europe avait déjà identifié le déferlement mongol avec les peuples cités par la Bible, et quand Marco Polo atteignant la Chine se trouve devant la Grande Muraille il ne doute pas un instant qu'il s'agit de la muraille de la légende. Et cette appartenance semble pour lui si exclusive qu'une fois établie il ne mentionnera plus la muraille de Chine, comme si elle n'existait que comme justification de Gog et Magog. Quant à l'identification des noms, la question ne se pose même pas pour Magog : ce sont les Mongols, et, puisqu'il leur fallait un compagnon, Marco Polo décide que les Gog sont les Oengut. Par cette interprétation, les envahisseurs de la fin des temps se transforment ainsi en alliés « objectifs » de l'Occident.

Alexandre le Grand lui-même est à la source d'un autre grand cycle légendaire. Symbole de la lutte de l'Occident contre l'Orient, il avait été le premier à conquérir le terrain de l'adversaire — l'Egypte, la Mésopotamie, la Perse — et à aller même au-delà des limites du monde connu. Sa réputation est telle qu'il finit par être récupéré par ses adversaires et se retrouve en Islam sous le nom de Dhou'l-Karnain — « Celui qui a deux cornes » —, réminiscence de l'appropriation par Alexandre du culte de Zeus Ammon, le dieu bélier. Le « Roman d'Alexandre », légende à tiroirs, sans cesse augmentée et complétée au long du Moyen Age, abonde en éléments concernant les limites extrêmes des conquêtes d'Alexandre. Dans cet au-delà, le Macédonien aurait laissé des royaumes, des colonies, perpétuant la culture occidentale — îlots familiers dans un monde inconnu et hostile, reliques d'un impérialisme antique, mais aussi graines d'une éclosion future. Là aussi, Marco Polo se charge de dépister, de localiser ces îlots dans le Haut Afghanistan. Et ici comme ailleurs il apporte une information plausible pour fixer un élément légendaire à base historique. Ces régions du Haut Afghanistan : le Badakhshan, le Nuristan, sont effectivement les derniers refuges des tribus indo-européennes qui avaient pris part aux royaumes indo-bactriens des successeurs d'Alexandre. Les peuples qui les habitent et surtout leurs familles princières se réclamaient d'Alexandre le Grand à l'époque de Marco Polo, mais également six siècles plus tard, à l'époque de Kipling.

Un autre îlot de l'Occident chrétien, perdu en Asie, est le tombeau de saint Thomas l'Apôtre. Les actes de cet apôtre parlent dès le IVe siècle de l'évangélisation de l'Inde par saint Thomas, mais c'est encore Marco Polo qui dénichera le premier ce Compostelle asiatique dans l'extrême sud de l'Inde.

Il reste enfin une dernière légende, mal identifiée de nos jours, parce que oubliée depuis longtemps, celle de l'Arbre Seul-Arbre Sec. Là aussi il s'agit de couches superposées au long des siècles, et ce qui importe ici est d'essayer de tracer les contours de sa signification à l'époque de Marco Polo. Son double nom indique déjà ses deux racines lointaines. En tant qu'Arbre Seul il est celui qui se dresse au bout du monde connu et constitue la limite entre ce côté-ci et l'au-delà : cet au-delà où tout se fond dans le sentiment de l'inconnu, le temps et l'espace, l'Enfer et le Paradis, la crainte et l'espérance. En tant qu'Arbre Sec, il est celui du péché et du repentir, symbole de cette dualité indissociable : arbre vert desséché-arbre sec qui reverdira. Mais la limite est faite pour être dépassée et l'inconnu n'est jamais vide. Si on ne dépasse pas l'Arbre Sec c'est l'Autre, celui qui habite au-delà, celui qui est chargé de nos craintes et nos espérances, la cause et l'effet de nos péchés, l'instrument de notre repentir, qui viendra nous envahir. C'est ainsi que l'antéchrist est venu jusqu'en Terre Sainte, qu'il a violé le sanctuaire — parce qu'on a péché et afin de nous donner l'occasion de nous repentir. Or le repentir est l'anéantissement du péché et de l'Autre qui est sa personnification ; il se trouve donc indissolublement lié à la guerre sainte, aussi bien dans la chrétienté que dans l'Islam d'ailleurs. Quand le repentir s'accomplira et l'Autre sera repoussé au-delà de l'Arbre Sec, ce sera la fin de cette ère et le début des temps nouveaux. Et l'Arbre Sec reverdira.

Mis à part les archétypes très anciens dans la Genèse et au-delà dans les civilisations mésopotamiennes, on trouve une première évocation de cet arbre dans le livre de Daniel, le dernier livre de l'Ancien Testament, écrit dans les temps troubles des luttes des Maccabées contre les successeurs d'Alexandre le Grand. L'arbre est ici situé dans le rêve de Nabuchodonosor, le dernier roi « barbare » de la Mésopotamie, avant que cette fonction soit reléguée aux rois de Perse dans l'imaginaire collectif judéo-chrétien.

« Voici un arbre, dit Nabuchodonosor, en racontant son [rêve,
Au centre de la terre
très grand de taille.
L'arbre grandit, devint puissant,
sa hauteur atteignit le ciel,
sa vue les confins de toute la terre.
Son feuillage était beau, abondant son fruit,
il donnait l'ombre aux bêtes des champs,
dans ses branches nichaient les oiseaux du ciel
et toute chair se nourrissait de lui. »

Et puis l'Ange du Seigneur arrive :

« A pleine voix, il crie :
Abattez l'arbre, brisez ses branches,
arrachez son feuillage, jetez son fruit,
que les bêtes fuient son abri
et les oiseaux ses branches.
Mais que restent en terre souche et racines
dans des liens de fer et de bronze
dans l'herbe des champs. »

Dans l'interprétation du rêve dans le texte, l'arbre symbolise le royaume païen frappé par le vrai Dieu. Déjà dans le livre de Daniel l'Arbre est implicitement « seul », en tant qu'unique, et explicitement « sec », parce que frappé de la colère de Dieu. Mais il n'a pas encore la fonction de limite. Par contre, plus loin dans le même livre, où le texte prend un ton nettement apocalyptique, on verra « le fils de l'homme » chasser les ennemis jusqu'aux confins de la terre.

Le caractère apocalyptique « militant » du livre de Daniel le rendra extrêmement populaire tout au long du Moyen Age. Mais, l'époque ne pouvant plus se satisfaire des allusions aux Séleucides et aux Ptolémées, il a fallu chercher des compléments pour l'actualiser, surtout après l'apparition de l'islam. Byzance, plus directement menacée, excellera dans la production de ces annexes connues sous le nom de « Pseudo-Daniel ». Et c'est ainsi qu'on verra dans un manuscrit datant du

XIVe siècle les nouveaux exploits du fils de l'homme : « [...] et quatre anges le prendront et le feront entrer dans Sainte-Sophie et le couronneront en tant que roi et lui donneront à sa droite un glaive, lui disant : Soit courageux et domine et vaincs tes ennemis. Et lui, prenant le glaive des mains des anges, anéantira les Ismaélites [les musulmans], les Ethiopiens, les Francs, les Tartares et toute leur descendance, et les Ismaélites les divisera en trois parties, la première anéantira au glaive, la deuxième baptisera et la troisième chassera en grande colère jusqu'à l'Arbre Seul, et à son retour les trésors de la terre lui seront ouverts et tous seront riches et personne ne sera pauvre ».

Ce manuscrit, postérieur au texte de Marco Polo, ne nous permet pas de remonter vers les origines de l'Arbre Seul, mais on verra au début du XVe siècle cette légende faire sa jonction avec une autre, d'origine apparemment plus ancienne, celle de la Pomme Rouge.

La Pomme Rouge est à l'origine le globe que tient dans sa main la grande statue équestre de Justinien le Grand à Constantinople. L'autre main de la statue pointe vers l'orient, vers l'ennemi héréditaire, qui est pendant cette période, et le restera jusqu'à l'apparition de l'islam, les Sassanides de Perse. Ce globe de cuivre doré, qui signifie la puissance de l'empire, devient la Pomme Rouge dans l'imaginaire populaire. Sa disparition, au cours des vicissitudes que la capitale de l'empire a connues, probablement pendant sa prise par les croisés en 1204, transforme ce symbole en une légende apocalyptique. La pomme, c'est-à-dire la puissance perdue, ne sera récupérée que par un nouveau héros qui recouvrira les terres perdues en chassant l'ennemi, qui est maintenant représenté par l'Islam et plus particulièrement par les Turcs. Ainsi on rejoint d'une part Daniel et ses prolongements, à travers le fils de l'homme, le héros attendu, tandis que la pomme perdue qui sera retrouvée après la victoire se réfère tout naturellement à une matrice qui est l'arbre dont elle est issue : le pommier. De cette façon, pendant les deux derniers siècles de Byzance, la Pomme Rouge deviendra le Pommier Rouge, lequel sera assimilé à l'Arbre Seul. Ce n'est qu'après la chute de Byzance que le terme de Pommier Rouge prévaudra et s'ancrera dans la tradition populaire grecque comme symbole de la lutte contre les Turcs.

Les différents thrènes sur la prise de Constantinople par les Turcs mentionnent indifféremment l'Arbre Seul ou le Pommier Rouge. Ducas, l'historien de cette période, raconte comment après l'entrée des Turcs dans la ville le peuple se réfugia sous la colonne Justinienne où se trouvait la statue en question : « [...] parce qu'ils entendaient depuis plusieurs années des faux prophètes dire que la ville sera livrée aux Turcs et que ceux-ci y entreront en force, massacrant les Romains jusqu'à la colonne. [...] Ensuite apparaîtra un ange porteur d'un glaive qui avec le glaive livrera la royauté à un homme pauvre et sans manières se tenant sous la colonne et lui dira : " Prends ce glaive et venge le peuple du Seigneur. " Et alors les Turcs s'en retourneront sur leurs pas et les Romains les poursuivront en les massacrant et les sortiront de la ville et des lieux de l'Occident et de ceux de l'Orient jusqu'aux limites de la Perse à un lieu nommé l'Arbre Seul ».

Ducas, tout en précisant la prophétie, nous propose aussi une localisation. Mais de quelle limite de la Perse s'agit-il ? l'orientale ou l'occidentale ? Il est possible que pendant le dernier siècle de Byzance, les Turcs étant maîtres de l'Asie Mineure jusqu'aux portes de Constantinople, la limite fût portée à l'ouest de la Perse. Les « Pseudo-Daniel » de la fin du XIVᵉ parlent de la bataille décisive qui se déroulera « au lieu de Parténé ». Ce nom peut aussi bien signifier la Parthie, c'est-à-dire la Perse, que l'Atropaténé, c'est-à-dire l'Azerbaïdjan actuel, à l'ouest donc de la Perse. Et c'est à Tabriz, la capitale de l'Azerbaïdjan, que Odoric de Pordenone, voyageur du milieu du XIVᵉ siècle, et Clavijo, au début du XVᵉ, rencontreront leur Arbre Sec. Or des textes occidentaux qui sont antérieurs semblent plutôt indiquer la limite orientale.

La référence à l'Arbre Sec, et non à l'Arbre Seul, se

trouve en Occident dans des textes d'un autre type : les romans et les pièces de théâtre du Moyen Age. Comme si l'éloignement du danger rendait le symbole moins présent en le projetant un peu dans le folklore. Par contre, une présence bien enracinée dans la littérature dès le début du XIIIe siècle indique l'ancienneté de la légende.

Le texte le plus ancien qu'on possède est le *Jeu de saint Nicolas,* une des toutes premières pièces du théâtre français, datée de l'année 1200, ou au moins du tout début du XIIIe siècle. Là apparaissent, dans une tentative d'alliance contre l'Occident chrétien, l'émir d'Iconium, c'est-à-dire le sultan Seldjoukide d'Asie Mineure, l'émir d'Oliferne, probablement le sultan de Perse, l'émir d'Orkenie, du grec Hyrcanie : le nom antique de Khorasan, et l'émir de l'outre-Arbre Sec. Il serait hasardeux d'essayer de tirer une indication géographique précise de ces éléments, mais on pourrait dire que l'Arbre Sec semble bien situé aux limites du monde connu et au-delà de la Perse. De la même façon, dans le roman du comte de Poitiers, qui daterait du milieu du XIIIe siècle, Constantin, roi de Byzance, menace l'émir de Babylone de détruire son empire jusqu'à l'Arbre Sec.

Enfin un dernier texte occidental, postérieur à Marco Polo : *Les Voyages du sieur de Mandeville,* un chef-d'œuvre de géographie légendaire datant du milieu du XVe siècle, localise l'Arbre Sec en Terre Sainte, dans la vallée d'Hébron. Celui-ci, tout en précisant son contenu apocalyptique, lié à la libération de la Terre Sainte par un roi chrétien, lui superpose une autre légende, celle de l'arbre à baume-arbre et produits miraculeux dont on trouvera aussi trace dans la description qui sera donnée par Marco Polo.

En conclusion on peut dire qu'au XIIIe siècle la légende de l'Arbre Seul-Arbre Sec se précise à partir de deux centres : Byzance, où le contenu apocalyptique du lieu de la victoire finale contre l'infidèle prédomine ; l'Europe où, malgré la persistance du contenu apocalyptique, l'élément dominant semble être la limite du monde connu. Marco Polo est bien au courant de cette double source et le montre en précisant qu'il s'agit de l'Arbre Seul que les chrétiens de ce côté-ci de la mer, c'est-à-dire l'Europe catholique en deçà de la Méditerranée, appellent l'Arbre Sec. Ensuite, selon son procédé de raisonnement habituel, il cherche un fond réel pour asseoir sa légende. Et il trouve au Khorasan, dans le nord-est de la Perse, où probablement la légende en son temps plaçait l'Arbre, à la sortie du grand désert, limite plausible de la séparation de deux mondes, un arbre seul et merveilleux. Celui-ci, probablement un platane, qui par sa taille et par sa localisation aux bords du désert aurait déjà dû se faire une réputation légendaire locale et peut-être même être identifié comme l'Arbre Seul par les chrétiens du pays, convient parfaitement à l'objectif. Le récit que Marco Polo en donne est un parfait exemple de double langage où la description réaliste d'un platane se superpose à une réalisation prophétique. Les feuilles, vertes d'un côté et blanches de l'autre, sont bien celles d'un platane, mais aussi des feuilles qui seraient vertes d'un côté et sèches de l'autre. Les fruits non comestibles du platane sont aussi ceux de l'arbre de Daniel après la malédiction de l'Ange. Quant au baume qui en est extrait, il se réfère à l'arbre à baume de la Terre Sainte. Les références historico-géographiques servent aussi à conforter la même légende. La localisation en cet endroit de l'ultime bataille entre Alexandre et Darius n'est pas historique mais renforce la prédestination du lieu comme celui de la bataille finale entre l'Occident et l'Orient. La mention du fleuve Gion, l'Amu Darya, qui est en même temps un des quatre fleuves légendaires du Paradis terrestre, se réfère à la proximité de la limite du monde connu. D'ailleurs chez Marco Polo, comme chez les auteurs occidentaux de son époque, le transfert des noms de Tigre et d'Euphrate, deux autres des fleuves du Paradis, vers la Volga et l'Araxe indique un déplacement de ce Paradis vers des régions plus lointaines situées dans le Nord-Est, donc conformes à la limite posée par l'Arbre.

Enfin la référence au livre d'Alexandre, requérant

l'autorité du vainqueur et du transgresseur des limites, pose un problème curieux. Sauf preuve du contraire, la légende d'Alexandre ne contient pas à l'époque de Marco Polo de mention de l'Arbre Sec. Elle viendra s'y ajouter plus tard dans une de ses multiples annexes, « les vœux du Paon ». Ainsi on pourrait supposer que la synthèse progressive de la légende se fait dans la tradition avant de passer à l'écrit.

Avec cette légende de l'Arbre Seul-Arbre Sec, sur laquelle on s'est étendu parce qu'elle est sensée constituer un des points obscurs du récit de Marco Polo, on complète plus ou moins les éléments eschatologiques du fond religieux chrétien traités par ce texte. D'autres références existent, comme la localisation des rois mages chez les zoroastriens de Perse ou celle des crypto-chrétiens, qui sont probablement des manichéens, au sud de la Chine, mais posent beaucoup moins de problèmes de ce type.

Les deux aspects légendaires du récit polien parcourus jusqu'ici, les miracles de propagande chrétienne et les légendes apocalyptiques, constituent le côté religieux de la supériorité présente ou future de l'Occident que défend Marco Polo. Est-ce qu'il serait possible de déceler aussi des éléments visant à défendre une supériorité technique ? Il serait peut-être téméraire de l'affirmer, mais il existe un récit qui porte à le croire : c'est la soi-disant participation des trois Polo au siège de Siangyang et leur invention des machines capables d'emporter la victoire. Or les dates sont formelles, le siège a duré cinq ans, de 1268 à 1273, pendant lesquels les Polo étaient, sans aucun doute, absents de Chine. Les chroniques chinoises, qui mentionnent abondamment l'événement, citent en détail les nouvelles machines de guerre utilisées ; certains commentateurs parlent même de l'utilisation des premières armes à feu, et donnent aussi les noms et l'origine des ingénieurs employés : des musulmans d'Iran envoyés par Abagha. On est donc bien obligé d'admettre, jusqu'à preuve du contraire, qu'il s'agit d'une affabulation consciente de Polo, la seule qu'on arrive vraiment à détecter dans son récit, par laquelle il s'approprie un exploit qui lui est totalement étranger. Cette particularité mérite explication, d'autant plus qu'ici comme ailleurs Marco Polo se présente non seulement comme individu mais aussi comme représentant de l'Occident, et, tandis que dans d'autres endroits de son récit il ne perd pas une occasion d'exposer les accomplissements et l'efficience de l'empire des Yuan et même de faire des comparaisons défavorables pour l'Europe, ici, pour une fois, il ressent le besoin de vanter sa supériorité technique. Si cette analyse est juste, on verrait donc à côté de la supériorité religieuse maintes fois explicitement soutenue un cas unique de supériorité technique, mais, malheureusement pour Marco Polo et l'Occident, mal choisi.

Ces aspects légendaires qui constituent, directement ou indirectement, la défense des valeurs du monde dont l'auteur est issu composent la plus grande partie du fond légendaire polien, mais ne l'épuisent pas. Il reste la vision même de ce monde, celle qui n'est pas consciemment défendue parce qu'elle n'est pas apparemment contestée. Et cette vision du monde est, au pied de la lettre, avant tout géographique. Marco Polo fait œuvre de géographe, son livre s'appelle en vieux français *Le Devisement du monde.* Il a l'intention d'y raconter l'ensemble du monde et de localiser, de décrire, la totalité des éléments que la vision du monde de son époque contient, y compris les éléments légendaires, lesquels ne se distinguent pas en tant que tels des éléments réels. Ils font tout simplement partie du monde inconnu, inexploré. Du moment que Marco Polo se charge de son exploration, il faut que ces éléments soient localisés. D'où une nouvelle catégorie du légendaire qui apparaît.

Marco Polo ne fait pas le travail d'un géographe du légendaire. Il suffit de lire par exemple Mandeville pour comprendre la différence. Il utilise son esprit « critique », « positif », pour réfuter une légende, quand cela est possible. C'est le cas pour l'amiante : avec des informations qu'il tient de source sûre sur l'extraction et la fabrication de ce produit, il réfute ses origines animales à partir de la légendaire salamandre. Ou quand, appliquant la définition légendaire de l'unicorne au rhinocéros de Sumatra, il s'aperçoit de la différence et constate que celui-ci n'a rien à voir avec l'animal gracieux séduit par une pucelle. Mais il ne peut réfuter de même, sous prétexte qu'il ne les a pas vérifiés de visu, des éléments que la géographie de son temps considère comme bien réels, par exemple les hommes à queue ou à tête de chien. Le fait de ne pas les avoir rencontrés n'est pas une preuve suffisante de leur inexistence, surtout face au poids de la tradition. D'autant plus que certains archétypes légendaires semblent exister chez la plupart des peuples, de façon que le voyageur qui retrouve les mêmes récits dans des cultures indépendantes et même isolées se voit bien obligé de croire à leur réalité, s'il n'est pas armé d'un a priori scientifique déterminant leur inexistence. Ainsi on trouvera dans le récit des hommes à queue — pas des singes, précise-t-il — à Sumatra, des hommes à tête de chien aux îles Nicobar et l'éternel royaume des femmes, sous la forme des îles mâle et femelle dans le sud de l'Arabie.

La part consacrée dans cette préface aux aspects légendaires du livre de Marco Polo ne doit pas créer l'illusion qu'ils constituent, quantitativement ou qualitativement, la partie la plus importante de son œuvre. Seulement le fait de les cerner, de les isoler, permet de démontrer a contrario la véracité du reste du récit. Toutefois, la partie informative du texte pose elle aussi des problèmes de classification, trop longs pour être abordés ici. Une esquisse très rapide nous semble néanmoins nécessaire.

Le texte qu'on possède aujourd'hui — et il n'y a aucune raison de croire qu'il en existait un autre plus détaillé — est très court si l'on considère qu'il couvre un quart de siècle de pérégrinations dans la majeure partie de l'Asie. Il implique donc un choix opéré par l'auteur sur un matériel nécessairement plus vaste. Les critères de ce choix sont apparents, aussi bien dans l'introduction qu'à l'intérieur du texte. L'ouvrage n'était pas destiné à une académie quelconque comme le rapport d'une expédition scientifique. Sa prétention était l'amusement des nobles qui s'en feraient la lecture et l'édification des bourgeois qui pourraient également se documenter sur l'origine des produits et des marchandises les intéressant. Cette destination implique un ouvrage relativement court, agréable à lire, où les différents sujets alternent pour ne pas ennuyer le lecteur. C'est en fin de compte le récit type du genre « voyage » tel qu'il va se développer jusqu'aux itinéraires romantiques du XIXe siècle. Mais, ce parti pris une fois précisé, quels sont les types d'information contenus dans ce texte ?

Pour essayer d'analyser l'information fournie par Marco Polo il faudrait commencer par établir des critères. Se placer par rapport au lecteur de nos jours serait un bon point de départ, mais il n'est pas suffisant. De quel lecteur s'agit-il ? de celui qui connaît à fond l'histoire secrète des Mongols ou les annales de la cour des Yuan, ou de celui qui approche Marco Polo comme un roman d'aventures ? L'intérêt de ce livre consiste précisément en ce que les deux y trouvent leur compte, mais à des endroits différents. Ce qui est déjà un critère en soi.

Ainsi une partie des renseignements fournis par Marco Polo est corroborée par les sources chinoises, mongoles ou persanes. Il s'agit surtout des éléments historiques, géographiques ou administratifs, ces derniers concernant la cour et les activités publiques en Chine, qui ne peuvent pas être aujourd'hui considérés dans leur ensemble comme des sources originales. Mais ces éléments, dont la fiabilité, mises à part quelques confusions dans les dates et les relations entre les personnages, est prouvée, constituent une source aussi exacte que vivante pour le lecteur qui n'a pas le loisir de plonger dans les textes originaux. Parfois, ils comblent même l'information des sources locales ; c'est le cas de la description des palais du Grand Kaghan, de certains événements dont Marco Polo a dû être témoin, comme l'assassinat du ministre des Finances de Koubilai, ou des endroits dont les sources écrites ne remontent pas jusqu'à cette époque, par exemple les royaumes de Sumatra, et en ce sens ils constituent une source originale.

Le reste, qui forme quantitativement mais aussi qualitativement la majeure partie du texte, est une information unique dans son genre concernant les activités et la vie quotidienne des peuples visités, leurs coutumes vestimentaires, alimentaires, sexuelles, funéraires, religieuses, contenant des renseignements sur les biens produits et, par-delà, sur la flore et la faune des pays parcourus. Ce côté du texte, de loin le plus intéressant, parce qu'il nous apprend des choses qui ne nous sont pas connues par ailleurs, est le moins étudié. Les commentateurs de Marco Polo, qui depuis un siècle et demi se sont acharnés, et à juste titre, à prouver la véracité de ses dires, se sont principalement penchés sur la vérification des éléments historiques et géographiques contenus dans le texte. Ainsi la majeure partie de l'énorme travail qui a été réalisé sert à démontrer la concordance de ses éléments avec les sources existantes, laissant de côté l'exploitation du matériel original contenu dans ce récit. Il est vrai que l'information fournie par Marco Polo est tellement vaste qu'une analyse complète dans un seul ouvrage est impossible. Plusieurs chercheurs y ont consacré leur vie et ont publié des volumes impressionnants de notes abordant quasi exclusivement les aspects historico-géographiques. Peut-être, maintenant que ce côté semble plus ou moins établi, le temps d'aller plus loin arrive.

Avant de conclure, il faut donner quelques précisions sur le texte publié ici. La grande fortune du livre de Marco Polo, dès sa parution, a entraîné un grand nombre de manuscrits, cent quarante-trois connus, et par conséquent de gros problèmes d'altération par recopiage, d'autant plus qu'on ne dispose pas de manuscrit vraiment original. Une première synthèse a été tentée dans l'édition italienne de 1928, mais la synthèse complète n'a été opérée qu'en 1938, grâce à la découverte d'un nouveau manuscrit à Tolède, par les professeurs Moule et Pelliot. Cette édition, qui se présente comme un texte reconstitué à partir de l'ensemble des manuscrits existants, a été publiée en anglais. La traduction en français a été donnée en 1955 dans l'édition préparée par Louis Hambis. Le texte proposé ici reprend tel quel celui de l'édition de 1955. Il s'agit donc d'un texte qui peut être considéré comme intégral. Quant aux notes, elles essaient de faire la synthèse des travaux effectués jusqu'ici. Les premières éditions critiques du début du XIXe siècle, l'anglaise de Mardsen en 1818, l'italienne de Baldelli-Boni en 1827, ceux-ci n'ayant encore qu'une connaissance toute relative des régions visitées par Marco Polo, sont depuis longtemps dépassées. G. Pauthier, sinologue, a démontré le premier dans son édition de 1865, en utilisant abondamment les sources chinoises, la valeur des informations de Marco Polo. Mais la connaissance cartographique de la Haute Asie était encore insuffisante à l'époque pour que Pauthier puisse établir avec exactitude l'itinéraire du voyage. Presque en même temps, l'Anglais Yule entreprenait une édition critique qui, complétée par le sinologue français Henri Cordier (sa dernière mise à jour date de 1926), faisait avancer considérablement les travaux sur Marco Polo. Mais le travail de loin le plus monumental a été entrepris par l'orientaliste Paul Pelliot et le professeur Moule. Leurs travaux sur un texte « intégral » avaient abouti à l'édition anglaise de 1938. Cette édition devait être complétée par une série des notes qui n'ont pas pu voir le jour dans le même cadre avec la mort de leurs auteurs. Finalement les notes de A. C. Moule ont été publiées à Cambridge en 1957 et celles de Pelliot à Paris par Louis Hambis en trois volumes édités respectivement en 1959, 1963 et 1973. Entre-temps, Louis Hambis, probablement sans utiliser les notes manuscrites de Pelliot, annotait l'édition de 1955 en apportant aussi quelques éléments nouveaux.

Les annotations du texte ici présenté ont été entreprises à partir des notes de Pauthier, surtout en ce qui concerne l'utilisation des textes chinois ; de Pelliot, lesquelles sont extrêmement détaillées et précises, mais évitent parfois de conclure ; et celles de Hambis qui, même si elles sont en plusieurs points en retrait par rapport à celles de Pelliot, ont le mérite de proposer une solution et ainsi de correspondre mieux à un ouvrage de ce type. Enfin, un très petit nombre de recherches ont été directement effectuées, principalement dans les sources byzantines, négligées par les chercheurs essentiellement sinologues. L'objectif a donc été de fournir un nombre important de notes, sans lesquelles le texte risquait de devenir un ouvrage de fiction, ce qu'il n'est précisément pas, mais extrêmement courtes, dans la mesure du possible, pour ne pas alourdir la lecture ; cela en essayant de fournir les conclusions les plus récentes et les plus plausibles d'un débat qui reste parfois encore ouvert.

Après avoir tenté de faire une présentation extrêmement sommaire du livre de Marco Polo on pourrait conclure en disant que ce texte est le lieu où le merveilleux atteint sa plus haute expression, celle de la réalité. Tout au long du récit, le réel n'est pas obtenu en disséquant le merveilleux : c'est le merveilleux qui se donne un contenu et devient la réalité. Cette réalité est inévitablement la mort d'un certain merveilleux, mais aussi la naissance d'un autre. Deux siècles après Marco Polo on ne parlera presque plus de l'Arbre Sec, du Prêtre Jean ou de Gog et Magog, mais on parlera de l'or de Cipingu et des trésors de l'Orient révélés par son livre. Dans la vision du monde le merveilleux perçu en tant que réel laissera sa place au réel perçu en tant que merveilleux, et Marco Polo y sera pour quelque chose. C'est pour réaliser ce merveilleux que partiront les grands explorateurs du XVe siècle et leurs successeurs. Le réaliser, c'est-à-dire le matérialiser, le convertir en richesses à piller, en main-d'œuvre à asservir. La vision apocalyptique de l'inconnu reculera avec les limites du merveilleux débité en colonies, protectorats et autres zones d'influence. L'apocalypse, la proclamation du bonheur sur terre, à atteindre par l'anéantissement ou l'asservissement de l'Autre, l'inconnu, l'infidèle, ne seront plus pour demain, elles s'installeront dans le quotidien.

Stéphane YERASIMOS
Paris, le 11 février 1980

AVIS AU LECTEUR

L'annotation du texte de Marco Polo a posé deux problèmes de transcription — l'orthographe des noms propres cités dans le texte même étant évidemment celle utilisée dans l'édition française de 1955. Le premier concerne les noms mongols. Une transcription récente, élaborée afin de dégager ces noms des consonances acquises au cours de leur passage par la langue arabe, est utilisée dans les ouvrages spécialisés, l'Encyclopédie de l'Islam et même dans l'Encyclopediae Universalis. Mais elle se sert abondamment de signes n'existant pas dans l'alphabet français et, outre qu'elle nécessiterait l'insertion d'un guide phonétique, elle risquerait de rendre malaisée la lecture des notes. On a donc préféré la transcription usuelle qui consiste à essayer de se rapprocher le plus possible à la prononciation d'un mot écrit dans une langue utilisant un alphabet non latin en se servant exclusivement des lettres de l'alphabet français et des formes de prononciation de la langue française.

Par contre, pour les noms de lieu chinois c'est la nouvelle transcription, dite *pinyin*, qui a été utilisée, pour la simple raison que ces noms ont un intérêt pour le lecteur s'ils peuvent être localisés sur une carte, les nouveaux atlas utilisant cette transcription — exception est faite des noms des provinces, pour ne pas trop dépayser le lecteur.

Premier livre

TABLEAU GÉNÉALOGIQUE DES SOUVERAIN

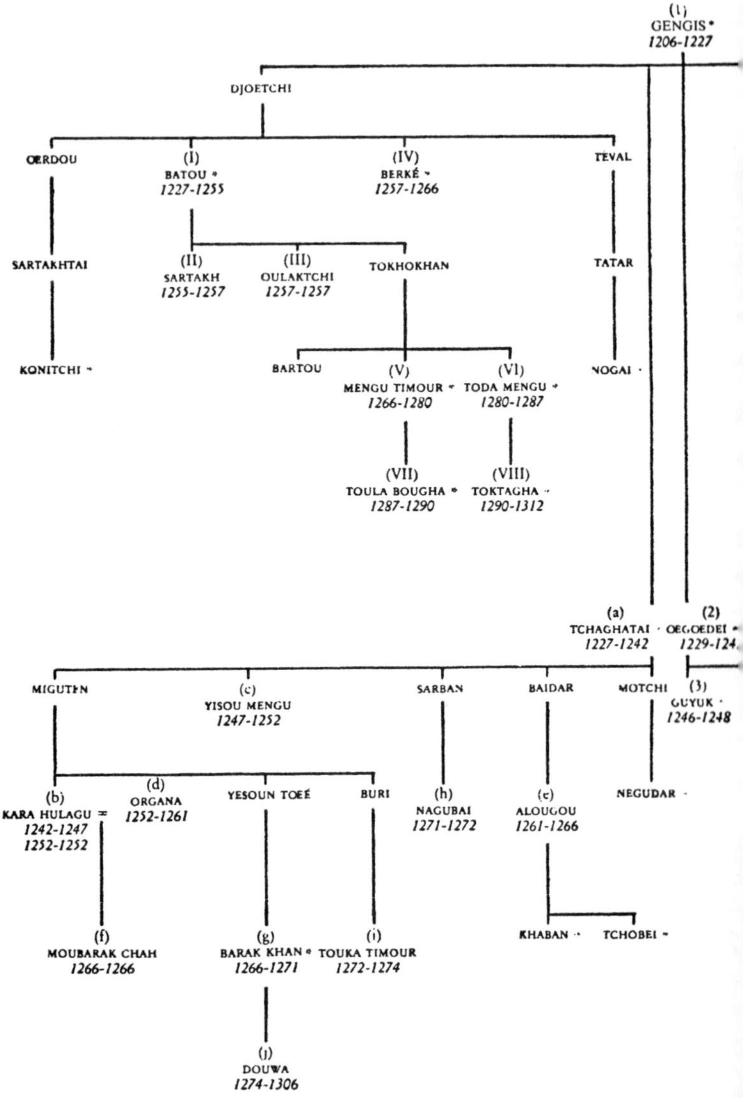

E LA LIGNÉE DE GENGIS AU XIIIe SIÈCLE

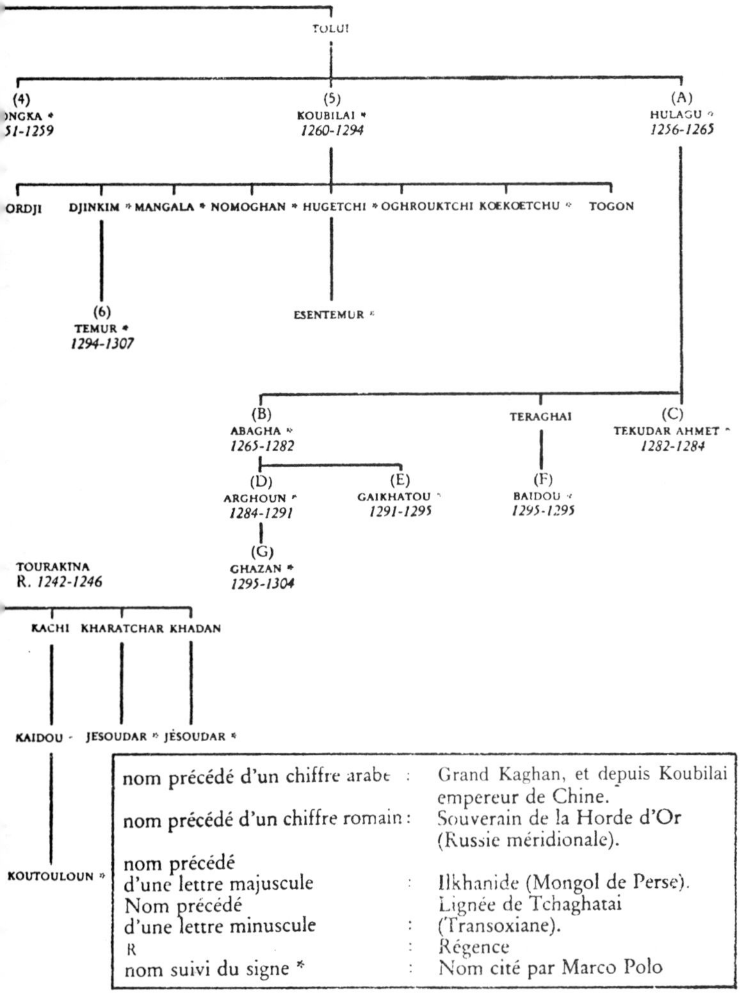

nom précédé d'un chiffre arabe	:	Grand Kaghan, et depuis Koubilai empereur de Chine.
nom précédé d'un chiffre romain	:	Souverain de la Horde d'Or (Russie méridionale).
nom précédé d'une lettre majuscule	:	Ilkhanide (Mongol de Perse).
Nom précédé d'une lettre minuscule	:	Lignée de Tchaghatai (Transoxiane).
R	:	Régence
nom suivi du signe *	:	Nom cité par Marco Polo

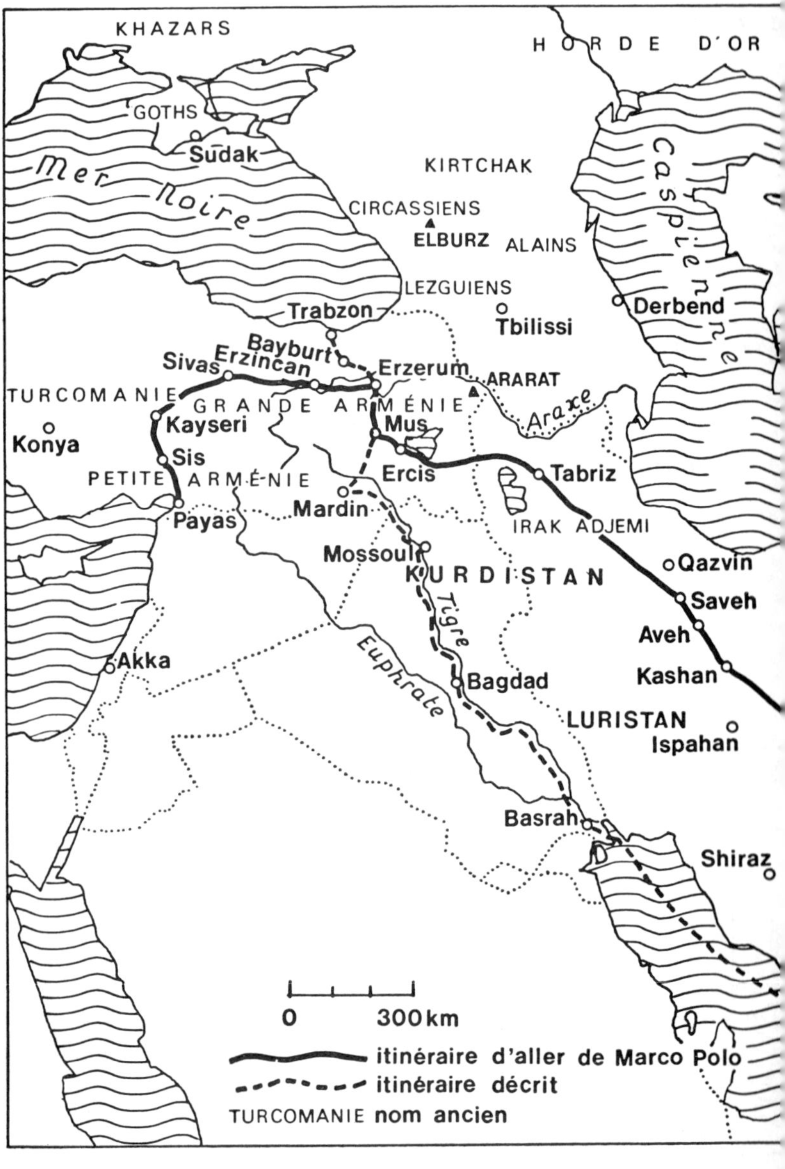
KHAZARS
HORDE D'OR
GOTHS
Sudak
Mer Noire
KIRTCHAK
CIRCASSIENS
ELBURZ
ALAINS
Caspienne
LEZGUIENS
Trabzon
Tbilissi
Derbend
Bayburt
Erzincan
Sivas
Erzerum
ARARAT
TURCOMANIE
GRANDE ARMÉNIE
Araxe
Kayseri
Mus
Konya
Sis
Ercis
Tabriz
PETITE ARMÉNIE
Mardin
Payas
IRAK ADJEMI
Mossoul
Qazvin
KURDISTAN
Saveh
Tigre
Aveh
Akka
Euphrate
Bagdad
Kashan
LURISTAN
Ispahan
Basrah
Shiraz
0 300km
itinéraire d'aller de Marco Polo
itinéraire décrit
TURCOMANIE nom ancien

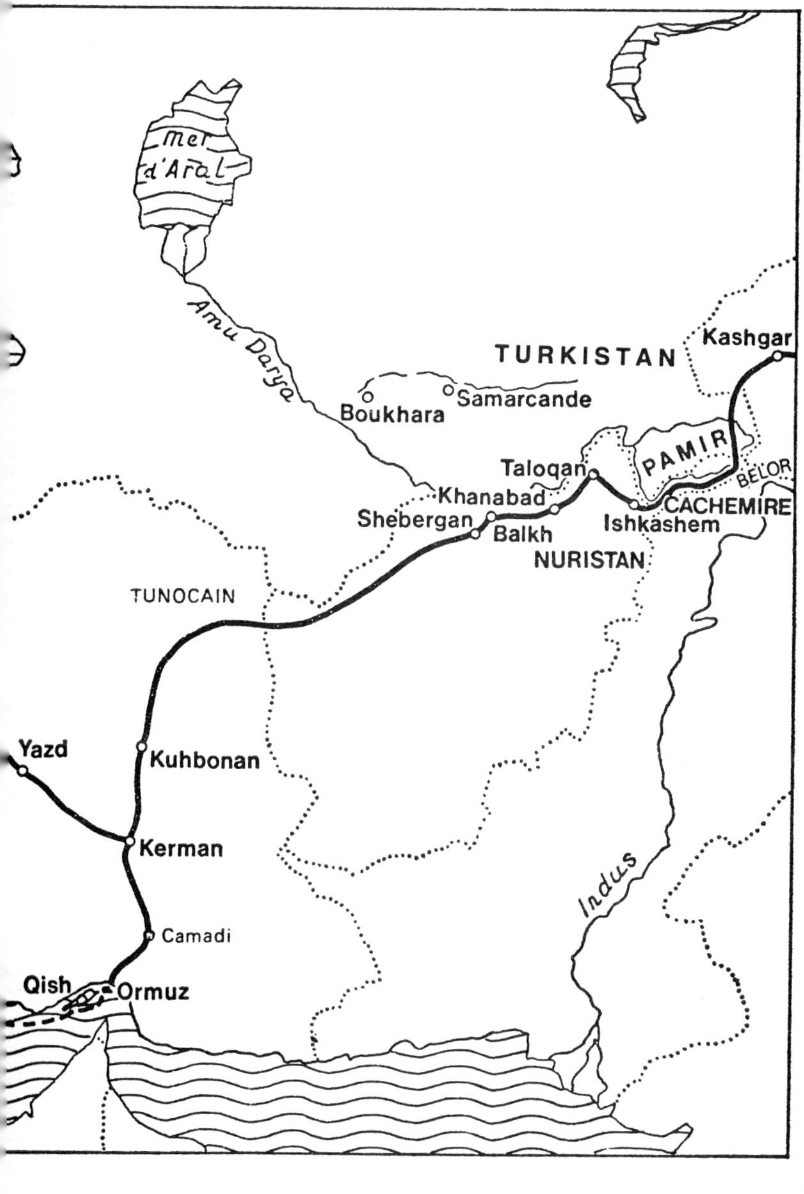
Mer d'Aral
Amu Darya
TURKISTAN
Kashgar
Boukhara
Samarcande
PAMIR
Taloqan
BELOR
Khanabad
CACHEMIRE
Shebergan
Balkh
Ishkashem
NURISTAN
TUNOCAIN
Yazd
Kuhbonan
Kerman
Indus
Camadi
Qish
Ormuz

I. — Ici commence l'introduction du livre qui est appelé « La Description du monde »

Seigneurs, Empereurs et Rois, Duc et Marquis, Comtes, Chevaliers et Bourgeois, et vous tous qui voulez connaître les différentes races d'hommes, et la variété des diverses régions du monde, et être informés de leurs us et coutumes, prenez donc ce livre et faites-le lire ; car vous y trouverez toutes les grandissimes merveilles et diversités de la Grande et de la Petite Arménie, de la Perse, de la Turquie, des Tartares et de l'Inde, et de maintes autres provinces de l'Asie Moyenne et d'une partie de l'Europe quand on marche à la rencontre du Vent-Grec[1], du Levant et de la Tramontane[2] ; c'est ainsi que notre livre vous les contera en clair et bon ordre, tout comme Messire Marco Polo, sage et noble citoyen de Venise, les décrit parce qu'il les a vues de ses propres yeux.

Sans doute il y a ici certaines choses qu'il ne vit pas, mais il les tient d'hommes dignes d'être crus et cités. C'est pourquoi nous présenterons les choses vues pour vues et les choses entendues pour entendues, en sorte que notre livre soit sincère et véritable sans nul mensonge, et que ses propos ne puissent être taxés de fables.

Et quiconque en fera ou en entendra la lecture y devra croire, parce que toutes choses y sont véritables.

---

1. Le vent du nord-est et ici par extension l'orientation nord-est.
2. Le vent du nord et ici par extension le Nord.

Je peux bien vous le dire : depuis que Notre Sire Dieu a façonné Adam, notre premier père, et Eve avec ses mains et jusqu'aujourd'hui, oncques ne fut Chrétien, Sarrazin [3], Païen, Tartare, Indien, ou autre homme de quelque sorte, qui ait vu, connu ou étudié autant de choses dans les diverses parties du monde, ni de si grandes merveilles, que ledit Messire Marco Polo ; nul autre n'y fit autant de voyages qui n'eut autant d'occasions de voir et de comprendre ; par le cours de sa vie, on peut comprendre et juger que ce noble citoyen est d'un esprit juste et excellent, puisqu'il fut toujours hautement apprécié des seigneurs et des princes. C'est pourquoi il s'est dit que ce serait grand malheur s'il ne faisait pas coucher par écrit toutes les grandes merveilles qu'il vit ou reçut pour vraies, de sorte que les autres gens, qui ne les ont ni vues ni connues, les sachent grâce à ce livre. En outre, je vous apprendrai qu'il demeura dans ces différentes régions et provinces bien vingt-six années entières, depuis le début de sa jeunesse jusqu'à l'âge de quarante ans.

Puis demeurant dans le donjon de Gênes par suite de la guerre, et n'aimant pas rester oisif, il pensa qu'il pourrait composer ledit livre pour le plaisir des lecteurs. Il n'avait consigné lui-même que bien peu des choses dont il a souvenir encore aujourd'hui ; c'est bien peu en regard de la vaste relation, et presque infinie, qu'il aurait pu faire s'il avait cru possible de revenir dans nos régions ; mais jugeant presque impossible de quitter jamais le service du Grand Kaan [4], roi des Tartares, il nota seulement quelques détails dans ses tablettes. A présent, il a fait écrire toutes ces choses en bon ordre à Messire Rustichello, citoyen de Pise, qui était avec lui dans le même donjon de Gênes, en l'an 1298 depuis la naissance de notre Seigneur et Maître Jésus-Christ.

Et il l'a divisé en trois parties.

---

3. Musulman.

4. Titre d'origine turco-mongole : Kaghan, devenu par la suite Khan, porté par les successeurs de Gengis prétendant une suzeraineté sur l'ensemble des territoires mongols. Ici le Grand Kaghan en question est évidemment Koubilai (voir tabl. gén.).

II. — Comment Messire Nicolo et Messire Mafeo partirent de Constantinople pour chercher fortune de par le Monde

C'est vérité qu'au temps où Baudoin était Empereur de Constantinople [5], et où Messire Ponte de Venise gouvernait Constantinople au nom du pouvoir ducal de Venise, en l'an mil deux cent cinquante-deux, deux nobles citoyens de Venise, Messire Nicolo Polo, père de Messire Marco, et Messire Mafeo Polo, frère de Messire Nicolo, se trouvant dans le port de Venise, décidèrent de s'embarquer sur une de leurs nefs, chargée de marchandises variées et précieuses ; ayant mis à la voile, ils voguèrent sur la mer profonde et, avec un bon vent, sous la conduite de Dieu, ils parvinrent à Constantinople avec le vaisseau et les marchandises. Nobles, sages et avisés, ils l'étaient assurément. Lorsqu'avec succès ils furent demeurés quelque temps en cette ville, ils eurent conseil entre eux et convinrent qu'ils voulaient aller sur la Grande Mer [6] avec leur cargaison pour accroître leurs gains et leurs profits. Ils achetèrent donc maints joyaux de grande valeur et beauté, les emportèrent de Constantinople sur une nef et, pénétrant sur la Grande Mer, ils s'en allèrent à Soldanie [7].

---

5. La Quatrième Croisade, déviée de son objet initial par les visées expansionnistes de Venise, avait abouti à la prise de Constantinople en 1204 et au partage des dépouilles de l'Empire byzantin entre les barons occidentaux sous la haute surveillance de Venise. Au sommet de cette nouvelle hiérarchie féodale se trouvait nominalement l'empereur « latin » de Constantinople. Baudouin II (1228-1261) fut le dernier de ces empereurs, chassé par les Byzantins, de retour en 1261. Quant au pouvoir réel, il était exercé par les représentants de Venise, comme l'indique bien le texte.

6. La mer Noire.

7. Comptoir vénitien en Crimée, aujourd'hui Soudak. Le frère aîné de Nicolo et Mafeo Polo, Marco, dit « le vieux » par opposition à l'auteur, installé à Constantinople, possédait une « antenne » commerciale à Soudak.

III. — Comment Messire Nicolo et Messire Mafeo partirent de Soldanie

Et quand ils furent demeurés quelque temps à Soldanie ayant compris qu'ils n'avaient rien à espérer dans cette cité, ils réfléchirent et décidèrent d'aller encore plus avant. Que vous en dirai-je ? Ils partirent de Soldanie, et, enfourchant leurs chevaux, se mirent en chemin. Ils chevauchèrent tant, sans rencontrer aventure digne de mention, qu'ils arrivèrent à la cour d'un grand roi tartare, nommé Berca Kaan [8], qui était sire d'une partie de la Tartarie, qui était alors à Bolgara [9] et à Saray [10]. Ce Berca Kaan, ayant appris l'arrivée de nos deux Latins, désira les voir ; au cours de l'audience, les voyant hommes de bon aloi, il fit grand honneur à Messire Nicolo et à Messire Mafeo et se réjouit grandement de leur venue. Les deux frères lui donnèrent, voyant qu'ils lui plaisaient, tous les joyaux qu'ils avaient apportés avec eux de Constantinople, en considération de sa grandeur et courtoisie. Berca les prit très volontiers et ils lui plurent outre mesure. En vrai gentil seigneur, il leur fit donner en échange bien deux fois autant que les joyaux ; il les envoya en divers lieux les vendre, où ils les vendirent très bien.

Et lorsque les frères, après être tout un an restés en la terre de Berca, voulurent retourner à Venise, alors une guerre des plus violentes s'éleva entre Berca et Ulau Kaan [11], seigneur des Tartares du Levant. Ils

8. Berké, souverain de la Horde d'Or, 1257-1266 (voir tab. gén.).

9. Ancienne capitale des Bulgares du Volga et résidence d'été des souverains de la Horde d'Or. Elle se trouvait à une centaine de kilomètres au sud de Kazan près de la Volga.

10. Saray (= palais), ville fondée par Batou, premier souverain de la Horde d'Or (1227-1255), vers 1250. Résidence d'hiver, elle était située près de Stalingrad.

11. Hulagu, premier souverain Ilkhanide (1256-1265) [voir tab. gén.]. Berké était le premier souverain mongol à se convertir à l'islam, rompant ainsi avec la politique anti-islamique de ses cousins dont le fer de lance était précisément Hulagu. Cette guerre sera racontée en détail plus loin dans les chapitres

allèrent l'un contre l'autre avec toutes leurs forces, se combattirent avec furie ; il y eut de lourdes pertes, de part et d'autre, mais enfin Ulau vainquit Berca. Son armée tomba dans le plus grand désarroi et Ulau conquit son pays. A cause de cette guerre et de cette bataille, les routes n'étaient point sûres : nul ne pouvait aller par les routes qui ne fût pris ; le danger justement planait sur la route par laquelle ils étaient venus, tandis qu'ils pouvaient bien aller plus avant. Alors, les deux frères se dirent : « Puisque nous ne pouvons retourner à Constantinople avec nos marchandises, allons donc plus avant par la voie du Levant et contournons la principauté de Berca par un itinéraire inconnu. Nous pourrons alors revenir à Venise par une autre voie. » Ils firent donc leurs préparatifs, prirent congé de Berca et s'en allèrent en sûreté en une cité qui avait nom Oucaca[12], au bout du royaume du Sire du Ponant. Puis ils partirent d'Oucaca et passèrent le fleuve du Tigre[13], et allèrent par un désert long de dix-sept journées ; ils n'y trouvèrent aucune ville, mais seulement des Tartares avec leurs tentes, qui vivaient de leurs bêtes.

IV. — COMMENT LES DEUX FRÈRES PASSÈRENT UN DÉSERT ET VINRENT A LA CITÉ DE BUCARA

Quand ils eurent passé ce désert, ils parvinrent à une cité nommée Bucara[14], très noble et grande ; la pro-

---

CCXXIII-CCXXVIII. Elle date de 1262-1263 et, comme il sera bien montré, Hulagu n'a pu gagner une bataille décisive et il ne s'avança pas dans le pays de Berké. Alors la raison donnée pour l'avance des frères Polo ne semble pas tenir. Il est possible que la vraie raison, que Marco Polo prisonnier des Génois au moment de la rédaction ne veut pas avouer, soit la reprise de Constantinople par Michel Paléologue, allié des Génois, aux Latins et aux Vénitiens, ce qui a détruit la base arrière de la maison commerciale des Polo.

12. Ville située près de l'actuel Saratov sur la rive droite de la Volga.

13. Le Tigre est ici tout simplement la Volga.

14. Boukhara, dans l'actuelle R.S.S. d'Ouzbekistan.

vince s'appelle aussi Bucara. Le roi avait pour nom Barac [15]. Cette cité était la meilleure de toute la Perse. Arrivés en cette cité, les deux frères ne purent aller plus avant, ni retourner en arrière, à cause de la grande guerre entre les Tartares ; et pour cela demeurèrent à Bucara trois ans.

Pendant qu'ils y demeuraient, la paix se rétablit entre les Tartares ; quelques jours plus tard survint un prud'homme, envoyé pour messager par Ulau, Sire du Levant, et qui allait près du Grand Sire [16], le sire de tous les Tartares, qui habite à l'extrémité de la Terre, entre le Levant et le Vent-Grec, et qui a nom Cublai-Kaan. Lorsque ce messager eut appris qu'étaient là deux Latins, et qu'il eut vu Messire Nicolo et Messire Mafeo, maintenant tout à fait rompus à la langue tartare, il s'ébahit et se réjouit parce qu'il n'avait jamais vu aucun Latin dans cette contrée. Après avoir conversé avec eux et connu leurs bonnes façons, il dit aux deux frères : « Seigneurs, fit-il, si vous me voulez croire, vous en aurez grand profit et grand honneur. » Les deux frères lui dirent que, s'il y avait chose qu'ils puissent faire, ils le croiraient volontiers. Et le messager leur dit : « Seigneurs, je vous dis que le Grand Sire des Tartares n'a jamais vu aucun Latin et qu'il a grand désir et volonté d'en voir ; pour cette raison, si vous voulez venir avec moi jusqu'à lui, je vous dis qu'étant hommes nobles et sages, il vous verra très volontiers, vous fera grand bonheur et grand bien, et aura le plus grand plaisir d'ouïr de votre bouche les nouvelles et la condition de vos pays, car il est sire de grande puissance et a grand désir d'apprendre du nouveau. Vous pourrez venir avec moi sains et saufs, sans empêchement des

15. Barak, souverain de la Transoxiane de la lignée de Tchaghatai (1266-1271) [voir tab. gén.]. Les frères Polo n'ont pu rencontrer Barak en tant que souverain pendant leur premier séjour à Boukhara puisqu'ils ont dû quitter la ville au plus tard en été 1265, mais ils ont pu le rencontrer pendant leur retour l'année suivante.

16. Koubilai, Grand Kaghan des Mongols et fondateur de la dynastie Yuan en Chine (1259-1294) [voir tab. gén.].

gens sans aveu, et sans crainte d'aucune attaque sur vos personnes tant que vous serez avec moi. »

V. — Comment les deux frères crurent les messagers du Grand Kaan

Et quand les deux frères eurent entendu ce que le messager leur avait dit, ils s'y complurent fort, et voyant qu'ils ne pouvaient pas retourner chez eux sans grande difficulté, en hommes de cœur ils comptèrent pour rien le long voyage qu'ils avaient à faire ; ils s'apprêtèrent et dirent qu'ils iraient volontiers avec lui ; dont il se réjouit fort. Adonc quittèrent cette cité en se recommandant à la garde de Dieu, se mirent en route avec ce messager et allèrent tout un an vers le Levant, puis en tournant à main gauche vers la Tramontane et vers le Vent-Grec, avant de parvenir là où était le Grand Sire [17]. La raison pour laquelle ils furent si longtemps en chemin fut qu'à cause de la neige et du débordement des rivières et des torrents, ils durent attendre que les neiges eussent reculé et que les eaux débordées eussent décru. Et tout en chevauchant, ils trouvèrent de grandes merveilles et diverses choses que nous ne vous conterons pas ici, puisque Messire Marco, fils de Messire Nicolo, qui, lui aussi, vit toutes ces choses, vous les contera clairement plus loin dans le cours de ce livre.

VI. — Comment les deux frères arrivèrent chez le Grand Kaan

Et quand les deux frères, Messire Nicolo et Messire Mafeo, furent arrivés, et présentés au Grand Sire des Tartares nommé Cublai, qui respirait la plus grande

17. Ces indications supposeraient que la route suivie par les frères Polo passait par le nord des monts Tien-Shan au lieu de traverser le Pamir et longer le désert par le sud comme ce sera le cas pour leur deuxième voyage (voir cartes).

bonté, il les reçut honorablement, leur fit très grande fête et rejouissance. Il avait très grande joie de leur venue, comme un qui jamais n'a vu aucun Latin, puisque de son temps, les hommes du soleil couchant n'avaient pas été dans son pays. Et il leur demanda maintes choses sur ces pays du soleil couchant : en premier, les Empereurs des Romains [18], et comment ils maintiennent leurs seigneuries et leur pays en justice, et comment ils font quand ils ont grande affaire, et comment ils vont à la bataille, et comment sont leurs ambassades, et toutes leurs autres actions et conditions. Et ensuite, leur demanda sur les autres rois et sur les princes chrétiens et sur tous les autres barons, et sur leur grandeur, leurs coutumes et leur puissance.

VII. — Comment le Grand Kaan demanda aux deux frères des affaires des Chrétiens

Et puis il leur demanda avec grand soin sur le Successeur des Apôtres, et sur les Cardinaux, et sur la Foi et les autres faits de l'Eglise Romaine, et sur tous les usages et coutumes des Latins. Et les deux frères, Messire Nicolo et Messire Mafeo, lui dirent pas à pas toute la vérité de chaque chose, en bon ordre et congrûment, comme des prud'hommes qu'ils étaient et qui savaient bien la langue des Tartares, qui est le tartaresque ; ainsi devinrent très chers au Seigneur, et il se plut fort à deviser avec eux pour apprendre les choses du soleil couchant, et souvent leur commanda de paraître devant lui.

VIII. — Comment le Grand Kaan envoie pour ses messagers les deux frères a l'Apôtre de Rome

Et quand le Grand Sire, c'est le seigneur de tous les seigneurs, qui avait nom Cublai Kaan, et était roi et

18. C'est-à-dire les empereurs de l'Empire germanique.

seigneur de tous les Tartares du monde, et de toutes les provinces et royaumes et régions de la plus grande partie de l'Orient, qui est lui-même la plus grande partie de la Terre, eut entendu tous les faits et gestes des Latins comme les deux frères les lui avaient dits avec art et savoir, cela lui plut outre mesure. Et dans son cœur, il pensa et se dit à lui-même un jour qu'il les enverrait comme messagers à l'Apôtre ; il désira d'abord recevoir l'avis de ses barons sur ce point. Et quand ses barons furent réunis en conseil, il leur dit désirer envoyer ses messagers au seigneur Pape des Chrétiens, et lesdits barons d'une seule voix déclarèrent que ce serait bien. Alors il appelle les frères et avec de douces paroles les pria d'aller en ambassade auprès du seigneur Pape avec un de ses barons. Ils lui répondirent sagement qu'ils étaient tout prêts et dispos à faire tout son commandement comme celui de leur propre suzerain. « Mais de fait, dirent-ils, il y a longtemps que nous avons quitté ces pays et point ne savons ce qui peut y être advenu ou y avoir été changé parce que l'état des pays est devenu autre, et nous redoutons fort de ne pouvoir accomplir votre commandement ; mais toutefois nous sommes prêts à faire tout notre possible pour tout ce que vous nous commanderez, et nous vous promettons de revenir devant vous avec l'aide de la grâce de Dieu aussitôt que nous pourrons. »

Pour lors le Grand Sire, ayant entendu ce que les deux frères avaient dit, fit venir devant lui un de ses barons qui avait non Cogatai [19] et lui dit qu'il s'apprêtât puisqu'il voulait qu'il allât trouver l'Apôtre avec les deux frères. Et celui-ci lui dit : « Sire, je suis votre homme et suis prêt à faire tout votre commandement de tout mon pouvoir. » Alors, il scella des chartes pour que ses princes vassaux pussent voir et honorer lesdits ambassadeurs. Après cela, le Grand Sire aussitôt fit faire ses lettres et privilèges en langue turque pour envoyer

19. Le nom devait se lire Tchaghatai, mais le personnage n'est pas identifié.

à l'Apôtre ; il les baille aux deux frères et à son baron et les charge de ce qu'il veut être dit de sa part à l'Apôtre. Et sachez que dans la charte et dans l'ambassade étaient contenues les choses qu'il faisait dire, ainsi que vous les allez entendre. Il mandait dedans à l'Apôtre de lui envoyer jusqu'à cent hommes savants à enseigner la religion et doctrine chrétienne, et qui aussi sussent les sept arts et fussent capables d'enseigner son peuple, d'arguer habilement et de montrer clairement à lui et aux idolâtres, et aux autres classes des gens soumis à ses lois, que toute leur religion est fausse et que toutes les idoles qu'ils tiennent et adorent en leurs maisons et en leurs ateliers sont choses diaboliques, et qui sussent bien montrer clairement par raisons que la foi et religion chrétienne est meilleure que la leur et plus vraie que toutes les autres religions ; et si ils le prouvaient, lui et tous ses potentats deviendraient vassaux de l'Eglise.

Et quand il eut fait ladite lettre, le Grand Sire, avec de pieuses paroles, charge les deux frères de lui rapporter un peu de l'huile de la lampe qui brûle devant le sépulcre de Dieu à Jérusalem. Pour laquelle il avait la plus grande dévotion, car il croyait le Christ au nombre des dieux saints et pour ce le tenait en très haute vénération. Et ils lui promirent de lui en rapporter un peu lorsqu'ils reviendraient vers lui. C'est de telle manière que vous avez ouï que se trouvaient ces choses dans l'ambassade que le Grand Sire envoie à l'Apôtre par ses trois messagers, le baron tartare et les deux frères, Messire Nicolo Polo et Messire Mafeo Polo.

IX. — Comment le Grand Kaan donne aux deux frères la tablette d'or de commandement

Et quand le Grand Sire eut chargé les deux frères et son baron de toute l'ambassade qu'il mandait à l'Apôtre, il leur fit donner une tablette d'or gravée du sceau royal et signée selon la coutume de son Etat, et où il était dit que les trois messagers étaient les envoyés du Grand

Kaan et que dans toutes les places fortes où ils pourraient aller, tous les gouverneurs des pays sujets à sa loi dussent leur donner, sous peine de disgrâce, tout le logement dont ils auraient besoin, les nefs et les chevaux et les hommes pour les escorter d'un pays à l'autre, et toutes les autres choses qu'ils pourraient désirer pour leur voyage, comme pour sa propre personne s'il venait à passer par là. Et quand ces trois messagers, Messire Nicolo, Messire Mafeo et l'autre, furent prêts et bien pourvus de toutes les choses dont ils avaient besoin, ils prirent congé du très grand Sire, puis montèrent sur leurs chevaux et se mirent en route, allant de pays en pays et portant les lettres et la tablette d'or. Quand ils eurent chevauché ensemble quelque temps et fait vingt jours de marche, le baron tartare Cogatai, qui allait avec les deux frères, tomba grandement malade et ne put poursuivre la route ; il s'arrêta en une cité appelée Alau[20]. Et quand Messire Nicolo et Messire Mafeo virent leur compagnon le baron bien malade, et que la maladie l'empêchait de chevaucher plus loin, il leur sembla au bout de quelques jours que le mieux était de le laisser là ; ainsi, tant par son vouloir que sur l'avis de nombreux autres, ils le laissèrent et se remirent en route pour poursuivre le voyage. Et vous dis qu'ils furent reçus avec les plus grandes amabilités, servis et honorés, en tous lieux où ils allèrent, de tout ce qui leur faisait besoin et qu'ils commandèrent ; des escortes leur furent données à cause de la tablette d'or qu'ils avaient en signe de l'autorité du Grand Sire. Et que vous en dirai-je ? Ils chevauchèrent jour après jour tant qu'ils arrivèrent sains et saufs à Laïas[21], ville sur la mer, dans la Petite Arménie ; et vous dis que leur peine

20. Ville non identifiée.

21. Aujourd'hui Payas dans le golfe d'Alexandrette (Turquie). Laïas, port appartenant au royaume de la Petite Arménie, petit Etat issu des croisades et à l'époque vassal des Mongols Ilkhanides de Perse, était le seul débouché possible en Méditerranée d'un itinéraire traversant exclusivement des terres mongoles, concrétisant ainsi l'alliance christiano-mongole contre la puissance musulmane qui a toujours conservé les côtes de la Syrie.

pour y parvenir depuis le pays où était le Grand Kaan fut de trois ans entiers. Et il en fut ainsi parce qu'ils ne purent toujours chevaucher, à cause du mauvais temps, du grand froid, des neiges et de la glace, des grandes pluies qui tombèrent parfois et des fleuves enflés qu'ils trouvèrent en maintes places et qu'ils ne pouvaient traverser, et à cause des difficultés de la route, qui furent cause de leur long retard à atteindre Laïas.

X. — Comment les deux frères arrivèrent a la cité d'Acre

Et de Laïas, où ils arrivèrent et séjournèrent un petit, ils montèrent sur une nef et s'en allèrent par mer à Acre[22], après bien des jours, au milieu du mois d'avril de l'an mil deux cent soixante neuf depuis l'incarnation de Jésus-Christ. Et il se trouvait que Messire l'Apôtre était mort. Quand Messire Nicolo et Messire Mafeo surent que l'Apôtre qui avait eu pour nom Pape Clément IV était mort depuis longtemps[23], ils se chagrinèrent à l'extrême ; ils allèrent trouver un savant clerc, légat de ce pape pour l'Eglise de Rome dans tout le royaume d'Egypte et qui était venu en Acre en faisant route vers les Lieux Saints. Il était homme de grande autorité et influence, et se nommait Teald[24], de la famille des Visconti de Plaisance. Ils lui dirent l'ambassade pour laquelle le Grand Kaan, sire des Tartares, les envoyait à l'Apôtre. Et quand le légat eut entendu ce que lui disaient les deux frères qui revenaient d'un pays

---

22. Saint-Jean-d'Acre, aujourd'hui Akka (Israël). Dernier réduit des croisés en Palestine pris en 1291 par les Mamelouks d'Egypte.

23. Clément IV était mort le 29 novembre 1268. Quant au chagrin extrême des frères Polo, il devait être tout relatif, puisque Clément IV, élu le 26 février 1265 pendant le séjour des Polo en Asie centrale, ne devait même pas être connu par eux.

24. Teobaldo Visconti, pape (1271-1276) sous le nom de Grégoire X.

aussi lointain, il s'en émerveilla et en conçut grand plaisir ; il lui sembla que de cette ambassade résulterait sans doute grand bien et grand honneur pour la Chrétienté. Il dit aux deux frères messagers : « Seigneurs, dit-il, vous savez et voyez bien que l'Apôtre est mort ; or donc, à toutes fins, il convient d'attendre qu'on en ait choisi un autre. Et quand il y aura un Pape, alors vous pourrez faire votre ambassade. » Les deux frères, voyant bien que le légat disait vérité, et pensant qu'ils ne pourraient en rien exécuter leur ambassade jusqu'à l'élection du nouveau Pape, dirent qu'ils feraient ainsi, et qu'en attendant qu'un Apôtre fût nommé, ils voulaient aller jusqu'à Venise pour voir leur maison. Ils prirent immédiatement congé dudit Teald, s'embarquèrent sur un vaisseau, partirent d'Acre et s'en allèrent à Négrepont [25]. Et de Négrepont, ils s'embarquèrent sur une nef et naviguèrent jusqu'à ce qu'ils arrivassent à Venise, pour y demeurer jusqu'à ce que le Souverain Pontife fût intronisé. Lorsqu'ils furent arrivés à Venise, Messire Nicolo trouva que sa femme, qu'il avait laissée grosse en partant de Venise, était morte et enterrée, et qu'elle lui laissait un fils de quinze ans qui avait nom Marco et que Messire Nicolo n'avait oncques vu puisqu'il n'était pas né lorsqu'il avait quitté Venise. Ce fut ce Marco dont ce livre parle, qui a tellement vu et étudié dans le monde et qui a écrit ce livre, ainsi qu'il sera dit plus loin. Cependant, l'élection du Souverain Pontife tardait tant à venir que les deux frères, lesdits Messire Nicolo et Messire Mafeo, demeurèrent à Venise environ deux ans pour attendre qu'il y eut un Apôtre : et pendant ce temps, Messire Nicolo prit femme et la laissa pourvue d'enfant.

25. Ce nom indique aussi bien l'île d'Eubée (Grèce) que sa capitale Chalkis. La reconquête de l'Empire latin de Constantinople par les Byzantins appuyés par les Génois tendait à renverser la suprématie vénitienne au profit de Gênes. Néanmoins Négrepont restait une place forte vénitienne.

XI. — Comment les deux frères partirent de Venise pour retourner auprès du Grand Kaan et menèrent avec eux Marco, le fils de Messire Nicolo

Et quand les deux frères eurent tant attendu à Venise, comme vous avez ouï, et virent qu'un Apôtre n'était pas encore nommé, ils dirent qu'ils ne pouvaient demeurer trop pour retourner chez le Grand Kaan, redoutant qu'ils ne s'émût de leur retard et pensât qu'ils ne reviendraient plus. Ils partirent donc de Venise, emmenant avec eux Marco, et ils s'en vont par mer tout droit à Acre, et y trouvent le légat, dont je vous ai parlé ci-dessus. Ils parlent beaucoup avec lui de ces choses et après bien des jours, ils lui demandent congé pour aller en Jérusalem pour avoir un peu de l'huile de la lampe du sépulcre du Christ, comme le Grand Kaan les en avait priés ; et il le désirait à cause de sa feue mère qui était chrétienne[26]. Le légat leur donna congé. Alors les deux frères partirent d'Acre et vont à Jérusalem et obtiennent de l'huile de la lampe du sépulcre du Christ. En quittant le sépulcre, ils s'en retournent chez le légat en Acre et lui dirent : « Sire, comme nous voyons qu'il n'y a pas d'Apôtre, nous voulons retourner vers le Grand Sire, parce que, contre notre gré, nous avons trop demeuré. Et avec votre bon vouloir, nous avons présumé de repartir. Mais nous voulons vous demander une chose : qu'il vous plaise de nous faire des lettres et privilèges certifiant que nous sommes venus pour remplir notre ambassade auprès du Pape, que nous l'avons trouvé mort, et que nous avons attendu pour le cas où un autre serait nommé, et voyant qu'après si long temps aucun n'avait été choisi, vous, légat, certifiez ce que vous avez vu. » Et Messire le légat, qui était parmi les plus grands princes de l'Eglise de Rome, leur dit : « Que vous vouliez retourner vers le Grand Sire me plaît fort. » Lors il fit ses lettres et ambassade pour envoyer au Grand Kaan comme ils lui avaient dit,

26. Elle était de la famille royale des Turcs Kereyit qui étaient chrétiens nestoriens (voir plus loin note 181).

témoignant que les deux frères, Messire Nicolo et Messire Mafeo, étaient fidèlement venus pour faire leur ambassade, mais que, comme il n'y avait pas d'Apôtre, n'avaient pu le faire ; il les donna auxdits ambassadeurs, mais dit que, quand un nouveau Pape serait nommé, il lui donnerait certes connaissance de leur ambassade ; de quoi provision fut faite comme il se doit.

XII. — Comment les deux frères et Marco partirent d'Acre

Quand les deux frères eurent les lettres du légat, ils partirent tout aussitôt d'Acre et se mirent en route pour retourner chez le Grand Sire. Ils vont tant qu'ils arrivèrent à la ville de Laïas. Et lorsqu'ils y furent, il ne fallut pas long temps pour qu'ils apprissent des nouvelles, à savoir que le légat avait reçu l'adresse des cardinaux comme quoi il était nommé Apôtre et appelé Pape Grégoire le dixième, de Plaisance, qui ensuite tint concile à Lyon[27] sur le Rhône. Les deux frères s'en réjouirent fort. Et ensuite il ne fut pas long temps qu'un messager vînt à Laïas de la part du légat élu Pape vers Messire Nicolo et Messire Mafeo, avec un message leur mandant, s'ils n'étaient pas partis de Laïas, de retourner auprès de lui sur-le-champ. Ils y étaient encore, car ils n'avaient pu aller plus loin : un petit-fils du Grand Kaan, qui était chrétien et avait nom Chariziera[28], s'était échappé de chez le Grand Kaan et allait détruisant toutes les routes du désert, creusant grandes tranchées et fosses, de telle sorte que les armées ne pussent le suivre. Pour cette raison lesdits ambassadeurs avaient été obligés de rester bien des jours en cette cité. Alors arriva le messager que le Pape avait envoyé à Messire Nicolo et à Messire Mafeo pour leur dire comment le Pape avait été élu, et qu'ils ne devaient pas pousser outre, mais retourner auprès de lui. Les deux frères en eurent grande joie et dirent au messager

27. Ce concile fut tenu en mai-juillet 1274.
28. Personnage non identifié.

qu'ils le feraient très volontiers. Et que vous en dirai-je ? Le roi d'Arménie[29] fit armer une galère pour les deux frères et les envoya au légat avec honneur.

XIII. — Comment les deux frères vont chez le Pape de Rome

Et quand, après plusieurs jours, ils furent venus à Acre, ils abordèrent sans délai et s'en vont aussitôt trouver Messire l'Apôtre et le saluent très humblement. Messire l'Apôtre les reçoit avec honneur, leur donne sa bénédiction et leur fait grande chère et fête, espérant que, de ce moment de sa fortune, nombreuses choses profitables et honorables pour l'Eglise de Dieu s'ensuivront. Donc l'Apôtre, après quelques jours, donne à Messire Nicolo et à Messire Mafeo deux frères prêcheurs qui étaient bien les plus savants et plus dignes de toute la province. L'un avait nom Frère Nicolo de Vicense et l'autre avait nom Frère Guilielme de Tripule[30]. Il les munit de toutes les choses nécessaires et leur donne privilèges, chartes et lettres avec pleine autorité, afin qu'ils fussent à même de faire sans entraves dans ces régions tout ce que le Pape y eût pu faire lui-même, qu'ils pussent faire des évêques et des prêtres, délier et lier comme lui-même ; et il leur donna maints joyaux de cristal et autres cadeaux pour offrir au Grand Kaan, et l'ambassade de ce qu'il désirait être mandé au Grand Kaan. Et entre autres choses, il s'efforça que le frère du Grand Kaan, nommé Abaga, sire des Tartares du Levant[31], prêtât main-forte aux Chrétiens et favorisât

29. Léon (Levon) III (1269-1289), vassal des Mongols et pour cela cible préférée de Baybars, souverain d'Egypte, seule grande puissance musulmane de l'époque au Moyen-Orient.

30. Le premier n'est pas connu, le deuxième, né à Tripoli en Syrie, a laissé un ouvrage sur le monde musulman de son époque.

31. Abagha, neveu et non frère de Koubilai (voir tab. gén.), deuxième souverain Ilkhanide (1265-1281). Les Ilkhanides sont appelés par Polo Tartares du Levant par opposition aux Tartares du Ponent, c'est-à-dire la Horde d'Or de la Russie méridionale.

son projet en leur permettant de passer au-delà de la mer. Et quand Messire Nicolo et Messire Mafeo et les deux Frères Prêcheurs ont reçu les privilèges, la charte et l'ambassade de Messire l'Apôtre, ils se font donner sa bénédiction. Puis ils partirent tous quatre, et avec eux Marco, le fils de Messire Nicolo. Ils s'en vont tout droit à Laïas et de là par pays en Arménie. Et quand ils y furent venus, ils apprirent que Bondocdaire, qui était sultan de Babylonie[32], venait en Arménie avec grande armée de Sarrazins et faisait grands dommages dans toute la contrée, pillant et brûlant. Et c'est pourquoi nos messagers furent souvent en grand danger d'être occis ou faits prisonniers. Quand les deux Frères Prêcheurs virent cela et qu'ils ne s'en tiraient que par vraie grâce de Dieu, ils redoutèrent fort d'aller plus avant, craignant pour leur vie. Là-dessus il fut dit à ces Frères qu'ils ne devaient pas aller plus loin, et ils s'en trouvèrent fort contents ; ils écrivirent des lettres au Grand Kaan pour dire comment ils étaient arrivés jusque-là et pourquoi ils s'étaient arrêtés. Puis ils dirent qu'ils n'iraient mie. Ils donnent tous les privilèges et lettres et présents qu'ils tenaient du Pape à Messire Nicolo et à Messire Mafeo, s'en départissent et après un séjour en Arménie, s'en vont en Acre par voie de mer avec le Maître du Temple.

32. Surnom de Baybars, dit Boundoukdari, sultan d'Egypte (1260-1277). Quant à la Babylonie des auteurs du Moyen Age, elle désigne le plus souvent Le Caire et par extension l'ensemble de l'Egypte. L'invasion connue de Baybars en Petite Arménie date de 1275. Mais en l'an 671 de l'hégire (1272-1273) Baybars a effectué un raid jusqu'à Birecik, au sud de la Turquie actuelle. Il est possible que le texte se rapporte à cet événement. Vu leur trajet à travers les hauts plateaux de l'Anatolie, impraticables en hiver, le départ des Polo doit se situer au plus tôt au printemps 1272.

XIV. — Comment les deux frères et Marco parvinrent a la cité de Chemeinfu où le Grand Kaan était

Messire Nicolo, Messire Mafeo et Marco, le fils de Messire Nicolo, se mettent peu de temps après en chemin et chevauchent par hiver et par été sans regarder à nul danger ou peine et, traversant des déserts d'une longueur de plusieurs jours et bien des passes difficiles, vont toujours de l'avant dans le sens du Vent-Grec et de la Tramontane, tant qu'ils soient venus auprès du Grand Kaan, qui était en une cité appelée Chemeinfu [33], qui était très riche et très grande. Il les reçut d'autant plus joyeusement que leur voyage avait été plus long.

Ce qu'ils trouvèrent en route, ne vous ferons mention parce que nous vous le conterons tout clairement et par ordre en notre livre. Toutefois sachez que de Laïas au pays où le Grand Kaan était, ils peinèrent bien trois ans et demi, et ce fut à cause des très fortes neiges et des glaces et des pluies, de la mauvaiseté du temps qu'ils eurent, des grands froids et des grands fleuves, et des grands orages du sud-ouest qui régnaient dans les pays où ils étaient obligés de passer ; ce qui contraria et retarda beaucoup leur voyage, puisqu'ils ne pouvaient chevaucher hiver comme été. L'auteur vous dit pour vérité que, quand le Grand Kaan sut que Messire Nicolo et Messire Mafeo venaient, il se réjouit fort, envoie ses messagers jusqu'à bien quarante journées à leur rencontre et fait tenir préparé pour eux en tous lieux tout ce dont ils avaient besoin, de telle sorte qu'ils furent beaucoup servis et honorés de toute chose.

XV. — Comment les deux frères et Marco vont devant le Grand Kaan au palais

Et que vous en dirai-je ? Quand Messire Nicolo, Messire Mafeo et Marco furent venus en cette grande cité,

33. K'ai-p'ing fou, la capitale d'été de Koubilaï. Voir sa description sous le nom de Ciandu au chap. LXXV.

ils s'en vont sur l'heure au palais principal, où ils trouvent le Grand Kaan en très grande compagnie de barons. Ils s'agenouillent devant lui et s'humilient le plus qu'ils peuvent en s'étendant sur la terre. Le Grand Kaan les fait dresser et tenir droit sur leurs pieds, les reçoit avec honneur et leur fait grande fête. Il leur demande mille choses sur leur vie, et comment ils s'étaient comportés en chemin. Les deux frères lui disent que tout était très bien puisqu'ils le retrouvaient en bonne santé, force et bonheur. Puis il leur demande quels entretiens ils avaient eus avec le Souverain Pontife ; ils lui expliquent fort habilement tout ce qu'ils avaient fait en vérité ; le Sire et tous ses barons les écoutent en très grand silence, s'émerveillant de leurs longues fatigues et de leurs périls. Puis ils lui présentent les privilèges, lettres et présents que l'Apôtre, le seigneur Pape Grégoire, lui envoie, ce dont il se réjouit grandement [34]. Et quand il les eut heureusement reçus, il vanta fort leur louable exactitude et fidélité. Puis ils lui baillent la sainte huile de la lampe du sépulcre de notre Seigneur Jésus-Christ ; il s'en réjouit fort, la prise hautement et ordonne qu'elle fût conservée avec grand honneur. Le Grand Kaan, quand il voit Marco, qui était jeune bachelier, il demande qui il est. « Sire, fait Messire Nicolo, il est mon fils et votre homme ; à grand peine et péril l'ai amené à vous de pays si lointains comme le bien le plus précieux que j'aie en ce monde, pour vous le présenter et qu'il soit votre serviteur. — Qu'il soit bienvenu, fait le Grand Kaan, car il me plaît fort. »

Et pourquoi vous ferais-je un long conte ? Sachez assurément que très grande fut la fête et la réjouissance que fait le Grand Kaan et toute sa Cour, de la venue de ces messagers ; et ils étaient grandement servis et honorés de toute chose. Ils demeurent à la Cour et sont honorés plus que les autres barons, quand tous les

34. Les Polo ont dû arriver au plus tôt en automne 1275. Grégoire X est mort en janvier 1276.

hommes virent l'affection singulière que le Seigneur leur portait.

XVI. — Comment le Grand Kaan envoya Marco pour son messager

Pour lors advint que Marco, le fils de Messire Nicolo, apprit les coutumes et usages des Tartares, leur langage, leurs lettres, si bellement que c'était merveille. Car je vous déclare en vérité qu'avant s'être écoulé long temps depuis qu'il vint en la Cour du Grand Seigneur, il savait plusieurs langues et quatre écritures et lettres, en telle sorte qu'il pouvait lire et écrire fort bien en ces langages ; il était sage et prudent outre mesure, et le Grand Kaan lui voulait plus qu'à nul autre grand bien pour le bon naturel qu'il voyait en lui et pour sa grande valeur. Et lorsque le Grand Kaan vit que Marco était si sage, il voulut éprouver sa prudence, espérant secrètement que Marco serait très capable d'obtenir ce qu'il désirait ; il l'envoie messager à certaine importante affaire de rois dans une terre très lointaine, dans une cité nommée Caragian[35], où il peine à y aller en six mois. Le jeune bachelier fait son ambassadc avec sagesse et succès. Fourni de tout le nécessaire, il se mit en route pour aller, et fourni de tout le nécessaire, il revint vers le Seigneur. Et comme il avait plusieurs fois vu et ouï que le Grand Kaan, lorsque les messagers qu'il mandait par les diverses parties du monde, quand ils retournaient vers lui et rendaient compte de la mission pour laquelle ils étaient partis, ne savaient pas lui donner d'autres nouvelles des contrées où ils étaient allés, il disait d'eux qu'ils étaient fous et ignorants et disait qu'il aimerait mieux ouïr les nouvelles, les coutumes et les usages de ces pays étrangers, que les affaires pour

35. Pour cette cité et sa province voir les chap. CXIX-CXX. Ce voyage, combiné avec une expédition mongole contre la Birmanie, a dû avoir lieu en 1277-78, donc peu après l'arrivée des Polo en Chine.

quoi il les avait mandés, ainsi Marco, qui savait bien tout cela, quand il alla en cette messagerie, se fit très attentif aux nouveautés et toutes les choses étranges qu'il pouvait apprendre ou voir, afin de savoir les redire au Grand Kaan. Il emporta aussi bien des choses curieuses, qui plurent grandement au Seigneur.

XVII. — Comment Marco retourne de sa mission et rend compte de son ambassade au Grand Kaan

Lorsque Marco fut retourné de sa messagerie, il s'en vint devant le Grand Kaan et lui raconta toute l'affaire pour laquelle il était allé, et comme il l'avait achevée très bien. Puis il lui dit toutes les nouveautés et nobles choses qu'il avait vues en ce voyage, si bien et sagement que le Grand Kaan et tous ceux qui l'ouïrent s'en émerveillèrent, et ils dirent entre eux : « Si ce jeune homme a longue vie, il ne faillira point d'être homme de grand sens et de grande valeur. »

Et que vous en dirai-je ? Depuis cette messagerie, le jeune homme fut appelé Messire Marco Polo à la Cour ; et ainsi l'appellera désormais notre livre. Et cela est très bien fait, car il était sage et avisé. Mais pourquoi vous ferais-je un long conte ? Sachez tout véritablement qu'après cela, Messire Marco demeura avec le Grand Kaan bien dix-sept ans entiers et que, en tout ce temps, il ne cessa d'aller en mission ; parfois pour les affaires privées dudit Messire Marco, mais toujours avec le bon vouloir et l'ordre du Grand Kaan. Car icelui, depuis qu'il avait vu que Messire Marco lui apportait les nouvelles de toutes parts et qu'il achevait si bien les besognes pour quoi il l'envoyait, il donnait à Messire Marco toutes les importantes missions et les lointaines. Comme un prud'homme et un qui sait tous les errements du seigneur, il prenait grande peine à apprendre et entendre tout ce qu'il savait devoir plaire au Grand Kaan. Il achevait bien sa besogne, Dieu merci, et savait dire maintes choses nouvelles et étranges. Et le Grand Kaan, la conduite de Messire Marco lui plaisait tant qu'il lui voulait grand bien, et lui faisait si grands honneurs, et le tenait si près de sa personne que les autres barons en avaient grande envie. Or ce fut la raison pourquoi Messire Marco sait plus des choses de ce pays que nul homme qui jamais naquit, et encore il y mettait plus d'attention à les connaître.

XVIII. — Comment Messire Nicolo, Messire Mafeo et Messire Marco demandèrent congé au Grand Kaan

Et quand Messire Nicolo, Messire Mafeo et Messire Marco furent demeurés avec le Grand Kaan autant comme vous avez ouï, ils se dirent entre eux un jour qu'ils voulaient retourner en leur contrée. Bien qu'ils se trouvassent fort riches en joyaux de grand prix et en or, un très grand désir de revoir leur contrée était toujours dans leur cœur ; et bien qu'ils fussent honorés et favoris, ils ne rêvaient à rien d'autre. Voyant le Grand Kaan très vieux, ils craignaient que s'il venait à mourir avant leur départ, ils ne pourraient peut-être jamais retourner en leur maison à cause de la longueur du chemin et des infinis périls qui les menaçaient. Tandis qu'ils espéraient y parvenir s'il était encore vivant. Ainsi, Messire Nicolo, voyant un jour le Grand Kaan de bonne humeur, saisit l'occasion de le prier à genoux, au nom de tous trois, qu'il les laissât partir chez eux ; dont il s'émut fort et répondit : « Pourquoi avez-vous envie d'aller mourir sur les routes ? Dites-le moi. Si vous avez besoin d'or, je vous en donnerai bien plus que n'en avez à la maison. Et pareillement pour toute autre chose que vous demanderez. » Et il leur proposait tous les honneurs qu'ils eussent voulus. Messire Nicolo répondit : « O Seigneur, ce que j'en dis n'est pas par désir d'or, mais parce qu'en mon pays j'ai une femme, laquelle par loi chrétienne je ne saurais abandonner tant qu'elle vit. » Pour le grand amour qu'il leur portait, le Seigneur répondit : « A nul prix au monde je ne consentirai que vous quittiez mon royaume, mais je veux bien que vous alliez çà et là dedans comme vous voudrez. » Ils demandent plusieurs fois leur congé au Grand Kaan pour retourner dans leur maison et famille, et l'en prient bien doucement, mais le Grand Kaan les aimait tant et les tenait si volontiers auprès de sa personne que pour rien au monde il ne leur donna congé.

Or il advint au bout d'un certain temps que mourut la reine Bolgana, qui était la femme d'Argon [36], sire des Tartares du Levant. Et cette reine, sur le point de mourir, demande une faveur au roi, et laisse pour sien testament que nulle dame ne pût s'asseoir sur son trône ni être femme d'Argon si elle n'était pas de son lignage, qui se trouvait en Catai [37]. Alors Argon prit trois de ses sages barons qui avaient nom ainsi : le premier Oulatai, le second Apusca et le troisième Coja [38]. Il les envoie au Grand Kaan avec très belle compagnie, pour demander qu'il lui envoyât une dame qui fût du lignage de la reine Bolgana, sa femme, qui était morte. Et quand les trois barons furent venus auprès du Grand Kaan, ils lui dirent pour quoi ils étaient venus. Le Grand Kaan les reçut honorablement et fit grande joie et grande chère. Et comme le roi Argon était son très grand ami, il manda une dame qui avait nom Cocacin [39] et qui était du lignage de la reine Bolgana ; c'était une fille de dix-sept ans, très avenante et belle. Quand elle fut venue, il dit aux trois barons que cette dame était

36. Arghoun, souverain Ilkhanide (1284-1291) [voir tab. gén.]. Sa femme, dont il est question, s'appelait Bouloughan (= Zibeline). Elle appartenait à la tribu des Baya'out, dont les femmes étaient réputées pour leur beauté, et Arghoun aurait voulu reprendre femme de la même tribu.

37. Les Khitan, qui avaient formé un empire au nord de la Chine de 907 à 1122, se trouvent à l'origine du nom Khatai utilisé par l'Europe pour désigner la Chine au Moyen Age et utilisé toujours par les Russes sous la forme de Khitai.

38. Ces trois personnages figurent dans les chroniques sous les noms de : Ouladai, Abichka et Khodja, ce dernier étant plus un titre qu'un nom.

39. Kœkœtchin (= celle qui est bleue ; par extension, comme le ciel).

celle qu'ils venaient quérir, disant : « Prenez-la pour Argon votre seigneur, car elle est du lignage qu'il recherche, de sorte qu'il peut la prendre en sûreté pour femme. » En entendant ces mots, ils furent très satisfaits. Et lorsque toutes les choses nécessaires furent apprêtées, avec une grande brigade pour escorter avec honneur cette nouvelle femme au roi Argon, les envoyés, ayant pris congé du Grand Kaan, se mirent en route et allèrent huit mois par même chemin que pour leur venue. Mais en voyage ils trouvèrent que, par une guerre issue nouvellement entre certains rois des Tartares, les routes étaient barrées, et ne pouvaient aller plus avant : contre leur gré ils durent revenir à la cour du Grand Kaan, auquel ils dirent ce qui leur était advenu.

Or, Messire Marco retournait d'une certaine ambassade en Inde pour le Seigneur ; il avait pris la voie par diverses mers et rapportait maintes nouvelles de cette contrée. Les trois barons qui avaient vu que Messire Nicolo, Messire Mafeo et Messire Marco étaient latins, et sages, quand ils apprirent qu'ils soupiraient après leur départ, se dirent l'un à l'autre qu'ils voulaient que ces hommes aillent avec eux par mer ; car leur intention était de retourner dans leur pays par mer par égard pour la dame, à cause des grandes peines qu'exige un si long trajet par terre. Et ils vont trouver le Grand Kaan et lui demandent en grâce de les envoyer par mer avec les trois Latins, sachant que les étrangers avaient vu et reconnu la plus grande part de la mer d'Inde et des pays où ils devaient passer, et spécialement Messire Marco. Le Grand Kaan, qui aimait tant ces trois Latins, comme vous ai conté, leur accorda cette grâce à grande répugnance, et donna congé aux trois Latins et leur dit qu'ils allassent avec ces trois barons et cette dame.

XIX. — Ci devise comment Messire Nicolo, Messire Mafeo et Messire Marco quittèrent le Grand Kaan

Quand le Grand Kaan voit que Messire Nicolo, Messire Mafeo et Messire Marco devaient partir, il les fit venir tous trois devant lui. Il leur donne deux tablettes d'or scellées du sceau royal, avec commandement écrit dessus qu'ils fussent libres et exempts de toute servitude, et en sécurité par toute sa terre ; partout où ils pourraient aller, on devait pourvoir à leurs besoins et à ceux de leur équipage, et leur donne une escorte pour qu'ils pussent passer en sûreté. Il les charge de maintes commissions, d'une ambassade pour l'Apôtre, et pour le roi de France, et pour le roi d'Espagne, et pour les autres rois de la Chrétienté. Puis il fit armer quatorze vaisseaux dont chacun avait quatre mâts et maintes fois naviguait sous douze voiles. Et pourrais bien vous conter comment ils allaient, mais comme ce serait trop longue affaire, ne vous en parlerai pas ici, mais plus bas, quand place et temps seront venus. Parmi ces vaisseaux étaient au moins quatre ou cinq ayant 250 à 260 nautoniers.

Et quand les nefs furent équipées, les trois barons et la dame, Messire Nicolo et Messire Mafeo et Messire Marco, prirent congé du Grand Kaan ; ils vinrent aux vaisseaux qui étaient préparés, s'y assemblèrent avec très grande compagnie de dames et de seigneurs. Le Grand Kaan leur fit donner par des hommes de nombreux rubis et autres joyaux très beaux et de très grand prix, et aussi leurs dépenses pour deux ans. Et que vous en dirai-je ? Ils prirent la mer et naviguèrent bien trois mois pleins jusqu'arriver à une grande île située devers le midi et qui a nom Java[40], en laquelle sont maintes choses merveilleuses que je vous conterai plus bas dans ce livre, bien clairement.

Puis ils repartirent de cette île, et je vous dis qu'ils

---

40. Il s'agit de « Java la mineure » de Marco Polo, c'est-à-dire Sumatra, qui sera décrite dans les chap. CLXVIII-CLXXI.

naviguèrent par la grande mer de l'Inde bien dix-huit mois entiers avant d'arriver au pays du roi Argon, là où ils voulaient aller. Ils trouvèrent maintes grandes merveilles que vous conterons aussi dans ce livre. Et quand ils furent arrivés, ils trouvèrent qu'Argon était mort ; quand ils virent cela, les ambassadeurs donnèrent la dame à Caçan[41], le fils d'Argon. Et vous dis sans fautes que lorsqu'ils entrèrent dans les nefs au pays du Grand Kaan, ils étaient bien, hommes et femmes, six cents personnes sans compter les mariniers. Et quand ils atteignirent le pays où ils allaient, ils constatèrent qu'ils étaient tous morts en route fors seulement dix-huit ; des trois ambassadeurs il ne restait qu'un seul, qui s'appelait Coja ; et de toutes les femmes et filles, nulle n'était morte si ce n'est une. Ils trouvèrent que Quiacatu[42] tenait la seigneurie d'Argon pour le garçon, qui n'était pas encore en âge de régner, car il était jeune ; auquel il leur sembla séant d'envoyer message pour dire qu'ayant amené cette reine par ordre du roi Argon, ils feraient ce qui lui semblerait bon. Il leur répondit qu'ils pouvaient la donner à Caçan, fils du roi Argon, qui était pour lors dans les régions lointaines de l'Arbre Sec[43], vers les frontières de la Perse, avec soixante mille hommes d'armes pour garder certaines passes, que certaines nations ennemies ne pussent les franchir pour venir piller son pays. Ainsi firent-ils. Ils lui recommandent la dame et font toute leur ambassade et leur messagerie.

Et quand Messire Nicolo, Messire Mafeo et Messire Marco eurent fait toute la besogne de la dame, et entièrement la messagerie que le Grand Kaan leur avait

41. Gazan, souverain Ilkhanide (1295-1304) [voir tab. gén.].

42. Gaikhatou, frère d'Arghoun et oncle de Gazan, souverain Ilkhanide (1291-1295) [voir tab. gén.]. En réalité, il s'agit beaucoup plus d'une usurpation que d'une régence, comme le texte ici semble vouloir indiquer. D'ailleurs Marco Polo reviendra sur la question au chap. CCXVI.

43. L'Arbre Sec semble indiquer ici la région de Khorassan au nord-est de l'Iran actuel. Pour sa description, voir plus loin au chap. XL.

confiée, ils revinrent chez Quiacatu parce que leur chemin passait par là, et ils y séjournèrent neuf mois. Puis ils prirent congé, partirent et se mirent en route. Et sachez très véritablement qu'avant leur départ, Quiacatu donna à ces trois messagers du Grand Kaan — ce furent Messire Nicolo, Messire Mafeo et Messire Marco — quatre tablettes d'or de commandement, deux gravées de gerfaut, une de lion et une unie, dont chacune avait une coudée de long et cinq doigts de large, et pesait trois ou quatre marcs. Et elles disaient dans leur légende que par la force du Dieu éternel, le nom du Grand Kaan doit être honoré et révéré à tout jamais, et que quiconque n'obéira pas sera mis à mort et aura ses biens confisqués ; et que ces trois messagers fussent honorés et servis par toute sa terre comme sa propre personne, et que des chevaux et toutes dépenses et toute escorte leur fussent donnés entièrement pour tout dangereux passage, à eux et à toute leur suite. Et certes ainsi fut fait. Car par toute sa terre ils eurent des chevaux, leurs dépenses couvertes et tout le nécessaire bien et largement ; car je vous dis sans faute que maintes fois leur furent donnés deux cents hommes à cheval, et plus ou moins selon qu'ils en eurent besoin pour aller en sûreté d'une terre à l'autre. Et c'était bien besoin parce que Quiacatu n'avait nulle autorité et n'était ni seigneur naturel ni suzerain ; et par conséquent les gens ne se retenaient pas de mal faire comme ils se seraient retenus s'ils en avaient eu un véritable. Et tandis que Messires Nicolo, Mafeo et Marco faisaient ainsi leur voyage, ils apprirent que le Grand Kaan avait perdu la vie[44], ce qui leur ravit tout espoir de jamais pouvoir retourner dans ces régions.

Et encore vous dis une autre chose qu'il est bon de mentionner pour l'honneur de ces trois messagers. Je vous dirai très véritablement que Messire Mafeo, Mes-

44. Koubilai était mort en février 1294. Ce passage est en contradiction avec celui du chap. LXXVII où Marco Polo dans la prison de Gênes semble croire que Koubilai est toujours en vie.

sire Nicolo et Messire Marco avaient si grande autorité que je vais vous dire. Car sachez bien que le Grand Kaan se fiait tant à eux et leur voulait si grand bien qu'il leur confia la reine Cocacin et aussi la fille du roi de Mangi [45] pour les mener à Argon, le Sire de tout le Levant. Ainsi firent-ils, car ils les menèrent par mer ainsi que je vous ai conté plus haut, avec tous ces gens et cette grande dépense. Je vous dis en outre que ces deux grandes dames étaient aux bons soins de ces trois messagers, car c'est eux qui les sauvèrent et gardèrent comme si elles fussent leurs filles ; et les dames, qui étaient très jeunes et très belles, tenaient ces trois pour leurs pères et ainsi leur obéirent. Et ces trois les remirent en les mains de leur baron. Et je vous dis encore en toute vérité que la reine Cocacin, femme de Caçan qui de nos jours règne, voulut tant de bien aux trois messagers qu'il n'est chose qu'elle ne fît pour eux comme pour son propre père. Car sachez que quand ces trois messagers la quittèrent pour retourner dans leur pays, elle pleura de deuil à leur départ. Or vous ai conté une chose bonne à répéter, comment deux telles dames furent confiées à ces trois messagers pour les mener vers leur baron à si longue distance. Or laissons ce sujet et vous conterons plus avant. Et que vous en dirai-je ? Quand les trois messagers eurent quitté Quiacatu, ils se mirent en route et chevauchèrent de longues journées, étudiant bien des pays et provinces dont sera parlé ci-dessous, tant qu'ils arrivèrent enfin, par la grâce de Dieu, après bien du temps et bien des efforts, à Trébisonde [46], qui est sur la Grande Mer ; et de Trébisonde, ils s'en vinrent à Constantinople ; et de Constantinople,

45. Manzi était le nom donné par les Mongols à la Chine du Sud gouvernée par les empereurs Song de 960 à 1279. Ici il doit s'agir probablement d'une fille de l'avant-dernier empereur (voir note 328).

46. Trébisonde, aujourd'hui Trabzon (Turquie), était la capitale d'un royaume byzantin, à l'époque vassal des Ilkhanides. Cette ville devenait, après l'expansion des Mamelouks vers le nord de la Syrie, une des rares issues du monde mongol vers les mers intérieures.

s'en vinrent à Négrepont et de Négrepont, avec bien des richesses et une nombreuse compagnie, remerciant Dieu de les avoir tirés de si grandes peines et infinis périls, ils s'embarquèrent et s'en vinrent enfin sains et saufs à Venise. Et ce fut en l'an 1295 depuis l'Incarnation du Christ. Maintenant que je vous ai dit tout le fait du prologue, juste ainsi que vous avez ouï, je commencerai le livre.

XX. — Ci devise de la Petite Arménie

Il est vrai qu'il existe deux Arménies[47], une Grande et une Petite, icelle de moindre étendue. De la Petite est sire un roi, qui habite une cité appelée Sevasto[48], reconnu en tous lieux, il maintient la terre en justice, et nul malfaiteur ne saurait échapper ; il est sujet du Grand Kaan, le roi tartare, bien que les habitants soient chrétiens : mais ils ne sont pas justes dans la vraie foi comme les Romains[49], et c'est par faute d'être enseignés, car jadis ils étaient bons chrétiens. Cette Petite Arménie serait bientôt ramenée dans la vraie foi chrétienne s'il y restait de bons prêcheurs, et fidèles. Il y a maintes villes, châteaux et villages, et grande abondance de toutes choses. C'est une très fertile terre, et agréable. C'est aussi une terre de grandes réjouissances et de très belles chasses, tant de bêtes que d'oiseaux. Mais je vous dis qu'elle n'est pas une province saine, mais fort

---

47. La Petite Arménie, également connue sous le nom de Cilicie, est composée de la plaine actuelle d'Adana (Turquie) et de son arrière-pays montagneux. Des Arméniens réfugiés après la conquête de la Grande Arménie y ont formé un petit Etat dans le giron des croisés qui a pu subsister jusqu'en 1375. La Grande Arménie, qui correspond aux hauts plateaux de l'est de la Turquie actuelle, formait un Etat qui a été détruit au début du XIe siècle par les Byzantins.

48. Ce nom, cité deux fois dans ce chapitre, correspond à deux villes différentes. Sevasto ici ne peut être que Sis, l'actuelle Kozan, capitale de la Petite Arménie.

49. L'Eglise arménienne, dite grégorienne, avait accepté le monophysisme au Ve siècle.

malsaine, et que son air n'est pas bon. Anciennement, les gentilshommes étaient vaillants et experts au métier des armes, chacun en valant bien deux autres, et de belles manières ; mais aujourd'hui sont devenus chétifs et vils et n'ont plus nulle bonté, sauf d'être grands gloutons et buveurs. Ils ont abondance de vin blanc et rouge et s'adonnent fort à la boisson.

Il y a sur la mer de ladite province une ville appelée Laïas, bonne et grande, au commerce actif ; car sachez que toutes les épices et les draps de l'Euphrate se portent à cette ville, et toutes les autres choses précieuses. Il y a abondance de coton. Et les marchands de Venise, de Pise et de Gênes, et ceux de toutes les parties de l'intérieur, y viennent acheter et vendre, et tiennent leurs entrepôts. Et voici les frontières de ce royaume de Petite Arménie : du côté du Midi, est la Terre Promise, que tiennent les Sarrazins ; du côté de la Tramontane sont les gens nommés Turcomans [50], qu'on appelle Caramani [51] ; vers le Levant et le Vent-Grec sont la Turquie, la Caiserie [52] et Sevasto [53], et bien d'autres cités, qui sont toutes soumises aux Tartares ; vers le Couchant est la mer par laquelle on navigue vers les pays des Chrétiens. Ainsi nous vous avons parlé

50. Les Turcomans ou Turkmènes sont des tribus turques du groupe des Oghouz. Pratiquant à l'origine le nomadisme dans la région du lac Balkach, le Kazakstan actuel, ils ont pénétré dans une première vague en Iran au début du XIe siècle pour former l'Empire seldjoukide. Une deuxième vague poussée par l'expansion mongole s'est introduite en Asie Mineure et fut installée par les Seldjoukides d'Anatolie dans les marches de cet Etat.

51. Les Karamanides, installés par les souverains Seldjoukides d'Anatolie sur les marches de la Cilicie, à cheval sur le Taurus, créèrent l'Etat turkmène le plus puissant avant l'expansion des Ottomans. A l'époque de Marco Polo, Baybars trouvait déjà un allié auprès de l'émir de Karaman contre les Mongols et leurs vassaux locaux : les rois de la Petite Arménie et les sultans Seldjoukides de Konya.

52. L'ancienne Césarée, l'actuelle Kayseri au centre de la Turquie.

53. Ici il ne s'agit plus de Sis mais de l'ancienne Sébaste, l'actuelle Sîvas au centre-est de la Turquie.

de la Petite Arménie ; et maintenant, nous vous conterons de la Turcomanie.

XXI. — Ci devise de la province de Turcomanie

Dans la province de Turcomanie [54] sont trois sortes de gens : ce sont Turcomans, qui adorent Mahomet et tiennent sa loi ; ils vivent comme des bêtes en toutes choses ; ils sont peuple ignorant et ont langage barbare et différent des autres. Ils demeurent en les montagnes et dans les landes, là où ils trouvent de bons pâturages pour leurs moutons : car ils ne labourent pas la terre, mais vivent uniquement des bestiaux. Ces Turcomans ont rarement demeure, sauf dans la campagne avec leurs animaux ; ils ont vêtements de peau et maison de feutre ou de peaux. Et je vous dis que là naissent très bons chevaux turcomans et très bonnes mules de grande valeur. Les autres gens sont les Arméniens, assez imparfaits Chrétiens, et les Grecs, qui demeurent mêlés dans villes et villages, et vivent de commerce et d'artisanat. Ceux-là ont grands biens. Car sachez-le : c'est dans cinq de ces places que sont faits les plus beaux tapis du monde et des plus magnifiques couleurs. Là sont faits aussi les draps de soie cramoisie et d'autres couleurs, très beaux et très riches, en fort grande quantité, et bien d'autres choses aussi. Ils cultivent également le sol. Toutefois tire son nom la province entière du premier de ces peuples, et est nommée Turcomanie, tandis qu'Arméniens et Grecs y sont comme par accident. Les meilleures et plus fameuses cités de la province sont Conio [55], Caiserie et Sevasto. Messire Saint Blasius [56] y souffrit le martyre pour le Christ. Ces cités sont très

---

54. Par Turcomanie ou Turquie Marco Polo désigne uniquement le centre de la Turquie actuelle.

55. L'ancien Iconium, l'actuelle Konya au centre de la Turquie, était à l'époque la capitale des Seldjoukides d'Anatolie. Dans son itinéraire Marco Polo a bien dû passer par Kayseri et Sivas mais non par Konya située plus à l'ouest.

56. Saint Blaise, évêque de Sivas martyrisé vers 316.

riches et prospères, mais les autres moins. Dans cette province y a encore bien d'autres cités et villages que ne vous dirai point parce que trop longue énumération ce serait. Ils sont tous sujets du roi tartare du Levant, qui fait ici la loi et envoie des lieutenants et des gouverneurs. Ces Tartares n'ont souci de savoir quel Dieu est adoré dans leurs territoires. Si seulement tous sont fidèles au seigneur Kaan et très obéissants, et payent le tribut fixé, et se maintiennent bien en justice, de votre âme vous pouvez faire ce qu'il vous plaît. Toutefois, point ne veulent que vous médisiez de leur âme, ni fassiez faute de les aider dans leurs entreprises. Et faites ce que voudrez avec votre âme et Dieu, que vous soyez Juif, Païen, Sarrazin ou Chrétien habitant parmi les Tartares. Ils reconnaissent certes en Tartarie que Christ est Seigneur, mais disent qu'il est seigneur orgueilleux parce qu'il ne veut point aller avec les autres dieux, mais être Dieu par-dessus tous les autres du monde. C'est ainsi qu'en certains lieux, ils ont des christs d'or et d'argent, et les tiennent cachés en châsses, disant qu'il est le Grand Seigneur suprême des Chrétiens. A présent laissons cette province, et parlons de la Grande Arménie.

XXII. — Ci devise de la Grande Arménie

La Grande Arménie est une très grande province. Elle a partout le même langage, différent des autres provinces, mais elle s'accorde en toutes autres choses avec la Petite Arménie, bien qu'elle soit plus grande et par situation et par nombre de pays. Elle commence à une cité appelée Arçingan[57], où l'on fait les meilleurs boquerants[58] qui soient au monde, car ils sont très bons

57. L'actuelle Erzincan à l'est de la Turquie.
58. Boquerant ou bougran, tissu dont le nom vient probablement de la ville de Boukhara. De coton fin et très précieux à l'époque de Marco Polo a fini par désigner un tissu grossier utilisé comme doublure.

maîtres ouvriers. Là est le meilleur et le plus beau coton, et bien d'autres métiers sont exercés, qu'on ne peut énumérer ici. En cette ville, des eaux chaudes jaillissantes forment les bains naturels les plus beaux et les plus sains de toute la Terre. Les gens sont pour la plus grande part Arméniens, et sujets des Tartares. Il y a maints villages et bonnes cités. Mais la plus noble de tout le royaume est Arçingan, qui a un archevêque gouvernant les Chrétiens. Pour quoi elle est métropole de toute la province, et pour la plupart les gens y sont soumis à la foi de Jésus-Christ, bien que parmi eux soient moult hérétiques sur divers articles de foi, à cause qu'ils n'ont pas de docteurs qui sachent bien. Les autres cités sont Argiron[59], qui est vaste, et où l'on extrait grande quantité d'argent, et Arçiçi[60]. C'est une très grande province. Et je vous dis qu'en été y demeurent toutes les armées des Tartares du Levant parce que cette province a très bon pâturage en été pour leurs bêtes ; et pour cela y demeurent les Tartares en été avec leurs bêtes, mais en hiver, ils n'y demeurent pas, à cause de la grande froidure de la neige qu'il y a ici outre mesure, ce pour quoi les bêtes ne pourraient vivre. Et pour cette raison, les Tartares quittent ces régions en hiver et s'en vont en lieux chauds, là où ils trouvent de grandes herbes et bons pâturages pour leurs bêtes. Dans certain village, qui est appelé Paperth[61], y a très

---

59. Arz-al-Rum (= terre des Byzantins), l'actuelle Erzerum à l'est de la Turquie. Cette ville, ainsi que celles qui précèdent, appartenaient aux Seldjoukides d'Anatolie, eux-mêmes vassaux des Ilkhanides.

60. L'ancienne Arsissa, aujourd'hui Erciś, sur la pointe nord-est du lac Van.

61. Tout au long de son trajet de Laïas à Pékin Marco Polo décrira, en plus de l'itinéraire qu'il a effectivement suivi, des itinéraires rayonnant à partir des villes traversées vers des contrées plus ou moins éloignées selon les informations recueillies. C'est ainsi qu'au bord du lac Van vient se joindre à son propre itinéraire celui qui joint Trébisonde à Tabriz et qui a été probablement suivi par les Polo en sens inverse lors de leur retour en 1295. Paperth, l'actuelle Bayburt, se trouve sur cette route à une centaine de kilomètres au sud-est de Trébisonde.

grande mine d'argent ; et ce village se voit quand on va de Trébisonde à Tauris [62].

Et encore, vous dirai qu'en le mitan de cette Grande Arménie est l'arche de Noé, sur une grande montagne [63]. C'est vraiment une très grande et haute montagne, pareille à un cube, sur laquelle, ce dit-on, l'arche de Noé s'est posée, et de là vient que la montagne est appelée Mont de l'arche de Noé. Elle est si large et si longue qu'en deux journées n'en ferait-on le tour. Au sommet de la montagne y a toujours si grande quantité de neige que nul ne saurait aller jusqu'au sommet, parce que la neige ne fond jamais entièrement ; mais chacune se dépose sur l'autre, et ainsi s'accroît. Cette arche est de très loin visible, car très haute est la montagne sur laquelle elle se trouve, et il y a de la neige presque toute l'année ; en certain endroit, c'est comme s'il y avait une tache et une grande chose noire qu'on voit de très loin au milieu de ces neiges, mais de près, on ne voit rien du tout. Cette Arménie a maintes grandes et hautes montagnes et entre autres y a certaine montagne appelée Mont Baris, ou Mont Olympus [64], et cette montagne semble toucher le ciel. Et certains disent que beaucoup s'y sauvèrent des eaux du grand déluge. Dans ces parties l'arche de Noé est appelée la nef du monde. Ils en parlent tout aussi peu que si point n'était là, à moins que des visiteurs ne demandent à son propos : alors ils en parlent, et disent que cette chose noire est la nef du monde. Mais sur les pentes devers la plaine, grâce à l'humidité de la neige qui découle quand elle fond, la montagne est si grasse et abondante en herbe qu'en été, tous les troupeaux de moutons d'alentour sont amenés sans exception de fort loin pour y séjourner. A

62. L'actuelle Tabriz, capitale de l'Azerbaïdjan oriental en Iran et à l'époque capitale des Ilkhanides.

63. Il s'agit évidemment du mont Ararat.

64. C'est probablement Elburz, avec la suppression de El comme article (Al Bordj = la citadelle), le sommet le plus haut du Caucase. Toutefois, il y a une confusion évidente dans le texte entre Elburz et Ararat.

quoi ne manquent jamais. En outre, grâce à la descente des neiges, un limon épais se forme sur la montagne.

Et maintenant sur les frontières de l'Arménie devers le sud sont ces provinces : Mossoul[65], Mus[66], et Méridin[67], dont allons parler ci-dessous ; et y en a moult autres qui seraient longues à raconter. Elle confine donc devers le Midi et le Levant à une cité et un royaume appelés Mossoul, qui sont gens chrétiens ; ils sont Jacobites[68] et Nestoriens[69], dont je vous parlerai plus loin ; mais nous n'en dirons que deux mots. Devers la Tramontane, elle confine aux Géorgiens, dont je vous parlerai également plus loin. Et sur cette frontière devers les Géorgiens, il y a une fontaine d'où sourd une liqueur telle qu'huile[70] en grande abondance, tant que parfois un cent de grandes nefs y chargent aisément en même temps ; point n'est bonne à manger, mais est bonne à brûler et pour oindre les hommes et animaux galeux, et les chameaux pour l'urticaire et les ulcères. Et viennent les hommes chercher cette huile de très loin, et toute la contrée à l'alentour ne brûle autre huile que celle-là. Maintenant, laissons la Grande Arménie, et nous vous conterons de la province des Géorgiens.

---

65. Ici commence un nouvel itinéraire décrit qui va dans le sens : Muš (Mouch), Mardin, Mossoul et qui continuera dans les chap. XXIV et XXV. Mossoul, aujourd'hui en Irak, appartenait à l'époque aux Ilkhanides.

66. Muš (Mouch), actuellement en Turquie, appartenait aussi aux Ilkhanides.

67. Mardin, actuellement en Turquie, appartenait depuis 1108 à une dynastie musulmane locale, les Artoukides, qui ont réussi à se maintenir jusqu'à l'époque de Marco Polo en tant que vassaux des Ilkhanides.

68. Les jacobites sont une secte monophysite qui subsiste encore de nos jours dans les mêmes régions de Mardin et de Mossoul.

69. Les nestoriens, s'ils se sont maintenus très localement au Proche-Orient jusqu'à nos jours, ont rayonné pendant le Moyen Age jusqu'aux confins de l'Asie en faisant de nombreux adeptes, surtout parmi les tribus turques et mongoles que Marco Polo rencontrera tout au long de son voyage.

70. C'est, bien sûr, le pétrole.

XXIII. — Ci devise du roi des Géorgiens et de leurs affaires

En Géorgie est un roi qu'on appelle toujours David Melic, qui veut dire en français Roi David[71] ; et il est sujet du roi des Tartares. On dit que anciennement, tous les rois de cette province naissaient avec le signe d'un aigle sur l'épaule droite, mais qu'ils n'ont plus ce signe maintenant. Ce sont gens très beaux et vaillants aux armes, bons archers et bons combattants à la guerre. Ils sont chrétiens, mais observent la loi grecque ; et le cheveu portent court à la manière des clercs. Cette Géorgie est la province que le roi Alexandre le Grand ne put traverser lorsqu'il voulut retourner en Occident, parce que la route est étroite et très dangereuse. Car d'un côté est la mer de Bakou et de l'autre des bois infranchissables et une très grande montagne où l'on ne peut chevaucher. Le passage qui reste entre la montagne et la mer est si étroit qu'on n'y peut chevaucher, et cette route étroite dure plus de quatre lieues ; deux hommes n'y pourraient point marcher ensemble côte à côte, mais l'un d'eux tomberait dans la mer ; si bien que peu d'hommes tiendraient le passage contre tout le monde. Et c'est la raison pour laquelle Alexandre ne put passer. Et vous dis qu'Alexandre fit faire une tour très forte, et une forteresse à l'issue de la passe, de sorte que ces gens ne pussent passer pour tomber sur lui ni sur ses gens ; et jusqu'à ce jour, elle a été appelée la Porte de Fer[72], et c'est le lieu où le Livre d'Alexandre conte comment il enferma les Tartares entre deux montagnes. Il n'est pas vrai qu'ils étaient Tartares, mais un peuple appelé Comans[73] et d'autres races en suffisance, car il

71. David V, roi de la Géorgie orientale (1243-1272).

72. Le point le plus étroit du passage entre le Caucase et la mer Caspienne à l'emplacement de la ville actuelle de Derbend en République autonome du Daghestan (U.R.S.S.).

73. Nom donné par les Byzantins à un peuple se nommant lui-même Kiptchak. Voisins des Oghouz, ils ont déclenché leur migration après ces derniers, mais se sont orientés vers la Russie méridionale où ils se sont installés jusqu'à l'invasion

n'y avait pas de Tartares en ce temps-là. Il y a assez de villes et de villages dans cette province ; ils ont grande abondance de soie, font des draps de soie et d'or, les plus beaux qu'homme vît jamais, et qui sont bon marché, et meilleur marché que de laine, car il y a beaucoup de soie et beaucoup d'ouvriers dans ce métier. Là aussi sont les meilleurs autours du monde, nommés *avigi* [74], et de bons endroits pour attraper les oiseaux. Tous les hommes de cette province vivent somptueusement, car y a abondance de toutes choses, et ils vivent de commerce et du travail du sol. La province est toute pleine de grandes montagnes, de passes si étroites et si fortes, que, je vous le dis, les Tartares jamais n'ont pu la dominer entièrement. Car une partie de la province est soumise au roi tartare, mais le reste lui échappe et est soumis au roi David, à cause des places fortes qu'il a. Et dans ces fortes places et montagnes sont des bois où ne sont nuls autres arbres que le buis.

Il y a un monastère appelé Saint-Lionard [75], très noble et vénérable, où la plupart des moines observent notre loi ; et s'y fait, ce dit-on, la merveille que je vais vous conter. Sachez qu'il existe à l'entour un grand lac dont l'eau provient d'une grande montagne jouxtant l'église de Saint-Lionard ; et en cette eau qui vient de cette montagne, on ne trouve nul poisson, ni petit ni grand, de toute l'année ; seulement au premier jour de carême ils commencent à venir ; et ils viennent tous les jours de carême jusqu'au Saint Sabbat, qui est la vigile de Pâques ; et le jour de Pâques, disparaissent ; pendant cette période, il se trouve du poisson assez, et le plus fin du monde, mais en tous les autres temps de l'année, il ne s'en trouve mie jusques en carême suivant ; ainsi va-t-il chaque année, que c'est pur miracle. Et la susdite

mongole. Quant à la digression de Marco Polo, elle n'est pas très claire puisque les Comans n'existaient pas plus que les Mongols en cette région du temps d'Alexandre.

74. Des oiseaux proches de l'épervier, utilisés sans doute à la chasse puisque *avǰi* en turc signifie « chasseur ».

75. Cet endroit n'a pas été identifié. Il s'agit peut-être du lac Sevan en Arménie.

province regarde sur deux mers, dont l'une est nommée la Grande Mer, qui est du côté de la Tramontane.

Et vous dirai encore que l'autre mer dont je vous ai parlé, et qui jouxte la montagne, est appelée mer de Gel ou Ghelan [76], et la mer de Bakou ; elle a deux mille sept cents miles de tour et est pareille à un vivier, parce que point ne se mélange avec autre mer. Elle est éloignée de toute autre mer de bien douze journées ; le fleuve Euphrate [77] s'y jette, qui est une des quatre rivières du Paradis, comme est dit en Ecriture, la rivière nommée Tigre, et le Gion [78], et bien d'autres ; elle est tout entourée de montagnes et de très bonne terre, et il s'y trouve nombre d'îles bien peuplées où sont nombre de jolis bourgs. Ces îles ont été peuplées par les gens fuyant de la face du grand Tartare quand il vint conquêtant par le royaume ou province de Perse, et leurs bourgs et campagnes étaient régis par des communes. Ces gens donc, dans leur fuite, se retirèrent en ces îles et montagnes où ils espéraient être plus en sûreté ; ainsi furent habitées ces îles. Il est aussi certain de ces îlots déserts. Tout de même, ladite mer produit très nombreux poissons et surtout esturgeons et saumons, et autres grands poissons. Depuis peu les marchands de Gênes naviguent sur cette mer, car ils y ont mis leurs nefs sur lesquelles ils naviguent.

De là vient la soie nommée communément *ghella* [79]. Près de cette province est une certaine ville, très belle et très grande, dont le nom est Tiflis ; autour de laquelle sont de nombreux bourgs et villages soumis à elle et où vivent des Chrétiens, notamment des Arméniens et des Géorgiens, ainsi que quelques Sarrazins et Juifs,

---

76. Il s'agit de la mer Caspienne ; son nom de mer de Ghelan vient de la province iranienne du même nom qui la jouxte au sud.

77. La Volga étant déjà désignée comme le Tigre, l'Euphrate doit être le Kura qui se jette à la mer Caspienne au sud de Bakû.

78. Le mot correspond à l'arabe Djaihoun, c'est-à-dire l'Amu-Darya qui se jette dans la mer d'Aral et non dans la Caspienne.

79. Soie du Ghilan.

mais en petit nombre. On y fabrique des draps de soie et de bien d'autres sortes. Les hommes vivent de leur métier et sont sujets du grand roi des Tartares. Et il est à savoir que n'avons décrit que les deux ou trois principales villes de chaque province, mais il en est bien d'autres, qu'il serait trop long de décrire par ordre, puisque rien n'ont à spécialement admirer. Mais certaines d'entre elles que nous avons omises, et qui se trouvent dans ces régions, sont décrites plus entièrement dessous. Et maintenant que nous vous avons conté des confins de la Grande Arménie devers la Tramontane, nous voulons vous conter des autres régions qui sont entre Midi et Levant.

XXIV. — Ci devise du royaume de Mossoul

Sur l'autre frontière de la Grande Arménie, qui est entre le Midi et le Levant, est le royaume de Mossoul. Mossoul est un grand royaume qu'habitent plusieurs sortes de gens, lesquels je vais vous décrire. En premier viennent ceux appelés Arabes, qui tous adorent Mahomet. Il y a aussi une autre race de gens qui suivent la loi chrétienne, mais non pas selon ce que commande l'Eglise de Rome, car ils se trompent en plusieurs choses. Ils sont appelés Nestoriens, et Jacobites. Ils ont patriarche qu'ils appellent *Jatolic*[80], et ce patriarche fait les archevêques et les évêques, les abbés et autres prélats, et les envoie partout prêcher, en Inde et au Catai, en Baudac, tout comme l'Apôtre de Rome. Mais je vous dis que, bien qu'ils prêchent, ils ne prêchent pas le vrai en toutes choses, mais comme prêchent des hérétiques, de telle sorte qu'hérétiques engendrent hérétiques et que tous les Chrétiens que vous trouverez dans tous ces endroits sont Nestoriens et Jacobites, dont y a très grand nombre. Tous les plus beaux draps de soie et d'or qu'on nomme mousseline sont fabriqués là-bas, et les artisans

80. Il s'agit du catholicos, chef religieux des nestoriens résidant à Mossoul.

sont passés maîtres dans cet art. Et je vous dis aussi que les grands marchands appelés mousselins, qui apportent de grandes quantités de toutes ces épices coûteuses, ces perles et ces vêtements d'or et de soie, sont pour la plupart de ce royaume.

Et en les montagnes de ce royaume vivent des gens qu'on appelle Kurdes, qui sont Chrétiens Nestoriens et Jacobites. Certains d'entre eux sont Sarrazins, qui adorent Mahomet ; ils sont vaillants et bons archers, mais très méchantes gens, et dépouillent volontiers les marchands. Avec cette province est une certaine autre province nommée Mus et Meridin, où poussent les plus grandes quantités de coton et où l'on fait grande fabrication de boquerant ainsi que bien d'autres. Marchands et artisans y sont nombreux, et soumis au roi des Tartares. Maintenant, laissons le royaume de Mossoul et vous parlons de la grande cité de Baudac.

XXV. — Ci devise comment la grande cité de Baudac fut prise

Dans ces régions est une grandissime cité appelée Baudac[81], laquelle en Sainte Ecriture est appelée Suse. Différentes races de peuple y habitent, notamment Juifs, Païens et surtout Sarrazins ; là est le principal prélat, qu'on appelle Calife, de tous les Sarrazins du monde, tout juste comme à Rome est chef de tous les Chrétiens du monde. Certains sont chrétiens, et mauvais, et certains autres, en petit nombre, bons catholiques. On la dit si grande qu'un homme n'en peut faire le tour qu'en trois journées. Par la ville passe un fleuve très grand qui court à la mer devers le midi, et par ce fleuve l'on peut bien aller en la mer d'Inde ; un très grand nombre de marchands y vont et viennent sans cesse avec leurs marchandises. Et sachez que le fleuve est long, de Baudac

81. Bagdad, conquise en 1258 sur le dernier khalife par Hulagu. Marco Polo continue ici l'itinéraire décrit, commencé il y a trois chapitres.

à la mer d'Inde, de bien dix-huit journées, plus ou moins selon le courant de l'eau et le sens pris par les navires ; et les marchands qui veulent aller en Inde vont par ce fleuve jusqu'à une cité qui a nom Chisci [82], et de là ils entrent en la mer d'Inde. Je vous dirai encore que sur ce fleuve, entre Baudac et Chisci, est une grande cité qui a nom Bassora. Tout autour de la cité, dans de grands bois de palmiers, viennent les meilleures dattes du monde. En Baudac, on fait maintes sortes de draps d'or et de soie : ce sont *nascici, nac* et *cramoisi* [83], très richement ornés de poissons, bêtes et oiseaux. Et toutes les perles qui sont apportées en Chrétienté depuis l'Inde sont pour la plupart percées à Baudac. On y étudie en toutes sciences, et notamment la loi de Mahomet, la nécromancie, la physique, l'astronomie, la géomancie, la physiognomonie et la philosophie. Elle est la plus noble cité, et la plus grande qui soit en toutes ces régions.

Et sachez en outre pour vrai qu'au Calife de Baudac était le plus grand trésor d'or, d'argent, et de pierres précieuses qui se soit jamais trouvé aux mains d'aucun homme ; et finalement à cause de lui le Calife dut mourir de faim. Et vous dirai comment.

Il est vrai qu'environ l'an 1255 de la naissance du Christ, le Grand Sire des Tartares du Levant, qui avait nom Ulau, et qui était frère du Grand Sire qui maintenant règne, celui qui a nom Cublai, assembla une très grande armée de chevaliers et de piétons, tomba sur le Calife dans la cité de Baudac, l'assiégea, et finalement la prit de vive force. Et ce fut bien grande chose, car y avait en Baudac plus de cent mille chevaliers sans les hommes à pied. Quand il l'a prise, et qu'il entre, il trouve au Calife une tour toute pleine d'or, d'argent et d'autres trésors, si pleine qu'autant ne fut oncques vu en une seule fois en un lieu. Mais comme le Calife était ladre et ne savait se pourvoir d'une armée suffisante, ni

82. L'île de Qish (Iran) dans le golfe Persique.

83. Les deux premiers termes viennent de l'arabe *nasidj*, qui désigne des brocards de soie, jadis appelés baldaquins de soie, de Baldac = Bagdad. Le cramoisi vient de l'arabe *kirmiz*, nom de la cochenille, insecte qui servait à teindre les tissus en rouge.

donner des présents aux chevaliers qu'il avait, il ne put ainsi échapper au désastre. Quand Ulau voit ce grand trésor, il s'en émerveille grandement, croyant à grand peine qu'il y eût tant d'or dans tout le monde ; et il mande le Calife et le fait venir devant lui. Puis lui dit : « Calife, fit-il, dis-moi donc pourquoi tu as amassé tant de trésors ? Je m'émerveille grandement de ton avarice, et que tu étais si avaricieux que de refuser d'en distribuer ou donner aux chevaliers et à ton peuple. Et que devais-tu donc faire ? Ne savais-tu donc pas que j'étais ton ennemi, que je venais sur toi avec une grande armée pour te prendre, toi et ton pays, et te ravir ton héritage ? Et quand tu l'as su, pourquoi n'as-tu pas pris ton trésor, et ne l'as-tu pas donné aux chevaliers et aux soldats, pour te défendre, toi, et ta cité ? » Le Calife, effaré et terrifié, ne lui répond rien, parce qu'il ne savait que dire. Et donc Ulau lui dit : « Calife, tu ne dis rien ? Eh bien puisque je vois que tu aimes tant le trésor, et que tu y voyais le soutien de ta vie, je m'en vais te montrer comme tu as bien jugé ; ce trésor si aimé de toi, je te le vais donner à manger ! » Il fit donc prendre le Calife, le fit mettre dans la tour du trésor et commande que rien ne lui soit donné à manger ni à boire. Et puis il lui dit : « Calife ! A présent mange du trésor autant que tu voudras, puisqu'il te plaît tant ; car jamais ne mangeras ou boiras autre chose que ce trésor. » Sur ce, l'a laissé en la tour, où voyant trop tard son erreur, et incapable d'obtenir nul soutien de son trésor, il mourut de faim comme un serf au bout de quatre jours [84]. Ainsi eût mieux valu pour le Calife qu'il eût donné son trésor à ses hommes pour le défendre, lui, sa terre et ses gens, que d'être pris, de mourir avec tous ses gens et de perdre son héritage. Je pense que notre Seigneur Jésus-Christ désirait venger ses Chrétiens, qui tant étaient haïs du Calife. Depuis ce Calife, il n'y eut plus de Calife des Sarrazins, ni en Baudac, ni ailleurs.

84. Cette version est également racontée par certains historiens persans, mais selon l'histoire officielle le khalife a été tout simplement foulé aux pieds par des chevaux.

Maintenant, laissons Baudac et discourons de Tauris. Certes j'aurais bien pu vous en dire davantage des habitants, de leurs faits et coutumes, mais comme ce serait trop longue matière, vous ai abrégé mon discours. Et pour cette raison nous vous conterons d'autres grandes et merveilleuses choses, tout comme vous pourrez ouïr.

XXVI. — Ci devise de la noble cité de Tauris

Tauris est grande et noble cité entre l'Arménie et la Perse, en une grande province proche de Baudac, et qui est appelée Yrac[85], en laquelle bien d'autres villes ou villages se trouvent, et très riches, mais comme Tauris est la plus belle noble cité, c'est d'elle que je vous conterai à présent.

Il est vrai que les hommes de Tauris sont soumis aux Tartares et vivent de commerce et métiers, dont la plupart concernent le vêtement : on fabrique maints draps d'or et de soie, très jolis et de très grande valeur. La cité est si heureusement située qu'aisément y viennent les autres marchandises de Baudac, d'Inde, de Mossoul, de Curmos[86] et de maints autres lieux : et viennent souvent nombre de marchands latins, et surtout des Génois, pour acheter ces denrées qui viennent des pays étrangers. Il s'y achète aussi des pierres précieuses et des perles en grande abondance. C'est donc cité de grand commerce, et les marchands y font de grands profits. Ce sont gens de petite prouesse et très mêlés de maintes manières. Il y a bien des Chrétiens de toute secte, Arméniens, Nestoriens, Jacobites, des Géorgiens et des

---

85. C'est l'Irak Adjemi, par opposition à l'Irak Arabi qui est l'Irak actuel.

86. Il s'agit de la ville et du royaume d'Ormuz. La ville était située à l'époque de Marco Polo à la place de l'actuelle Minab près de Bender Abbas dans le golfe Persique. Peu après elle a été transférée à la petite île de Djarun située en face. Le royaume s'étendait sur la côte arabe et contrôlait le commerce de passage jusqu'à sa conquête par les Portugais au début du XVIe siècle.

Persiens, et aussi des gens qui adorent Mahomet ; tels sont les peuples communs dans la cité, qui sont nommés Taurisiens ; ils parlent entre eux différents langages. La ville est tout environnée de beaux jardins et délectables, pleins de très bons fruits et de biens de toute sorte, avec de l'eau assez. Les Sarrazins de la ville de Tauris sont gens très cruels, méchants et déloyaux qui font aux Chrétiens grand dam et à tous autres gens qui ne sont de leur loi.

XXVI. — Du monastère de Saint-Balsamo, qui est dans les limites de Tauris

Dans les limites de Tauris est un monastère très religieux dédié à Saint-Balsamo[87]. Il y a un abbé avec de nombreux moines, qui portent habit à la mode carmélite. Pour ne point s'adonner à l'oisiveté, ils ont toujours à faire des ceintures de laine, qu'ils placent ensuite sur l'autel de Saint-Balsamo quand ils célèbrent les offices. Et quand ils vont mendiant à travers la province, comme les frères du Saint-Esprit, ils en donnent à leurs amis et aux gentils hommes, car elles sont bonnes à ôter les douleurs qu'on peut avoir au corps ; et c'est pourquoi chacun dévotement souhaite en avoir.

XXVII. — De la grande merveille de la montagne, qui advint en Baudac avant qu'elle ne fût prise par le Grand Can

Et encore voulons vous conter aussi une grande merveille qui advint entre Baudac et Mossoul. Vrai est qu'environ l'année 1275[88] de l'incarnation du Christ, il y avait en Baudac un très méchant et cruel Calife des Sarrazins qui, voulant grand mal aux Chrétiens, jour et

87. Barsuma, évêque monophysite mort en 458.
88. La date est évidemment fausse.

nuit pensait comment il pouvait amener tous les Chrétiens de sa terre à se faire Sarrazins, ou sinon les voler et dépouiller de leurs biens et les faire tous mettre à mort. Et sur ce point il se consultait chaque jour avec ses moines et avec ses prêtres, car tous ensemble voulaient grands maux aux Chrétiens. Et c'est chose véritable que tous les Sarrazins du monde veulent grands maux à tous les Chrétiens du monde. Or donc, il advint enfin que le Calife, qui était très instruit, cherchant dans certains écrits, c'est-à-dire l'Evangile de l'Ecriture Sainte, avec les prêtres qui l'entouraient, trouva dans l'Evangile un point d'Ecriture tel que je vous dirai. Ils trouvent qu'en un Evangile est dit que s'il est Chrétien qui ait de foi tant que graine de sénevé, que par la prière qu'il ferait à son Seigneur, il ferait joindre ensemble deux montagnes. Et quand ils eurent cela trouvé, ils eurent grand'liesse, ne croyant pas que ce serait accompli d'aucune manière, et dirent que c'était là chose pour que les Chrétiens se fissent Sarrazins ou fussent tous ensemble mis à mort.

Donc, le Calife mande tous les Chrétiens Nestoriens et Jacobites qui étaient en sa terre et étaient en très grand nombre. Déjà la crainte les saisit. Quand ils furent rassemblés au bout de quelques jours et venus devant le Calife, demandant :

— Que nous commandez-vous ?

Alors, il leur demanda :

— Vous êtes ici très grand nombre et multitude de Chrétiens de toutes les nations. Etes-vous tous appelés chrétiens ?

A quoi tous répondirent qu'ils étaient appelés chrétiens et l'étaient en effet. Le Calife alors leur montre l'Evangile et leur fait lire le passage dont je vous ai parlé, qui est dans l'Evangile de Saint-Matthieu. Et quand il est lu, leur demande :

— Si la vérité est telle que le déclare votre Evangile, c'est chose vraiment merveilleuse.

Les Chrétiens disent qu'assurément c'est la vérité, et que chose beaucoup plus grande serait possible.

— Ainsi vous dites, dit le Calife, qu'un Chrétien qui aurait de foi autant que graine de sénevé, par la prière qu'il en ferait à son Dieu, ferait deux montagnes se joindre ?

— En vérité nous l'affirmons, firent les Chrétiens.

— Eh bien, puisque vous dites que c'est vérité, je vous mets en demeure de choisir, fait le Calife. Puisque vous êtes tant de Chrétiens, il doit bien y avoir parmi vous un qui ait un peu de foi ? C'est pourquoi je vous dis : ou bien vous ferez remuer cette montagne que vous voyez là-bas, et leur montre du doigt une proche montagne — ou bien je vous ferai tous mourir de male mort. Car si je vois en vous la preuve de cette foi, je vous estimerai tous fidèles Chrétiens comme vous dites. Mais si vous ne la faites mouvoir, vous montrerez que vous êtes des pervers, des misérables qui n'ont point de foi. Et je vous ferai tous occir comme faux Chrétiens, ou si vous voulez échapper à la mort, vous retournerez à notre bonne loi que Mahomet notre prophète nous a donnée ; alors vous aurez une bonne foi et serez sauvés. Pour ce faire, je vous donne répit d'ici à dix jours. Et si à ce terme vous ne l'avez pas fait, je vous ferai tous mettre à mort, ou vous vous ferez Sarrazins.

Le Calife n'en dit pas plus long, et donna congé aux Chrétiens pour qu'ils pussent aller et réfléchir à ce qui était nécessaire pour accomplir cet acte.

XXVIII. — Comment les Chrétiens ont grand'peur de ce que le Calife leur avait dit

Quand les Chrétiens eurent entendu ce que le Calife leur avait dit, ils eurent fort grand'ire et grand'peur de mourir. Mais toutefois avaient bonne espérance en leur Créateur, et pensaient qu'Il les aiderait en ce grand péril. Quand ils eurent quitté le Calife, ils se réunirent tous ensemble, et tinrent diligemment conseil, tous les sages Chrétiens qui avaient autorité ; car il était venu bon nombre d'évêques, d'archevêques et de prêtres de sainte vie. Ils ne purent trouver autre parti que prier leur Seigneur Dieu, que par pitié et par merci, Il les guidât en cette affaire, et les délivrât de la si cruelle mort que le Calife leur infligerait s'ils ne faisaient ce qu'il leur demandait. Que vous en dirai-je ? Sachez tout vraiment que les Chrétiens étaient en prière tout le jour et toute la nuit, dévotement priant le Sauveur, Dieu du Ciel et de la Terre, que par sa pitié, Il les sauvât de si grand'honte et grand péril.

En cette grande supplication et prière, les Chrétiens demeurèrent huit jours et huit nuits, pleurant des larmes très amères et jeûnant tous, hommes et femmes, petits et grands. Or advint qu'au bout de ces huit jours, une nuit qu'ils faisaient cette supplication, un saint ange du ciel vint sous forme de vision, comme messager de Dieu, vers un évêque qui était homme de très sainte vie. Et il dit : « O évêque, je viens de la part de Dieu, qui a ouï tes prières et celles de tout le peuple ; et pour que vous ne soyez mis à mort par les méchantes gens, va ce matin trouver un savetier qui n'a qu'un œil. » Et il lui dit le nom et la maison du savetier, nom qui ne sera point dit ici parce qu'il n'est pas connu. « ... Un homme aimé de Dieu ; c'est lui qui par sa foi accomplira l'Evangile et vous soustraira aux sombres desseins du Calife. A lui vous direz qu'il fasse prière à Dieu pour que la montagne se meuve et que, par sa bonté, Dieu exauce la prière que vous avez faite, à cause de la sainteté du savetier, et la montagne se mouvra. » Ayant ainsi parlé, il disparut. De ce savetier dont l'ange avait parlé à l'évêque, je vous dirai quel homme il était, et sa vie.

Or sachez qu'il était homme très honnête et très pur et de foi singulière ; beaucoup jeûnait et nul péché ne commettait ; chaque jour allait à l'église et à la messe ; chaque jour, pour l'amour de Dieu, donnait de pain qu'il avait, de son argent, de son salaire. Il était homme de si bonne manière et de si sainte vie que meilleur n'eussiez trouvé ni près ni loin. Et vous dirai une chose qu'il fit.

Vrai est que maintes fois avait ouï lire dans le Saint Evangile de Saint-Marc, que « si ton œil t'induit en péché, tu dois l'arracher de ta tête et le jeter loin de toi, ou l'aveugler, qu'il ne t'induise plus en péché ; car mieux vaut aller en Paradis avec un œil qu'en Enfer avec deux ». Ce savetier ne savait ni lire ni écrire, était d'une grande simplicité et croyait cette parole à la lettre, car il ne pouvait trouver autre sens dans ces mots. Et ainsi fit-il. Advint qu'un jour, comme il était dans son échoppe, avant que le Calife eût fait son commandement, il arriva une belle jeune femme pour acheter une paire de pantoufles. Le maître, la trouvant si belle, lui veut voir la jambe et le pied pour savoir quelles pantoufles lui seraient bonnes. Adonc se fait montrer la jambe et le pied, et la femme enlevant ses souliers et relevant sa jupe, les lui montre aussitôt pour qu'il prenne mesure. Pas d'erreur : elle était si belle, et sa jambe et ses pieds étaient si beaux, que ne demanderiez pas mieux. Et quand le maître, qui était aussi bon que je vous ai dit, eut vu la jambe et le pied à cette femme, il en fut tout tenté, parce que ses yeux les voyaient volontiers. Mais revenant tout aussitôt à sa vertu habituelle, il laisse aller la femme de sa boutique et point ne voulut lui vendre de pantoufles. Et quand la femme s'en fut allée, le maître se dit à lui-même : « Ha ! Déloyal et perfide homme de néant ! A quoi penses-tu ? Certainement, tu as commis grand mal. Et certainement je prendrai grand'vengeance de mes yeux qui me scandalisent. » Tout d'un coup il saisit une petite alène avec laquelle il cousait dans son échoppe, l'aiguise bien et s'en frappe au milieu d'un œil, le droit, de sorte qu'il le creva dans sa tête si bien qu'il ne vit plus jamais de cet œil. De la manière qu'avez ouïe, ce savetier se gâte un des yeux de la tête et certes il était très saint homme, et bon. Mais retournons à notre sujet.

XXIX. — Comment la vision vint a l'évêque que la prière d'un savetier ferait mourir la montagne

Or sachez, quand fut plusieurs fois venue à l'évêque cette vision qu'il dut mander ce savetier, et que sa prière ferait mouvoir la montagne par la puissance de Dieu, cet évêque, lorsque le matin fut venu, dit aux autres Chrétiens tout le détail de cette vision qui lui était venue tant de fois. Alors tous se prosternèrent par terre avec de très grandes larmes de joie et adressèrent leurs remerciements à notre Seigneur Dieu qui avait daigné entendre les pleurs et les prières du peuple chrétien. Tous s'accordèrent à faire aussitôt venir devant eux le savetier ; donc ils le firent venir devant les évêques. Quand il fut venu, le savetier à eux se présenta avec le plus profond respect, mais il en fut reçu avec bien des larmes de joie. Ils lui disent la vision de l'ange, qu'il doit prier le Seigneur Dieu pour qu'il fasse mouvoir la montagne et qu'il sauve ses fidèles Chrétiens du présent danger, et que Dieu leur avait promis de le faire, grâce à sa prière. Mais quand le savetier ouït ce que l'évêque et les autres Chrétiens lui disaient, il répondit avec beaucoup d'excuses qu'il était un pécheur et qu'il n'était pas digne, qu'il n'était pas aussi bon homme qu'ils le disaient, pour que le Seigneur Dieu accomplît si haut fait à cause de sa prière. Les Chrétiens le prièrent très doucement de faire cette prière à Dieu. Et que vous en dirai-je ? Ils le prièrent tant qu'il déclara que, bien qu'il fût un pécheur, il fera leur volonté et fera cette prière à son Créateur.

XXX. — Comment la prière du Chrétien fit mouvoir la montagne

Lorsque le jour fixé, le dixième, fut venu, les Chrétiens se lèvent de bon matin, hommes et femmes, petits et grands ; ils vont à leur église et chantent la sainte Messe, tous priant très humblement notre Seigneur Dieu de tirer son peuple chrétien des mains du cruel Calife.

Quand ils ont chanté et fait tout le service de notre Sire Dieu, ils prirent le Corps du Christ et, avec grande dévotion, se mirent tous ensemble en route pour aller en longue procession à la plaine, au pied de cette montagne, et portant devant eux la croix du Sauveur. Et quand tous les Chrétiens, qui étaient largement une centaine de mille, furent venus en cette plaine, ils se mirent devant la Croix de notre Sire. Le Calife y était, avec si grande multitude de Sarrazins que c'en était merveille, attendant de voir quelle serait l'issue de la chose, lesquels étaient venus tout armés pour occir les Chrétiens et les envoyer à la perdition à bon droit, car ils ne croyaient mie que Dieu fît cette gentillesse aux Chrétiens et que si vaste et si haute montagne se remuât.

Et quand toutes ces gens, Chrétiens et Sarrazins, furent dans cette plaine le savetier reçoit la bénédiction de l'évêque, s'agenouille devant la Croix, tend ses mains vers le ciel et prie avec ferveur son Créateur, Sauveur et Maître Jésus-Christ qu'Il jette un regard sur la terre pour conforter et confirmer la foi chrétienne, et qu'Il oblige à se mouvoir cette montagne pour que tant de Chrétiens ci réunis ne périssent de male mort. Et il fit cette prière : « Seigneur Dieu bon et tout-puissant, Créateur de toutes les choses visibles et invisibles, qui a fait l'homme à ton image et jugé digne d'envoyer ton Fils unique pour endosser la chair humaine et la mort sur l'arbre de la Croix pour la rédemption des pécheurs, Toi dont toujours avons confessé le nom et confessons encore, s'il te plaît, nous voilà décidés à recevoir, sans renier ton nom, quels tourments il t'agréera. Mais je te supplie, ô mon Seigneur, que par ta sainte bonté, Tu veuilles faire cette faveur à ton peuple pour qu'il ne meure point et que ta foi ne puisse être ébranlée ni méprisée, mais que ta suprême puissance puisse être connue de tous ces hommes très mécréants ; non point que je sois digne de Te prier et supplier, mais si grande est ta puissance et ton immense bonté, que Tu entendras cette prière de ton serviteur plein de péchés, qui Te demande, Père Eternel, que par le pouvoir de ton nom, cette montagne puisse être forcée à se mouvoir. »

Et quand il eut fait sa prière avec grande dévotion et foi, il dit à voix forte : « Au nom du Père, et du Fils, et du Saint-Esprit, je te commande à toi, montagne, de partir d'ici pour là-bas par la force du Saint-Esprit. » Et sans attendre guère, la montagne commence à s'ébouler par le haut et s'avance d'un mille dans la plaine, avec un surprenant et terrifiant tremblement de terre, qui épouvanta le Calife et tous les Sarrazins.

« Arrête, de par Dieu ! Arrête ta prière ! » commencèrent à crier tous les Sarrazins. Car la montagne allait et s'avançait tant que durait la prière du savetier. Quand la prière cessa, la montagne s'arrêta.

Quand le Calife et les Sarrazins voient ce si grand et si manifeste miracle, ils demeurent tous consternés et ébahis disant : « Grand est le Dieu des Chrétiens », et plusieurs se firent Chrétiens pour cette raison. Le Calife même se fit baptiser au nom du Père, et du Fils, et du Saint-Esprit, Ainsi soit-il. Il devint Chrétien, mais secrètement, par peur des Sarrazins de la province. Et quand il mourut, on trouva une croix sur lui qu'il avait toujours portée cachée sous ses robes. Ce pour quoi les Sarrazins ne l'ensevelirent pas dans la tombe des autres Califes, mais le mirent en autre lieu.

Les Chrétiens eurent grande joie de ce très saint miracle et retournèrent à la maison en faisant très grande réjouissance et remerciant leur Créateur de ce qu'Il avait fait pour eux. Voilà pourquoi tous les Chrétiens de la province sont libres et ont toujours été bien traités depuis ce temps jusqu'à nos jours. De plus, par révérence pour ledit savetier et pour la faveur alors obtenue, Chrétiens, Nestoriens et Jacobites célèbrent toujours depuis lors solennellement la date anniversaire de ce miracle et jeûnent régulièrement la veille. Notez que Chrétiens, Arméniens, Nestoriens et Jacobites diffèrent sur certains articles et pour cela se répudient et se séparent les uns des autres. Ainsi eut lieu ce miracle, tout comme vous avez ouï.

Ne vous étonnez pas si les Sarrazins haïssent les Chrétiens : c'est parce que la maudite loi que leur a donnée leur prophète Mahomet leur commande que tout le mal qu'ils peuvent faire aux autres gens qui ne suivent point leur foi, et tout ce qu'ils leur peuvent prendre, ce n'est pas un péché pour eux. Et si les Chrétiens viennent à les tuer ou à leur faire quelque tort, ils sont tenus par leurs frères pour martyrs. Pour cette cause, font beaucoup de mal, et bien davantage en feraient, n'était la crainte des seigneurs. Tous les Sarrazins du monde se conduisent de la même façon. A la fin de leur vie, leur prêtre vient et leur demande s'ils croient que Mahomet a été le vrai messager de Dieu ; et s'ils répondent qu'ils le croient, alors il leur dit qu'ils sont sauvés. Ainsi, ils amènent à leur loi les Tartares et bien d'autres peuples, parce qu'ils sont très libres de pécher et que, selon leur loi, nul péché ne leur a été défendu. Vous voyez comme c'est loi vilaine et abominables commandements. Cette histoire, peu faite pour être tue, et qui s'est passée dans les régions de Tauris et de Baudac, vous a été contée. Maintenant donc, laissons Tauris et commençons sur la Perse. De Tauris à la Perse, il y a douze jours de voyage.

XXXI. — Ci commence sur la grande province de Perse

La Perse est une grandissime province laquelle anciennement fut très noble et de hauts faits, mais à présent les Tartares en ont détruit et dévasté la plupart et elle est bien plus petite que jadis. En Perse est la cité qu'on nomme Sava[89], d'où partirent les trois Mages quand vinrent adorer Jésus-Christ. En cette cité à ce qu'on dit, sont ensevelis les trois Mages dans trois sépultures très grandes et belles ; au-dessus de chaque sépulture est une maison carrée, ronde par le dessus, très bien ouvragée ; et chacune est à côté de l'autre. Les corps sont encore tout entiers ; et ont cheveux et barbe comme lorsqu'ils étaient vivants. L'un avait nom Balthazar, le second

89. L'actuelle ville de Saveh, à une centaine de kilomètres au sud-ouest de Téhéran.

Gaspard, le troisième Melchior. Messire Marco fut en cette cité et demanda à plusieurs gens de cette cité la vie de ces trois Mages, mais nul n'en sut rien dire, sinon qu'on disait qu'ils étaient là trois rois, amis l'un de l'autre, qui furent ensevelis anciennement. Mais d'autres gens de la province, il en apprit ce que je vous dirai. Et point ne faudra le mépriser comme une chose fausse.

Trois journées plus avant se trouve un village appelé Cala Ataperistan [90], qui veut dire en français Village des Adorateurs du Feu. Et c'est bien vérité, car les hommes de ce village adorent le feu. Et je vous dirai pourquoi ils l'adorent. Les hommes de ce village disent que jadis, anciennement, trois rois de ce pays allèrent adorer un prophète qui était né au pays des Juifs, et emportèrent trois offrandes, or, encens et myrrhe, pour connaître si ce prophète était Dieu, ou roi terrestre, ou médecin. Car ils dirent : s'il prend l'or, ce sera un roi terrestre, s'il prend l'encens, un Dieu, et s'il prend la myrrhe, un médecin. Et quand ils furent venus là où l'enfant était né, le plus jeune de ces trois rois s'en alla tout seul pour voir l'enfant, et le trouva semblable à lui-même, car il lui parut de son âge et de son apparence. Dont il ressortit tout émerveillé. Après lui s'y rendit le second, qui était d'âge moyen, et tout aussi lui sembla, tout juste comme à l'autre, de son âge et semblance, et lui aussi il sortit tout ébahi. Et à son tour y alla le troisième, qui était de grand âge, et aussi lui advint comme aux deux autres ; et il sortit tout pensif. Quand les trois rois furent tous trois ensemble, ils se dirent l'un à l'autre ce qu'ils avaient vu ; ils s'en émerveillèrent fort et dirent qu'ils iraient tous trois en une fois. Donc tous ensemble devant l'enfant s'en vont et, en entrant, ils le trouvèrent servi par des anges, et dans l'aspect de l'âge qu'il avait, car il n'avait que treize jours. Alors ils l'adorent et lui offrent l'or, l'encens et la myrrhe. L'enfant prit les

90. Le nom serait Kala-i Atachparastan (= Château des Adorateurs du Feu), mais le site n'est pas déterminé. D'après l'indication donnée au chapitre suivant, il devait se situer près de Kashan.

offrandes toutes les trois d'un coup. A propos de cette histoire, on raconte moult fables. Parmi les autres faussetés, on dit qu'ensuite, quand ils voulurent quitter le prophète — qui était un petit enfant de quelques jours ! — celui-ci leur donna une cassette close en leur commandant de ne pas l'ouvrir. Et après qu'ils l'eurent reçue, les trois rois partirent pour retourner dans leur contrée.

XXXII. — Ci devise des trois mages qui vinrent adorer Dieu

Quand ils eurent chevauché quelques jours, ils se rappelèrent cette cassette, et dirent qu'ils voulaient voir ce que l'enfant leur avait donné. Alors ils prennent et ouvrent la cassette, disant : «Regardons ce qu'il y a dans la cassette que l'enfant nous a donnée » et trouvent dedans une pierre. Quand ils virent cette pierre, ils s'émerveillèrent grandement sans comprendre ce qu'elle pouvait être. Mais voici : l'enfant Christ la leur avait donnée en signification qu'ils fussent fermes comme pierre en la foi où ils venaient d'entrer. Et quand les trois rois virent que l'enfant avait pris leurs trois cadeaux, ils dirent qu'il était Dieu, et roi terrestre, et médecin. Et parce que l'enfant savait que ces trois rois avaient une telle foi, il leur donna la pierre, en signe qu'ils devaient être fermes et constants en ce qu'ils croyaient.

Les trois rois, qui ne savaient pas pourquoi leur fut donnée la pierre, se crurent moqués, prirent la pierre et la jetèrent dans un puits très profond. Rien de tout cela n'est vrai, mais c'est la croyance de ces gens qui n'ont pas la vraie foi.

Aussitôt que la pierre fut jetée dans le puits, un feu ardent descendit du ciel et vint tout droit dans le puits où ils avaient jeté la pierre. Et soudainement, par divin miracle, une immense flamme commença de jaillir par la gueule du puits. Et quand les trois rois virent cette grande merveille, ils en devinrent tout ébahis et se repentirent fort d'avoir jeté la pierre, voyant bien maintenant qu'elle avait grande signifiance et vertu. Ils prirent aussitôt de ce feu, le portèrent en leur pays et le mirent en leur église qui est très belle, comme chose descendue du ciel. Encore une fois, tout cela est faux, mais c'est la vérité qu'ils le font brûler et briller toujours en ce lieu, et ceux qui y habitent l'adorent comme Dieu. Et tous leurs sacrifices et holocaustes, ils les font cuire avec ce feu. S'il advient que le feu s'éteigne dans une de ces cités, ils vont dans les autres à l'entour où l'on a même foi et adore aussi le feu ; ils se font donner un peu de ce feu qui brûle dans les lampes des églises et s'en retournent avec lui dans leurs propres églises pour rallumer leur feu et faire leurs sacrifices. Et jamais n'en prendraient si ce n'était de ce feu que vous ai conté. Et maintes fois font huit ou dix journées pour trouver ce feu. Et s'ils n'en trouvent pas, ils vont parfois jusqu'au premier feu, qui est dans le puits où les Mages avaient jeté cette pierre que l'enfant né à Bethléem leur avait donnée, et qui, lui, ne s'éteint jamais. Pour ces raisons que je vous ai contées, ceux de ce pays adorent le feu, et vous dis que sont maintes gens dans cette erreur. Voilà ce que contèrent ceux du village à Messire Marco Polo, et tout ainsi est vérité. Et vous dis encore qu'un de ces trois mages était d'une cité dénommée Sava, le second d'Ava[91] et le troisième de Caxan[92], le village dont je vous ai dit qu'ils adorent le feu, ainsi que les environs. De tout cela vous devez croire ce qui s'accorde avec le saint Evangile, en disant que les Mages vinrent adorer notre Seigneur et qu'ils lui offrirent ces cadeaux. Tout le reste est erreur de foule infidèle et n'atteint pas au vrai, mais entasse menterie sur menterie, comme a coutume de faire le vulgaire sans instruction. Maintenant, je vous ai conté ce fait très complètement, et après, je vous conterai de maintes autres cités de Perse, de leurs faits et coutumes.

91. Aveh, à une vingtaine de kilomètres au sud de Saveh.
92. Ville iranienne au sud-est de Qom.

XXXIII. — Ci devise des huit royaumes de Perse

Or, sachez qu'en Perse il y a huit royaumes, parce qu'elle est grandissime province. Et vais vous les conter par leur nom. Le premier royaume, depuis le commencement de la province, a nom Casvin [93] ; le second, qui est devers le Midi, est appelé Curdistan [94] ; le troisième vers la Tramontane, Lor [95] ; le quatrième, Cielstan [96] ; le cinquième, Ispaan [97] ; le sixième, Cirac [98] ; le septième, Soncara [99] ; le huitième, Tunocain [100], qui est à l'issue de la Perse. Tous ces royaumes sont devers le Midi, fors le dernier nommé, Tunocain, qui est près de l'Arbre Seul, vers la Tramontane, que les Chrétiens de ce côté de la mer appellent l'Arbre Sec ; et dont nous parlerons lorsqu'il conviendra.

En ces royaumes il y a maints très beaux destriers ; on en mène maints en Inde à vendre ; et sachez qu'ils sont chevaux de grande valeur, car ils se vendent bien chacun deux cents livres tournois. Il y a aussi les plus beaux et plus grands ânes du monde, qui valent bien chacun trente marcs d'argent, car ils sont grands coureurs et vont bien à l'amble, ce qui est contraire à la nature des ânes de nos pays ; et très bien portent leur fardeau. Ils sont vendus bien plus cher que les chevaux et voici la raison : ils mangent peu, portent lourdes charges et font long chemin en un jour. Ni chevaux ni mules ne sauraient endurer autant de fatigue qu'en

---

93. Le mot royaume a chez Marco Polo la signification générale de province. Qazvin est une ville située à 150 kilomètres au nord-est de Téhéran.

94. Il s'agit du Kurdistan iranien.

95. La province actuelle du Louristan.

96. Il s'agirait du Shoulistan qui est un district de la province de Fars.

97. Ispahan.

98. Shiraz, capitale de la province de Fars.

99. Il s'agirait d'un petit Etat appelé Shabankara, au sud-est de la province actuelle de Fars, sous domination mongole à l'époque.

100. Ce nom serait composé de deux mots, Tun et Kaīn, désignant deux villes qui étaient situées au nord-est de Tabas en Khorasan.

supportent ces ânes-là. Car lorsque les marchands de ces pays vont d'une province à l'autre, ils traversent des déserts immenses, à savoir des lieux sableux, dénudés et secs, où ne pousse nulle herbe ou autre chose capable de nourrir les chevaux. En raison des distances entre les puits ou les eaux douces, il leur faudrait faire de longues marches s'ils voulaient que les bêtes aient à boire ; et comme les chevaux ne le sauraient endurer, les marchands n'utilisent que leurs ânes, car ils sont vifs et bien trottants, et entretenus à moindre dépense. Pour cette raison sont vendus plus cher que chevaux. Ils utilisent aussi les chameaux, qui tout pareillement portent lourdes charges et causent faible dépense ; néanmoins, point ne sont aussi rapides que les ânes. Et notez bien qu'en Inde, si forte est la chaleur que par aucun moyen n'y peuvent chevaux y être gardés ni nourris. Si l'un d'eux naît, il naît monstrueux, avec des défauts dans les membres, et difforme, sans force ni valeur. Les gens de ces royaumes mènent les chevaux dont je vous ai parlé jusqu'à Chisci et Curmos, qui sont deux cités sur la rive de la mer d'Inde ; là, trouvent les marchands qui les achètent et les mènent par mer en Inde, et là les vendent aussi cher que vous ai dit.

Dans ces royaumes sont très cruelles et méchantes gens et homicides, car ils s'occissent les uns les autres toujours et, ne fût la crainte de seigneurie, le Tartare du Levant, dont ils sont les sujets, ils feraient grands maux aux marchands qui voyagent. De fait, le Sire du Levant les a sévèrement punis et a décrété que dans toutes les passes dangereuses, les habitants seraient tenus, à la demande des marchands, de fournir bonnes et vigilantes escortes de contrée en contrée pour leur protection et sûreté ; et que pour le paiement des escortes, il leur serait donné deux ou trois *grossi* pour chaque charge, selon la longueur du chemin. Et malgré la seigneurie, ils ne laissent mie de faire dommages chaque fois qu'ils peuvent, car si les marchands ne sont bien pourvus d'armes et d'arcs, ils les occissent et maltraitent malement et leur dérobent tout. Parfois, quand on n'a pas fait bonne garde, ils les anéantissent tous.

A raison de quoi les marchands, s'ils veulent échapper, doivent aller bien armés et en grosse compagnie. Et vous dis-je, sans erreur, que sont tous Sarrazins, car ils suivent tous la loi de Mahomet leur prophète.

Dans les cités sont de nombreux marchands et artisans, qui vivent de commerce et travail, car ils font des draps d'or et de soie de toute façon. Il y vient beaucoup de coton. Ils ont abondance de froment, d'orge, de millet et de panic[101] et de tous grains, et du vin et de tous fruits, et de très beaux raisins de Perse, aussi gros que renommés. Mais certain pourrait dire : les Sarrazins ne boivent pas de vin parce que leur loi leur défend. A cela peut être répondu qu'ils entendent le texte de leur loi de telle sorte que, si le vin bout sur le feu jusqu'à ce qu'il soit en partie consumé, ils en peuvent bien boire sans outrepasser les commandements ou la loi. Car ils ne l'appellent plus vin, parce qu'avec la saveur, le nom de vin aussi est changé. Or, laissons ces royaumes et vous contons la grand cité de Iasd[102], de ses faits et coutumes.

XXXIV. — Ci devise de la cité de Iasd

Iasd est en Perse même, très bonne et noble cité, et de grand commerce. Il s'y fabrique maints splendides draps de soie et d'or appelés *iasdi* que les marchands portent en maintes parties de l'Orient pour faire affaires et profits. Ils adorent Mahomet et tiennent sa foi. Et qui part de cette terre pour aller plus avant chevauche bien sept journées tout à plat vers Cherman[103], et, fors en trois lieux, ne trouve nulle habitation où loger. Il y a maints beaux bosquets qui produisent des dattes, et de belles plaines où l'on peut très bien chevaucher. Il y

101. Le panic, dit aussi millet des oiseaux, était cultivé comme plante alimentaire.

102. La ville de Yazd, à la lisière sud-ouest du grand désert iranien.

103. Kerman, capitale de la province du même nom au sud du désert.

a aussi de très belles chasses de bêtes et très belle volaille. De même y a des perdrix et cailles assez, et maintes autres sortes d'oiseaux ; et les marchands qui par là chevauchent en prennent en grand nombre, dont ils tirent grand plaisir et soulas. On y trouve aussi nombre de très beaux onagres, qui sont ânes sauvages. A la fin de ces sept journées, se trouve une cité et un grand royaume qui sont appelés Cherman.

XXXV. — Ci devise du Royaume de Cherman

Cherman est un royaume en Perse même vers le Levant, et la ville a le même nom. Et anciennement, il avait son seigneur héréditaire, mais depuis que le Tartare l'a conquis, le trône n'est plus héréditaire, le Tartare y mande le sire qu'il veut de son pays, et qui gouverne. Dans ce royaume sont produites les pierres précieuses appelées turquoises, et il y en a grande abondance, car elles sont trouvées dans les montagnes et sont extraites de la roche. On trouve aussi des veines d'acier et d'andanique[104]. Ils s'occupent à fabriquer tous les harnois de chevaliers : freins, selles, éperons, épées, arcs et carquois et tout l'armement selon leur usage. Les dames des hommes de ce pays ne travaillent point, mais ordonnent à leurs servantes et damoiselles, qui travaillent très noblement de l'aiguille, à broder bêtes, oiseaux, arbres et fleurs, et bien d'autres images sur des draps de soie et d'or. Elles ouvragent les courtines de lit des barons et grands hommes si bellement et richement que c'est une grande merveille à voir. Elles ouvragent aussi très exquisement couvre-pieds, coussins, oreillers et toutes autres choses, et leurs ouvrages sont colportés par tout le pays. Dans les montagnes de ces pays naissent les meilleurs faucons, les plus braves et mieux volants du monde. Ils sont plutôt plus petits que nos faucons pèlerins, et rouges du jabot et sous la

104. Ou fer indien (du grec *indianikon*). Fer célèbre pour sa qualité, utilisé dans l'armurerie.

queue entre les cuisses. Et vous dis qu'ils sont si démesurément rapides qu'il n'est oiseau qui puisse leur échapper par vol.

Et qui s'en va de la cité de Cherman chevauche sept journées à travers une plaine, trouvant toujours de villages, de villes et de bonnes demeures assez. Oui, on chevauche bien aisément dans cette campagne, car il y a venaison assez, et des perdrix en abondance. Et qui a sept jours chevauché par cette plaine trouve alors une montagne fort haute et roide, et une fois monté jusqu'en haut, il trouve une très grande descente, car il chevauche deux bonnes journées, toujours descendant, et toujours trouvant maintes sortes d'arbres qui portent d'excellents fruits en abondance. Anciennement, il y avait maintes habitations, mais à présent n'y en a mie ; mais il y demeure des gens qui vont leurs bestiaux paissant. Depuis la cité de Cherman jusqu'à cette descente, règne si grand froid en hiver qu'on s'y peut à peine soustraire en portant toujours beaucoup de robes et de pelisses, et même ainsi, beaucoup ne peuvent échapper à la mort.

Or sera contée certaine épreuve qui fut faite dans le royaume de Cherman. Le peuple de Cherman est bon, tranquille, humble et pacifique, et ils s'aident l'un l'autre autant qu'ils peuvent. A cause de quoi le roi de Cherman dit à ses prud'hommes qui étaient devant lui :

— Seigneurs, je m'étonne fort de ne point savoir la raison de ceci : dans les royaumes de Perse qui sont si voisins du nôtre, y a si méchantes gens et malfaisantes, qui toujours s'occissent les uns les autres, tandis que chez nous, qui sommes comme qui dirait d'entre eux, n'advient presque jamais offense ni crime.

Et les prud'hommes répondirent que dans le sol même s'en trouvait la raison. Adonc le roi envoie dans des parties de la Perse, et notamment dans le royaume d'Ispaan nommé ci-dessus, dont les habitants surpassent les autres en tous méfaits, et là, selon l'avis de ses prud'hommes, fait charger de terre sept nefs et la fait venir dans son royaume. Apportée qu'elle fut, il la fit épandre dans certaines halles à la manière de poix, et après fit étendre des tapis dessus afin que point ne fussent salis ceux qui viendraient dessus, si délicates étaient les mœurs. Et quand ils prirent place dans ces halles pour manger, incontinent après le repas commencèrent à se dresser l'un contre l'autre avec paroles et gestes insultants et à s'entreblesser. Lors dit le roi que vraiment la cause en était la terre.

XXXVI. — Ci devise de la cité de Camadi

Et quand on a descendu pendant deux journées de cette montagne, comme je vous ai dit, on trouve une grandissime plaine qui continue vers le midi pendant cinq journées ; au commencement de cette plaine est une grande cité appelée Camadi [105], qui jadis fut beaucoup plus grande cité et noble à merveille, mais à présent elle n'est plus grande ni si belle, car les Tartares d'autres pays l'ont dommagée plusieurs fois. Et je vous dis que cette plaine est très chaude. Elle produit froment, orge et autres grains.

La province de quoi nous commençons à parler est appelée Reobar [106]. Les fruits de celle-ci sont dattes, grenades, citrons, pommes du Paradis [107] et pistaches, et bien d'autres fruits qui ne viennent point en nos pays froids. Une infinité de tourterelles y vivent, à raison de tous ces fruits qu'elles trouvent à manger, et leur nombre ne saurait-on dire. Jamais les Sarrazins n'en mangent aucune, pour ce qu'ils ne les aiment pas. On trouve aussi des faisans et bien d'autres oiseaux. Et en cette plaine se trouve une espèce d'oiseaux nommés francolins, qui sont très différents des francolins des

---

105. La plaine est celle située entre les montagnes et la côte. Camadi est identifiée comme une ville ruinée près de Kerimabad dans cette plaine.

106. Ce nom n'a pas été identifié en tant que toponymique, mais *rudbar* en persan indique une région arrosée par un cours d'eau.

107. Ici probablement un agrume, peut-être le *konar* iranien.

autres pays, car ils sont de noir et blanc mêlés, et ont les pattes et le bec rouges. Les bêtes de ce pays sont aussi différentes de celles des autres. Je vous parlerai des bœufs en premier. Ces bœufs sont grandissimes et tous blancs comme neige. Ils ont le poil court et lisse, et cela advient à cause de la chaleur du lieu ; ils ont les cornes courtes et grosses, mais non aiguës, entre les épaules une bosse ronde, haute de deux palmes, qui ressemble à celle des chameaux. Ils sont la plus belle chose du monde à voir. Quand on les veut charger, ils se couchent tout comme font les chameaux, et quand on les a chargés, ils se lèvent et portent très bien leurs charges, qui sont très lourdes, car ils sont forts outre mesure. Il y a aussi des moutons grands comme des ânes, qui ont la queue si grosse et large qu'à mon jugement elle pèse bien trente livres et davantage. Ils sont blancs, moult beaux et gras, et bons à manger.

Dans cette plaine, plusieurs villes, bourgs et villages ont des murs de terre épais et hauts, et de hautes tours pour se défendre de leurs ennemis, le peuple appelé Caraunas[108], qui est très nombreuse, cruelle et méchante race de voleurs qui vont courant le pays et faisant grand mal. Et pourquoi sont-ils appelés Caraunas, comme qui dirait dans notre langue « sang-mêlé » ? Parce que leurs mères étaient Indiennes et leurs pères Tartares. Et ces gens, lorsqu'ils veulent courir les pays et voler, ils font tout le jour devenir obscur comme la nuit par leurs enchantements, par œuvre diabolique ; si bien que nul n'y voit loin, et qu'on voit même à peine son camarade à son côté. Et depuis des lieux éloignés ils font durer cette obscurité sept journées sur toute la plaine, de sorte que nul ne peut se garder d'eux. Quand ils ont fait

108. Le mystère des Caraunas reste entier. Il s'agit soit des descendants des Kushana, peuple indo-scythe du début de notre ère, installé au sud de l'Afghanistan et dans le Pakistan actuel, d'où l'origine métissée signalée par Marco Polo, soit d'un peuple non identifié jusqu'à maintenant qui s'est manifesté aux environs de l'ère mongole. Une autre direction de recherche pourrait s'orienter vers les ancêtres des Tziganes, issus de cette région, mais tout le travail dans ce domaine reste à faire.

l'obscurité, connaissant le pays très bien, ils chevauchent en silence et très près l'un de l'autre ; et quelques fois sont bien dix mille de compagnie, telle fois plus, telle fois moins, et forment ainsi ligne si longue qu'ils emprisonnent toute la plaine où ils veulent voler : ainsi nul de ceux qu'ils trouvent hors de cité ou château ne leur peut échapper, ni homme, ni femme, ni bête, ni chose, sans être pris. Quand ils ont pris les hommes, ils occissent tous les vieils sans trace de pitié ; les jeunes, et les femmes, ils emmènent et vendent pour serfs et esclaves en d'autres lieux, de sorte qu'ils détruisent grandement le pays et l'ont rendu presque désert.

Ils ont un roi, appelé Négodar[109], homme de très grande vivacité d'esprit. Ce Négodar une fois alla à la cour de Ciagatai, seigneur d'une noble province et frère du Grand Kaan, et bien avec dix mille de ses gens ; il demeura près de lui quelque temps, car Ciagatai était son oncle, et un très grand sire. Et tandis qu'il demeurait avec lui, ce Négodar réfléchit à part lui et fit grande félonie, et vous dirai comment. Il séduisit dix mille hommes d'armes de la meilleure brigade à Ciagatai, et un jour, il quitta son oncle, qui était en Grande Arménie, et s'enfuit avec les dix mille hommes de cheval de ses gens, qui étaient très cruels et félons ; il s'en va passer par le Badascian et par une autre province qui s'appelle Pasciai, et par une autre province qui a nom Chescemir[110], et là il perdit maintes de ses gens et de ses bêtes parce que les voies étaient étroites et mauvaises. Toutes ces provinces une fois passées, il entre en Inde par les confins d'une province appelée Dilivar[111]. En ouragan

109. Le Negūdar historique serait un petit-fils de Tchaghatai ; Marco Polo mélange ici les liens de parenté (voir tab. gén.). Quant aux invasions mongoles de l'Inde, il y en a eu plusieurs, en 1241, 1246, 1257. De toute façon, il n'est pas possible qu'un nouveau peuple puisse être constitué dans les trente ans qui séparent la première invasion de la visite de Marco Polo. Il est évident que dans le texte qui suit l'auteur mélange plusieurs éléments historiques pour bâtir son propre récit.

110. Pour ces provinces, voir plus loin chap. XLVII-XLIX.

111. Dilivar correspond à la province et à la ville de Delhi.

il emporte une très noble cité qui aussi a nom Dilivar, demeure en cette cité avec son armée et prend le royaume à un roi qui avait nom Asidin Soldan [112], roi très grand et riche, lui étant tombé dessus à l'improviste. Et là, il commence à régner tranquillement.

Ainsi, les Tartares blancs commencèrent à se mêler aux femmes Indiennes qui étaient noires, et eurent d'elles des fils qui furent appelés Caraunas, c'est-à-dire, dans leur langage, sang-mêlé. En arrivant à Dilivar, ils apprirent là les arts magiques et diaboliques par moyen desquels ils cachent la lumière du jour. Ainsi parfois font trente ou quarante jours à cheval, ordinairement vers Réobar, parce que tous les marchands qui viennent commercer à Curmos, jusqu'à ce qu'ils apprennent qu'arrivent les marchands qui viennent de l'Inde, envoient en hiver leurs mules et chameaux, devenus maigres par la longueur du voyage, dans la plaine de Réobar, où, par l'abondance de l'herbe, ils redeviennent gras. Ces Caraunas n'attendent que cela, arrivent, emportent tout, prennent les hommes et les vendent. Toutefois, les laissent aller s'ils peuvent payer rançon. C'est là que Négodar demeure avec ses gens, et est en région si forte qu'il ne redoute personne. Il fait la guerre à tous les autres Tartares qui demeurent autour de son royaume.

Maintenant je vous ai conté de cette plaine et des gens qui y font venir l'obscurité pour dérober. Je vous dis que Messire Marco Polo lui-même faillit bien être pris et occis par ces gens en cette obscurité par cette plaine, mais il s'enfuit à grande vitesse dans un village proche nommé Canosalmi [113], aucuns de ses compagnons furent pris et vendus, et certains occis, de sorte que sept

112. Ce nom correspond le mieux à celui de Ghiyaseddin Oulough, sultan de Delhi à l'époque du passage de Marco Polo (1265-1286). Les souverains correspondant aux dates des invasions mongoles de l'Inde sont : Alâeddin Maçoud avant 1246 et Nasireddin Mahmoud de 1246 à 1265, ce qui renforce l'impression que l'histoire a subi ici l'interprétation de l'auteur.

113. Il s'agirait d'une localité ruinée dans cette même plaine de Djiruft près de Vakilabad.

seulement s'échappèrent avec lui. Si vous l'ai-je dit juste comme il advint. Maintenant, vous conterons autres choses.

XXXVII. — Ci devise encore de la grande descente, et de la cité et des hommes de Curmos

Il est vrai que cette plaine dont je vous ai parlé s'étend vers le Midi de cinq bonnes journées ; au bout de ces cinq journées, on trouve une autre très grande descente et déclivité qu'il vaut mieux passer à pied ; il faut descendre pendant vingt milles ; c'est un chemin très mauvais et y viennent en grand nombre de mauvais hommes qui dérobent ; c'est pourquoi c'est une route dangereuse. Et quand on a descendu cette pente, on trouve une autre très belle plaine, appelée plaine de Curmos [114], qui a deux bonnes journées de long. Il y a bien des eaux et de belles rivières, des dattes assez et moult autres fruits. Les oiseaux sont nombreux, perroquets, francolins, et beaucoup d'autres, qui ne sont semblables aux nôtres.

Quand on a chevauché ces deux journées, on trouve la mer Océane, et sur la rive, une cité appelée Curmos, laquelle a très bon port. Et je vous dis que les marchands y viennent de l'Inde avec leurs nefs, y apportent épiceries de toutes sortes, pierres précieuses, perles, et draps de soie et d'or et d'autres différentes couleurs, dents d'éléphants et maintes autres marchandises. Et en cette cité les vendent aux autres hommes, qui ensuite les apportent dans le monde entier, les vendant aux autres gens. C'est en vérité une ville de très grand et très varié commerce. C'est d'ailleurs la cité royale, qui tient sous sa coupe assez de villages et de cités, car c'est la capitale du royaume de Cherman. Le chef de la cité a nom Rucnedin Acmat [115] ; il gouverne par tyrannie, mais est soumis au roi de Cherman. En ces lieux il y a

114. Ormuz, voir note 86.
115. Roukneddin Mahmout, prince d'Ormuz, de 1243 à 1277.

grandissime chaleur, car le soleil y est moult chaud, et c'est une terre tout à fait malsaine. Et s'il advient qu'un marchand d'autre pays y meurt, le roi prend tout son avoir.

En cette terre, le vin est fait de dattes et avec d'autres épices, et il est très bon. Quand en boivent les hommes qui n'y sont pas accoutumés, il les fait tout d'abord grandement aller et les purge entièrement. Mais ensuite, il leur fait grand bien et les rend assez charnus. Les hommes de cette région n'usent point de nos aliments, car s'ils mangent pain de froment et chair quand ils se portent bien, ils tombent incontinent malades. Mais quand ils sont malades, alors ils mangent de la chair et du pain de froment. Pour être en bonne santé, ils mangent des dattes et du poisson salé ; c'est du thon. Et ils mangent aussi de rudes nourritures comme ciboules et oignons. Pour demeurer sains, ils mangent cette nourriture que je vous ai dite, qui est, pour nous ici, une viande malsaine.

Les hommes de cette cité ont de nombreuses nefs, mais ces nefs sont très mauvaises, fragiles et dangereuses, et bien d'entre eux périssent parce qu'elles ne sont point clouées avec des clous de fer comme les nôtres ; elles sont faites d'un bois dur d'une espèce cassant comme poterie ; si l'on y plante un clou, il revient sur lui-même comme s'il était brisé ; aussi les planches sont percées avec des forets de fer aussi soigneusement qu'ils peuvent, et ensuite fixées avec de petites chevilles. Ensuite, elles sont cousues de fil grossier qui se fait de l'écorce des arbres à noix d'Inde, qui sont grands et sur lesquels pendent des fils comme des crins de cheval. Ils la font macérer, et quand elle est rouie, elle demeure nette et devient comme des torons de crin de cheval, et on la file comme soie. Ainsi font fil, dont ils cousent leurs nefs ; il ne se gâte pas dans l'eau salée des mers, mais y dure assez, bien qu'il ne puisse passer une tempête ; donc il vaut mieux consolider avec du fer. Ils s'en vont ainsi pêcher, et beaucoup d'entre eux périssent. Les nefs ont un mât, et une voile, et un gouvernail, et n'ont pas couverture. Quand ils les ont chargées, ils recouvrent les marchandises de cuir bouilli, et dessus les marchandises, quand ils les ont couvertes, y mettent les chevaux qu'ils mènent en Inde à vendre. Point n'ont de fer pour faire des clous, et si font chevilles de bois avec lesquelles ils assemblent leurs nefs, ils cousent ensuite avec le fil. Point n'ont d'ancres de fer, mais une ancre avec un palan à leur manière, et ainsi périssent à la plus petite tempête. Pour cela, c'est un grand péril de naviguer dans ces nefs, et vous dis qu'il s'en noie beaucoup parce que la mer d'Inde est vraiment terrible et fait de grandes tempêtes [116].

Les gens de cette contrée sont noirs et adorent Mahomet. De tout l'été, point ne demeurent dans leurs cités, car il y a si grande chaleur qu'ils mourraient tous ; mais vous dis qu'ils les quittent pour leurs jardins, là où il y a des rivières et des eaux assez, de sorte que chacun a l'eau à suffisance pour son jardin, amenée par conduites et canaux. Mais pour tant n'échapperaient pas, n'était-ce que je vais vous dire. Vrai est que chaque jour en été, depuis la demie avant la tierce heure jusques à midi, souffle un vent puissant depuis le désert de sable qui entoure cette plaine, et il est si brûlant qu'empêchant les gens, par chaleur excessive, de respirer, il les suffoquerait et occirait tout soudain — et nul n'y échappe s'il se trouve en terrain sec — n'était qu'aussitôt qu'ils voient ce vent chaud venir, tous entrent dans l'eau jusqu'au menton ; avec certains treillis ils font des toits au-dessus des eaux, les établissent d'un côté sur des pieux plantés dans les eaux et, de l'autre côté, sur la rive ; ils les couvrent partout de feuilles pour se protéger du soleil, et ainsi demeurent jusqu'à la fin du vent. De cette manière échappent à ce vent chaud. Comme preuve de la chaleur de ce vent, Messire Marco dit qu'était dans ce pays quand arriva un accident de cette manière : le gouverneur de Curmos n'ayant pas payé tribut au roi de Cherman, ce dernier, méditant de l'avoir en la

116. Les informations de Marco Polo concernant Ormuz concordent avec les récits des voyageurs du XVIIe au XIXe siècle, notamment le chevalier Chardin.

saison où les hommes de Curmos demeurent hors de la cité, apprêta mille six cents chevaux et cinq mille piétons qu'il envoya par le pays de Réobar les prendre à l'improviste. Et un jour, se voyant incapables, parce que mal étaient guidés, d'atteindre leur but avant nuit, demeurèrent dans un bois non bien éloigné de Curmos. Lorsqu'au matin suivant voulurent repartir, le vent les assaillit et les suffoqua tous, par quoi nul ne revint à leur seigneur pour en apporter la nouvelle. Et l'ayant appris les hommes de Curmos, ils vinrent les enterrer pour que tous ces corps morts n'infectassent point l'air. Mais quand ils les prirent par le bras pour les tirer dans les tranchées, tant étaient desséchés par la très grande chaleur que les bras se partaient du corps ; à raison de quoi fallut faire les tranchées tout près des corps et iceux pousser dedans.

Davantage, je vous dis qu'en ladite contrée, on sème le froment et l'orge et les autres grains, en novembre, et que la récolte en est partout finie en mars. Et ainsi advient-il pour tous les fruits, car ils sont faits et finis au mois de mars ; alors se dessèchent toutes les feuilles et les herbes, et ne trouveriez-vous nulle herbe verte ou vivante sur la terre, excepté aux places humides, fors les dattes heureusement, qui durent jusqu'au milieu de mai ; ce qui vient de la grande chaleur, qui toute chose ard et dessèche. Quant aux nefs, je vous dirai qu'elles ne sont empoissées pour les protéger de la pourriture, parce qu'on n'a pas de poix ; mais les graissent avec une huile de poissons et les calfatent à l'étoupe.

Et vous dis qu'il est dans ce pays coutume que, quand meurent les hommes ou les femmes, ils en font très grand deuil. Davantage vous dis que, quand meurt le mari, les dames le pleurent bien quatre ans, au moins une fois par jour ; elles continuent de s'assembler jusques à ce terme dans la maison du mort avec leurs parents, leurs amies et leurs voisines, poussant grands pleurs et grands cris et menant grand regret du mort. Et comme ils meurent très souvent, elles ne sont onques hors de deuil. Et des femmes trouve-t-on là-bas fort accoutumées à gémir, qui conviennent d'un prix pour pleurer, le jour que voulez, la mort d'autres hommes et femmes.

Maintenant laissons cette cité. Point ne vous parlerons ici de l'Inde ; je vous le conterai bien, plus loin, dans notre livre, quand temps et lieu seront venus. Mais me retournerai vers la Tramontane pour vous conter de ces régions et provinces, et nous retournerons par une autre route à la cité de Cherman [117], dont je vous ai conté plus haut ; car les provinces dont je vous veux conter, il n'est possible de s'y rendre qu'à partir de Cherman. Et vous dis que le roi de la cité dont nous partîmes, Rucnedin Acmat, est vassal du roi de Cherman.

Sur la route du retour de Curmos à Cherman, est une très belle et grande plaine avec grande abondance de vivres. Il y a maints bains chauds qui jaillissent naturellement de la terre. Il y a pas mal de perdrix, et très bon marché, des fruits et des dattes en abondance très grande, et très bon marché. Le pain de froment est si amer que nul n'en peut manger s'il n'y est accoutumé. Et c'est parce que la terre est arrosée d'une eau qui est amère et salée. Les bains dont je vous ai parlé sont de très chaude eau jaillissante ; très bons sont pour maintes maladies et gales.

Or, je veux commencer par les contrées que je vous nommerai en mon livre en tournant route vers la Tramontane et par des pays très déserts et sauvages ; ores je commence.

117. L'itinéraire suivi jusqu'ici par les Polo de Tabriz à Ormuz indiquerait une poursuite de leur voyage par mer. Le retour vers le nord implique le choix du voyage par terre qui a dû se faire à Ormuz. La dernière phase de la guerre entre les Mongols de Chine et les Song qui contrôlaient les ports de la mer de Chine qui ne se terminera qu'en 1279 peut être la raison de ce choix.

XXXVIII. — Comment l'on alla par une contrée sauvage et pauvre

Qui part de la ville de Cherman vers Cobinan[118] chevauche bien sept journées sur une route fort malaisée, et vous dirai comment. Quand on a quitté Cherman depuis trois jours de marche, on entre en un certain désert où l'on ne trouve nulle rivière, nul ruisselet, nulle eau, ou du moins très peu, et celle que l'on trouve est salée et verte comme herbe des prés, de sorte que plutôt semble suc d'herbes que de l'eau, et elle est très malsaine. Elle est si amère que nul ne parvient à en boire, et qui en boirait seulement une gorgée, plus de dix fois il devrait s'isoler. Davantage, qui mangerait seulement un petit grain du sel que produit l'eau, il serait également purgé à toute force. C'est pourquoi les hommes qui vont traversant ces déserts portent de bonne eau pour boire. Les bêtes toutefois en boivent un peu à grand'peine, par grand'soif, parce qu'elles n'en ont point d'autre, et je vous dis aussi que l'eau incontinent les purge outre mesure, tant que quelques fois elles en crèvent. Pendant ces trois journées n'y a nulle habitation, mais tout est désert et grande sécheresse. Point non plus de bêtes sauvages : elles ne trouveraient rien à manger, car la terre est si dure et sèche que l'herbe ne saurait pousser. La quatrième journée, on arrive à une rivière d'eau douce, qui coule souterrainement, et en quelques endroits sont certaines ouvertures creusées et percées par les eaux, par où on les voit couler, puis immédiatement, elles sont derechef sous la terre. Ce néanmoins, on en puise en abondance. Non loin de là, les voyageurs, épuisés par la rudesse du précédent désert, se reposent et se rafraîchissent avec leurs bêtes. A la fin de ces trois journées, on trouve une petite place habitée, mais une fois passé ce lieu, on trouve un autre endroit qui dure quatre journées, et qui est aussi un désert tout sec, où l'eau est aussi amère, où ne sont ni habitation, ni arbre, ni bête, sauf çà et là, des ânes sauvages. A la

118. L'actuelle Kuhbonan, dans la province de Kerman.

fin de ces quatre journées finit le royaume de Cherman, et trouvons la cité de Cobinan.

XXXIX. — Ci devise de la grande et noble cité de Cobinan

Cobinan est une grande cité ; les gens y adorent l'abominable Mahomet. Il y a pas mal de fer, d'acier et d'andanique et l'on y fait maints miroirs du plus fin acier, très grands et beaux. Là se fait la tutie [119], qui est très bonne pour les maux d'yeux. Et encore il s'y fait le spodium [120], lequel j'ai vu faire, et vous dirai comment ils le font. Ils prennent une terre dans une veine qu'ils creusent dans une montagne de ce pays, et qu'ils savent bonne pour ce faire, et la mettent dans un grand fourneau de feu ardent ; au-dessus de la voûte du four est placée une grille de fer très fine. La fumée et la vapeur qui sortent de l'eau et de cette terre par la vertu du feu, et que retient cette grille de fer, durcit en se refroidissant, et c'est la tutie ; le demeurant de cette terre dans le feu, le mâchefer qui reste au fond du four, est appelé spodium ou spodium-roseau, et cela parce que ledit spodium ou terre brûlée reste léger comme roseau. Et voilà que vous avez ouï comment sont tutie et spodium. Or laissons cette cité et allons plus avant.

XL. — Comment l'on alla par un désert

Quand on quitte cette cité de Cobinan, l'on va par un désert pendant bien huit journées ; la sécheresse y est grande et n'y viennent ni arbres ni fruits ; les eaux y sont aussi très amères et mauvaises, comme dans celui

119. De l'arabe *tutya,* oxyde de zinc utilisé comme médicament.

120. Ou spode. Mot désignant les résidus de combustion des matières végétales ou les scories métalliques, ce qui semble être le cas ici.

dont je vous ai parlé plus haut. Et qui veut traverser ces lieux emporte tout le nécessaire pour manger et pour boire ; l'eau amère du désert, on en fait boire aux bêtes à grand'peine, en y mêlant de la farine pour leur donner envie. Au bout de ces huit journées, l'on trouve une province qui est appelée Tunocain. Il y a assez de cités et de villages ; elle est aux confins de la Perse, devers la Tramontane ; il y a une grandissime plaine où se trouve l'Arbre Seul, que les Chrétiens nomment l'Arbre Sec [121], et je vous dirai comment il est fait. Il est très grand et très gros ; ses feuilles sont vertes d'un côté et blanches de l'autre ; il produit des noix pareilles à la châtaigne, mais il n'y a rien dedans ; elles ne sont point bonnes à manger. De son bois on fait un baume ; c'est un bois très dur et solide, jaune comme buis ; il n'y a point d'autres arbres à moins de cent milles, sauf d'un côté, où il y en a à dix milles de là. C'est là, disent les gens du pays, la contrée où eut lieu la bataille entre Alexandre le Grand, roi de Macédoine, et Darius, roi des Persiens. Les villes et villages de cette province sont nombreux et ont grande abondance de toutes choses bonnes et belles, car le pays est tempéré, ni trop chaud ni trop froid. Les gens adorent tous Mahomet ; on y voit de belles gens, et notamment les femmes, à mon jugement, sont belles outre mesure. Mais nous partirons d'ici et vous conterons d'une contrée appelée Mulecte [122],

121. Ce terme se prête à trois niveaux d'interprétations. Premièrement, il s'agit d'un arbre réel, probablement un platane, décrit ici par Marco Polo. Ensuite l'auteur donne ce nom à la province de Khorasan sans que celui-ci fasse partie de la terminologie géographique de son époque. Enfin, et c'est ici la clé de l'énigme, ce terme correspond à une légende eschatologique à laquelle Marco Polo donne une consistance géographique. Pour cette légende, voir l'introduction.

122. Ici Marco Polo quitte encore son itinéraire effectivement suivi puisque le pays *mulhed* (= hérétique) se trouvait dans les montagnes du sud de la mer Caspienne, c'est-à-dire vers le nord-ouest, tandis que les Polo suivent une route nord-est. Cette diversion n'est pas fortuite puisque la région du Tun et Kain appartenait aux Ismaélites jusqu'à l'invasion de Hulagu.

là où demeurait le Vieux de la Montagne avec ses Assassins [123].

XLI. — Ci devise de la vallée du Vieux de la Montagne et de ses assassins

Mulecte est une contrée où, d'après ce qu'on dit, demeurait anciennement certain très méchant prince qu'on appelait le Vieux de la Montagne. En quel pays demeuraient des hérétiques selon la loi sarrazine. Car ce nom de Mulecte veut dire « un endroit où demeurent des hérétiques » dans la langue des Sarrazins. De par l'endroit sont appelés les hommes Mulehetici [124], c'est-à-dire hérétiques de leur loi, comme les Patarini [125] parmi les Chrétiens. Et maintenant, vous conterai toute son affaire, selon ce que je, Messire Marco Polo, ai ouï conter à plusieurs hommes.

Le Vieux était appelé en leur langage Alaodin [126], et, avec tout le peuple qu'il commandait, était un fidèle de la loi de Mahomet. Si rêvait-il d'une méchanceté inouïe, assavoir comment il tournerait de ses hommes en auda-

---

123. De hashash ou hashish, la drogue qui serait utilisée par les membres de la secte ismaélite fondée en 1090 par Hassan Sabbah. Le centre de cette secte se trouvait au château d'Alamut, au nord de Qazvin en Iran, qui est le lieu décrit par Marco Polo, mais les Occidentaux ont surtout connu au cours des croisades la branche syrienne de la secte, commandée par un représentant du grand-maître d'Alamut, qui portait le titre de Cheikh el Djebel, littéralement traduit comme le Vieux de la Montagne.

124. De *mulahida* pluriel du *mulhed* (= hérétique).

125. Intentionnellement ou non, Marco Polo revient avec son exemple aux sources, au moins géographiques sinon religieuses. Les patarini étaient des hérétiques habitant au XIe siècle la Contrada dei Patarri, un quartier de Milan. Ils constituent l'avant-dernier maillon d'une longue chaîne qui va aboutir aux cathares du Languedoc, venant des bogomiles bulgares, eux-mêmes issus des pauliciens d'Asie Mineure, inspirés des manichéens de cette même terre iranienne dont l'essentiel de la doctrine va parcourir l'ensemble du circuit.

126. Alaeddin, l'avant-dernier grand-maître ismaélite (1220-1255).

cieux meurtriers ou spadassins, de ceux qu'on nomme communément assassins, par le courage desquels il pourrait tuer qui il voudrait et être craint de tous. Il habitait une très noble vallée entre deux très hautes montagnes ; il y avait fait faire le plus vaste et superbe jardin qui jamais fut vu. Il y a abondance de toutes les bonnes plantes, fleurs et fruits du monde, et des arbres qu'il a pu trouver. Il fit faire les plus belles maisons et les plus beaux palais qui oncques fussent vus, car ils étaient tout dorés et décorés de toutes les belles choses du monde, et les tentures étaient toutes de soie. Il leur avait fait faire maintes charmantes fontaines, répondant aux diverses façades des palais, et toutes avaient dedans de petites conduites, où courait, en l'une vin, en d'autres lait, en d'autres miel et en d'autres l'eau la plus claire. Là habitaient les dames et damoiselles les plus belles du monde, lesquelles savaient très bien sonner de tous instruments, chanter mélodieusement, danser autour de ces fontaines mieux que toutes autres femmes, et pardessus tout, bien instruites à faire aux hommes toutes caresses et privautés imaginables. Leur rôle était d'offrir tous délices et plaisirs aux jeunes hommes qu'on mettait là. Il y avait multitude de nippes, literie et victuailles, et de toutes choses désirables. De nulle vilaine chose ne devait être parlé, et point n'était permis de passer le temps autrement qu'à jeux, amours et ébats. Ainsi ces damoiselles magnifiquement parées de soie et d'or allaient s'ébattant à toute heure dans les jardins et les palais ; car les femmes qui les servaient demeuraient enfermées et oncques n'étaient vues en plein air.

Le Vieux donnait à entendre à ses hommes que ce jardin était le Paradis ; il l'avait fait en telle manière qu'en son temps Mahomet fit entendre aux Sarrazins qu'iraient en Paradis ceux qui feraient sa volonté ; ils y trouveraient tous les délices et plaisirs du monde, autant de belles femmes qu'ils souhaiteraient pour leurs ébattements, et ces beaux jardins pleins de rivières de vin, de lait, de miel et d'eau, courant séparément à pleins bords. C'est pourquoi les Sarrazins de ce pays croyaient fermement que ce jardin fut le Paradis. Quant au Vieux, il voulait leur donner à entendre qu'il était un prophète et pouvait faire entrer qui il voulait au Paradis.

Et en ce jardin n'entrait nul homme, fors seulement ceux de méchante vie dont il voulait faire ses satellites et assassins. Au seuil de la vallée, et à l'entrée de ce jardin, il avait un château si fort et imprenable, qu'il n'avait peur de personne au monde ; on y pouvait entrer par un chemin secret ; et il était très diligemment gardé ; par d'autres endroits point n'était possible d'entrer dans le jardin, mais seulement par là. Le Vieux tenait près de lui, en sa cour, tous les fils des habitants de ces montagnes, entre douze ans et vingt, ceux du moins qui semblaient vouloir être hommes d'armes, et être preux et braves, et qui bien savaient par ouï-dire, selon Mahomet leur bien malencontreux prophète, que le Paradis était bâti de telle manière que je vous ai conté ; ils le croyaient en Sarrazins. Et que vous en dirai-je ? Quelques fois le Vieux, quand il souhaitait supprimer un seigneur qui faisait guerre ou qui était son ennemi, il faisait mettre quelques-uns de ces jeunes gens dans ce Paradis, par quatre, ou dix, ou vingt ensemble, juste comme il voulait. Car il leur faisait donner breuvage à boire, par l'effet de quoi ils tombaient endormis aussitôt. Ils dormaient alors trois jours et trois nuits, et pendant leur sommeil, il les faisait prendre et porter en ce jardin ; c'est là, s'éveillant, qu'ils s'apercevaient qu'ils étaient.

XLII. — Comment le Vieux de la Montagne rend ses assassins parfaits et obéissants

Quand les jeunes gens, étant éveillés, se trouvent dans un si merveilleux endroit, et voient toutes ces choses que je vous ai dites, faites tout juste comme le dit la loi de Mahomet, et les dames et les damoiselles toujours à l'entour de chacun, tout le jour chantant, folâtrant et leur faisant toutes les caresses et grâces qu'ils peuvent imaginer, leur servant le manger et les vins les plus délicats, ravis en extase par tant de plaisirs et par les ruisseaux de lait et de vin, ils se croient vraiment en Paradis. Et les dames et damoiselles demeurent tout le jour avec eux, jouant, chantant et menant grande réjouissance, et ils font avec elles... à leur volonté ; si bien que ces jeunes gens ont là tout ce qu'ils veulent, et que jamais ne voudraient d'eux-mêmes en repartir. Le Vieux tient sa cour très belle et très grande et vit très noblement ; il fait croire à tous ces simples gens des montagnes qui vivent autour de lui qu'il est vraiment un grand prophète ; et ainsi croient-ils vraiment. Ce Vieux avait envoyé de ces jeunes gens prêcher en maintes places, à l'occasion de quoi bien des gens s'étaient convertis à sa loi. Au bout de quatre à cinq jours, quand le Vieux veut en envoyer un en quelque lieu pour occire un homme, alors il fait derechef donner le breuvage à autant de jeunes gens qu'il veut ; et quand ils sont endormis, il les fait prendre et porter dans son palais, qui est en dehors du jardin. Et quand ces jeunes gens sont réveillés et se retrouvent hors de leur jardin, dans ce castel du Palais, ils en sont fort grandement émerveillés et n'en sont pas contents, car du Paradis d'où ils venaient, par leur volonté ils n'en fussent jamais partis. Ils vont alors devant le Vieux ; quand ils y sont, ils se comportent très humblement et s'agenouillent en gens qui le croient un grand prophète. Alors le Vieux leur demande d'où ils viennent, et ceux-ci disent, dans leur simplicité, qu'ils arrivent du Paradis. Ils disent en présence de tous que c'est en vérité le Paradis comme Mahomet l'a dit à leurs ancêtres ; lors content tout ce qu'ils y ont vu, et comme ils ont grand désir d'y retourner. Les autres, qui oient cela sans y avoir rien vu, s'en émerveillent extrêmement et ont grand désir d'aller au Paradis, et plus d'un souhaite mourir pour y pouvoir aller, et attend ce jour avec impatience. Mais le Vieux leur répond : « Fils, c'est par le commandement de notre prophète Mahomet, car il fera entrer en Paradis celui qui aura défendu les serviteurs de la foi ; si vous m'êtes bien obéissants, vous obtiendrez cette faveur. » Et par ce moyen, il a tant inspiré à son peuple le désir de mourir pour aller en Paradis, que celui à qui le Vieux ordonne d'aller mourir en son nom, il se juge bien heureux, ayant la certitude d'aller en Paradis.

Et quand le Vieux veut faire occire un grand sire, il met à l'épreuve parmi ses Assassins ceux qui semblent les meilleurs. Il envoie dans les environs, mais à distance non trop grande, plusieurs des jeunes hommes qui ont été en Paradis et leur commande d'occire tel homme qu'il leur décrit. Ils y vont sur-le-champ et font le commandement de leur seigneur. Ceux qui en réchappent, ils retournent à la cour ; certains sont pris et massacrés après avoir occis leur homme. Mais celui qui est pris, il ne souhaite que mourir, pensant qu'il va bientôt rentrer en Paradis.

XLIII. — Comment les Assassins sont instruits a mal faire

Quand ceux qui se sont échappés sont retournés à leur seigneur, ils lui disent qu'ils ont bien achevé la besogne. Le Vieux leur fait grande joie et grande fête. D'ailleurs, il savait bien qui avait montré le courage le plus ardent, car il avait mandé secrètement des émissaires derrière chacun de ceux qui partaient, pour pouvoir savoir qui était le plus hardi et le meilleur pour occire son homme.

De la sorte, nul homme n'échappait à la mort lorsque le Vieux de la Montagne la voulait. S'il arrivait que les premiers envoyés fussent occis avant d'avoir exécuté le commandement du Vieux, il en mandait d'autres et ainsi de suite jusqu'à ce que son ennemi fût tué. En outre, je vous dis très véritablement que plusieurs rois et barons lui faisaient des présents et étaient en bons termes avec lui de peur qu'il ne les fît occire[127].

Ainsi, je vous ai dit l'affaire du Vieux de la Montagne

127. Les renseignements fournis par d'Ohsson dans son *Histoire des Mongols* (tome III) montrent déjà que l'initiation des adeptes de la secte était beaucoup moins superficielle que celle décrite par Marco Polo.

et de ses Assassins. Et vous conterai maintenant comment il fut détruit, et par qui. Et encore veux aussi vous dire de lui une autre chose, que j'avais laissée : je vous dis que ce Vieux avait choisi deux autres Vieux, qui lui étaient soumis, et observaient en tout ses manières et coutumes. L'un d'eux il envoie dans les régions de Domas et l'autre en Curdistan ; et pour puissant que fût un homme, s'il était ennemi dudit Vieux, point ne pouvait échapper à la mort. Mais laissons cela et venons-en à sa destruction. Vrai est qu'environ l'an 1262 après la naissance du Christ, lorsque Ulau, frère du Grand Kaan, soumit à ses lois tout l'Orient, ledit Ulau, cinquième sire de tous les Tartares du Levant, sachant les mauvaises actions que ce Vieux faisait, et ses coutumes, et aussi que le Vieux faisait dépouiller ceux qui suivaient la route, se dit en lui-même qu'il le ferait détruire. Adonc il prend de ses barons et les envoie au jardin et castel du Vieux avec grandes troupes ; ils assiègent le château bien trois ans avant que ne puissent le prendre, car il était si fort qu'on ne le pouvait emporter d'assaut. Et ne l'eussent même jamais pris tant qu'ils auraient eu de quoi manger, mais au bout de trois ans, ils n'eurent plus rien à manger. Alors, faute de vivres, ils furent pris, et fut occis le Vieux de la Montagne, qui avait nom Alaodin, avec tous ses hommes et tous ses Assassins ; toute la place fut détruite et laissée pour désert par les gens d'Ulau, sire de tous les Tartares du Levant, et il fit raser le château [128]. Telle fut la fin de ce Vieux maudit, et depuis ce Vieux jusques à nos jours, il n'y a ni Vieux ni Assassins ; avec lui se finit toute la domination et les maux que les Vieux de la Montagne avaient faits anciennement. Laissons donc ce sujet et allons de l'avant.

---

128. La conquête des places fortes ismaélites par Hulagu date de 1256 et leur dernier grand-maître à cette date était Rukneddin, fils de l'Alaeddin cité plus haut.

XLIV. — CI DEVISE DE LA CITÉ DE SAPURGAN

Qui s'en va de ce château chevauche par belles plaines, belles vallées et belles collines où sont beaucoup de beaux herbages, de bons pâturages pour les troupeaux, des fruits à suffisance et toutes choses à manger en grande abondance. Les armées du seigneur Ulau y séjournent volontiers à cause de la richesse du pays. Cette contrée dure bien six journées, et il y a des villes et villages, et les hommes adorent Mahomet. Parfois l'on trouve un désert de cinquante ou soixante milles, où ne se trouve eau à boire ; aussi convient-il que les hommes en emportent avec eux. Les bêtes ne boivent tant qu'elles soient sorties de ce désert et venues aux lieux où elles trouvent de l'eau ; il faut donc très rapidement passer, puisqu'elles trouvent l'eau seulement ensuite.

Et quand on a chevauché six journées tel que je vous ai conté, on trouve une cité appelée Sapurgan[129]. C'est une ville belle, grande et fertile, avec planté de toutes choses. Dans ce pays viennent bien des arbres. Et vous dis qu'il y a les meilleurs melons du monde en grandissime quantité, qu'ils les font sécher et les gardent toute l'année de cette manière : ils les découpent en lanières comme courroies, ou bien à la mode des calebasses, puis les mettent au soleil et les font sécher, si bien qu'ils en deviennent plus doux que miel. Et vous dis qu'ils en font commerce et les vont vendant séchés de la sorte à travers la contrée voisine, en grosse quantité, et le peuple les prend très volontiers pour nourriture parce qu'ils ont la douceur du miel. Il y a dans ce pays venaison des bêtes et d'oiseaux outre mesure. Maintenant, nous laissons cette ville et vous conterons d'une autre cité, qui a nom Balc[130].

---

129. Ici on est dans le nord d'Afghanistan, l'ancienne Bactriane. La route qui sera maintenant poursuivie jusqu'au terme du voyage est la Route de la Soie ou au moins une de ses nombreuses variantes. Sapurgan est la ville actuelle de Shebergan.

130. Balkh, l'ancienne Bactres, capitale de la Bactriane.

XLV. — Ci devise de la grande et noble cité de Balc

Balc est une noble cité, et fort grande. Jadis, elle était plus noble et plus grande, c'était la plus vaste et la plus belle qu'on pût trouver en ces régions, mais les Tartares et d'autres gens l'ont souvent ravagée et vilainement endommagée. Car je vous dis qu'il y eut jadis nombre de beaux palais et maintes belles maisons de marbre ; et encore y sont, mais détruites et ruinées. Et vous dis qu'en cette ville le roi Alexandre le Grand prit pour femme la fille de Darius, roi des Persiens, selon ce que disaient les gens de cette ville. Tous les gens de cette cité adorent l'abominable Mahomet. Et sachez que la terre du sire des Tartares du Levant dure jusqu'à cette cité, et que c'est à cette ville que sont les confins de la Perse entre Vent-Grec et Levant.

Maintenant, laissons cette cité, et commençons à conter d'un autre pays qui s'appelle Dagova[131]. Qui s'en va de cette cité dont je vous ai conté plus haut, il chevauche bien douze journées entre Levant et Grec, et ne trouve nulle habitation parce que les gens ont abandonné toute la plaine et se sont tous enfuis dans les montagnes dans des forts, par peur des mauvaises gens, voleurs et bandits, et des armées qui leur faisaient grands dommages et pertes bien des fois, en marchant sans cesse à travers le pays. Ces régions sont dévastées, et il n'est possible vraiment d'y voyager qu'en grosse compagnie. Et vous dis qu'il y a bien des maisons sur les montagnes. On trouve de l'eau à suffisance sur cette route, et d'assez bon gibier ; il y a même des lions. Mais point ne trouve-t-on de vivres pendant ces douze journées : il convient que ceux qui suivent ce chemin emportent leur nourriture, pour eux-mêmes et pour leurs chevaux.

---

131. Si on adopte la lecture « Gana » qui se trouve dans le manuscrit publié par Pauthier en 1865 et qui indiquerait l'existence d'un khanat, c'est-à-dire d'un royaume, on peut localiser la ville de Khanabad qui se trouve effectivement sur l'itinéraire.

XLVI. — Ci devise de la montagne de sel

Et quand on est allé ces douze journées, on trouve un village appelé Taican [132], où il y a un très grand marché de blé et d'autres grains. Il est dans une contrée très belle et gracieuse ; les montagnes sont devers le Midi, très grandes et élevées, et certaines sont toutes de sel blanc et savoureux, dur comme pierre. Toute la contrée à l'entour, à plus de trente journées, vient pour ce sel, qui est le meilleur du monde ; et ils n'en consomment point d'autre. Il est si dur qu'on n'en peut arracher sans un grand pic de fer ; et vous dis qu'il est en si grande abondance que le monde entier en aurait assez jusqu'à la fin des siècles. Certaines montagnes aussi sont riches en amandes et en pistaches, dont on tient là très grand marché.

Et quand on part de cette cité, on va chevauchant trois journées, toujours entre Vent-Grec et Levant, et toujours trouvant belle contrée où sont partout habitations en suffisance, et riche en fruits, en blé, en vin et en toutes choses. Les gens adorent Mahomet. Ils sont très mauvaises gens, coupe-bourse, voleurs, meurtriers et traîtres. Ils passent leur temps en beuveries, car tout le jour ils boivent volontiers, ayant très bon vin cuit ; grands buveurs sont et s'enivrent très volontiers. Ils sont doctes en la loi de Mahomet, ce pourquoi ils ne se couvrent ni tête ni pieds, si ce n'est sur le chef une corde d'environ dix palmes de longueur qu'ils enroulent. Ils sont très bons chasseurs et prennent assez de gibier, et n'ont autre vêtement que les peaux des bêtes qu'ils attrapent, qu'ils travaillent à leur manière et dont ils font bottes et robes, et ils savent tous comment traiter ces peaux ; et chacun sait traiter les peaux pour ses propres bottes et habits.

Et quand on est allé ces trois journées, on trouve une cité appelée Scassem [133], qui appartient à un comte.

132. Taloqan, en Afghanistan, sur la même route.

133. Ishkashem, en Afghanistan sur l'Amu Darya entre le Badakhshan afghan et le Badakhshan soviétique.

Elle est dans une plaine, mais ses autres cités et villages sont dans la montagne. Par le milieu de celle-ci passe un fleuve assez grand. Dans la province, vivent maints porcs-épics ; et quand les chasseurs les veulent prendre, ils lancent sur eux les gros chiens fougueux ; les porcs-épics se rassemblent tout en boule et jettent les épines qu'ils ont sur le dos et sur les flancs, blessant ainsi parfois très vilainement les chiens et même les hommes en plusieurs endroits. Mais pourtant les chasseurs leur vont sus et les prennent.

Autour de cette ville de Scassem est une grande province qui a nom Scassem et a langage de son cru. Les vilains font paître leurs troupeaux dans les montagnes, car ils y font de très belles et spacieuses habitations sous terre. Ils font de vastes caves, et le peuvent fort aisément parce que les monts ne sont point de roc, mais presque tout de terre.

Et quand on part de cette cité de Scassem, dont je vous ai parlé plus haut, on s'en va trois journées sans trouver nulle habitation, ni à manger, ni à boire ; mais on trouve assez d'herbe pour les chevaux. Les voyageurs doivent emporter avec eux tout ce qu'il leur faut pour le voyage. Au bout de ces trois journées, on trouve la province de Badascian[134], et deviserai de ce qu'elle est.

XLVII. — Ci devise de la grande province de Badascian

Badascian est une grande province, où les gens adorent Mahomet et ont un langage bien à eux. En longueur, ce vaste royaume dure bien douze journées ; la souveraineté y est par héritage, car tous les rois sont d'une même lignée, descendue du roi Alexandre, et de son épouse née fille du roi Darius le Grand, le grand

134. Ce Badakhshan situé à l'est d'Ishkashem doit correspondre aujourd'hui à la région autonome de Badakhshan qui fait partie de la R.S.S. du Tadjikistan, encore que Marco Polo ait dû continuer de remonter la haute vallée de l'Amu Darya qui fait la frontière entre l'Afghanistan et l'U.R.S.S.

sire de Perse. Et tous les rois de cette province sont encore appelés Çulcarnein[135], en leur langage sarrazin, ce qui veut dire en français roi Alexandre, par amour du grand Alexandre.

En cette province sont produites les pierres précieuses appelées *balasci*[136], qui sont très belles et de grande valeur. On les appelle *balasci* d'après Badascian, la province ou royaume où on les trouve. Elles prennent naissance dans les roches des montagnes, et je vous dis que lorsqu'ils en veulent, ils doivent se donner grand' peine, car ils font de vastes cavernes ès montagnes et ils vont bien loin sous la terre, tout comme ceux qui creusent les veines d'or et d'argent. On ne travaille ainsi que sur une seule montagne, nommée Sighinan[137]. Et sachez encore que le roi de cette province les fait creuser pour lui ; nul autre homme, naturel ou étranger, que le roi, ne pourrait aller à cette montagne y quérir de ces *balasci* pour lui-même sans être mis à mort aussitôt. Et encore vous dis qu'il en coûte la tête et l'avoir si l'on en emporte aucun hors du royaume, car le roi les rassemble tous et garde les plus précieux pour lui ; il les envoie çà et là par ses hommes aux autres rois et princes, et grands seigneurs, tantôt pour tribut, tantôt pour amitié ; s'il lui plaît, il en vend aux marchands contre or et argent ; et alors on les peut emmener en pays étranger. Et ce fait le roi pour que ses *balasci* restent rares et de

---

135. Dhou'l Karnain (= aux deux cornes). Les attributs des dieux béliers cristallisés sur Jupiter-Ammon et repris par Alexandre le Grand lors de sa divinisation pendant la conquête d'Egypte ont servi à perpétuer son nom dans les extrêmes confins de son empire. La persistance vivace du souvenir de la colonisation grecque dans ces régions « découvertes » par les Occidentaux à la fin du XIXe siècle seulement n'est pas une légende. Quand les derniers rois dépossédés vendaient pour survivre à Kaboul leurs objets personnels aux explorateurs anglais on trouvait sur la vaisselle d'argent représentant le cortège de Bacchus, le sceau des grands rois de la Bactriane hellénistique.

136. Des rubis du pays Badakhsh ou Balash, ce qui a donné les rubis « balais » en français.

137. Montagne et localité de Shikinan en Afghanistan, située plus en amont sur l'Amu Darya.

grande valeur partout. Car s'il laissait d'autres hommes creuser et en porter par le monde, on en aurait tant répandu qu'ils ne vaudraient plus grand'chose, de sorte que le roi ne ferait plus que petits profits, ou pas du tout. C'est pour cette raison que le roi a décidé si grandes peines, pour que nul ne puisse en emporter sans son consentement. En une autre montagne de cette province prennent naissance les saphirs, qu'on recueille tout comme les *balasci.* Et sachez encore en vérité que dans une autre montagne de la même contrée, on trouve les pierres dont est fait l'azur, et c'est le plus fin et le meilleur qui soit au monde. Les pierres dont je vous ai parlé et dont on fait l'azur forment des veines qui naissent en montagne comme les autres. Et cette veine est appelée *lapis lazuli* [138]. Je vous dirai encore que sont en cette province autres montagnes d'où sont extraits argent, cuivre, et plomb en grande quantité.

C'est contrée et province très froide. Et sachez encore qu'il y naît de très bons chevaux, grands, et fameux coureurs ; nul fer ne portent à leurs pieds, bien qu'il y ait de nombreuses pierres dans le pays ; et c'est à cause des bons pieds qu'ils ont, et des bons sabots. Ils vont dans les montagnes et toujours sur de mauvaises routes sans broncher, et les hommes galopent dessus sur des pentes de montagne où d'autres animaux ne pourraient galoper ni n'oseraient essayer. Et l'on a dit à l'auteur que naguères auparavant, on pouvait trouver en cette province des chevaux descendus de la semence du cheval du roi Alexandre nommé Bucéphale ; lesquels tous naissaient avec une corne et une étoile sur le front comme Bucéphale, parce que les juments avaient été couvertes par cet animal en personne. Mais puis après toute la race d'iceux fut détruite. Les derniers se trouvaient au pouvoir d'un oncle du roi, et quand il refusa de permettre au roi d'en prendre un, celui-ci le fit mettre à mort ; mais de rage de la mort de son époux, la veuve anéantit ladite race, et la voilà perdue.

138. Du bas latin *azur,* lui-même du persan *lazuverd,* qui indique la couleur bleue.

Dans ces montagnes naissent des faucons sacres[139], qui moult sont bons et bien volants. Ici aussi naissent les faucons laniers[140], de parfaits autours et des éperviers. Il y a grande venaison de bêtes et d'oiseaux. Ils ont de bon froment et de l'orge sans écorce, c'est-à-dire que c'est tout grain et qu'on n'en obtient pas de son. Ils ont de même abondance de millet et de panic. Point n'ont d'huile d'olive, mais ils en font de sésame, qui est graine semblable au lin, mais celle de sésame est blanche et l'huile est meilleure et plus savoureuse qu'aucune autre ; les Tartares et autres habitants de ces régions en font usage, ainsi que l'huile de noix.

Les entrées de ce royaume sont des passes très étroites, malaisées, abruptes, et bien d'autres fortes places, si bien qu'ils n'ont pas peur que nulles gens puissent entrer pour leur porter dommage. Leurs cités et villages sont sur les grandes montagnes, en lieux très forts. Les particulières qualités de ces montagnes, les voici : elles sont si hautes qu'un homme les gravissant depuis le bas jusqu'au sommet dès le matin, au soir ne serait pas encore arrivé en haut. Tout en haut sont de grandes plaines avec des arbres et de l'herbe, de puissantes sources, et fort claires, qui coulent vers le pied des monts sur des rochers comme des rivières. Dans ces sources, on trouve des truites et bien d'autres poissons à la chair délicate. En haut de ces montagnes, l'air est si pur et le séjour si vivifiant que si un homme, tandis qu'il vit dans les cités et habitations bâties en plaine et dans les vallées proches des monts, attrape fièvre de quelque sorte, assavoir tierce, quarte ou continue, ou toute autre maladie fortuite, il grimpe immédiatement sur les monts, où, prenant son repos, il voit sa maladie chassée et sa santé revenue. Messire Marco dit qu'il en a fait l'épreuve. Car lorsqu'il était en ces régions, il demeura malade environ une année, et dès qu'on lui recommanda de monter sur ces montagnes, il se porta

139. De l'arabe *çaqr*, espèce de faucon du genre gerfaut utilisé pour la chasse.

140. Espèce de petit faucon utilisé également pour la chasse.

bien de nouveau. Deux ou trois montagnes sont comme si elles étaient sulfureuses, et les eaux toujours en viennent sulfureuses. Il y a très grande foule de brebis sauvages, qui forment parfois troupeaux de quatre cents, cinq cents et six cents bêtes. Beaucoup sont volées, mais on n'en manque jamais.

Les habitants sont bons archers et bons chasseurs, et la plupart sont habillés de peaux de bêtes parce qu'ils ont grande pénurie d'autres vêtements ; oui : les habits de laine sont ici tout à fait impossibles à avoir, ou reviennent excessivement chers. Les grandes dames et nobles de ce pays portent braies jusqu'aux pieds comme les hommes ainsi que vais vous dire, et les font de coton et de soie très fine, avec du musc dedans. Et elles bourrent beaucoup d'effets à l'intérieur de leurs braies. Il y a des dames qui, dans leurs braies, c'est-à-dire le vêtement des jambes, mettent bien cent brasses de très fins tissus de lin et de coton enroulés autour du corps comme langes, et certaines en mettent quatre-vingts, certaines soixante, selon leurs moyens, et elles les font bouffer tout autour. Ainsi font pour montrer qu'elles ont de grosses fesses et devenir belles, car leurs hommes se délectent de femmes rebondies, et celle qui paraît la plus renflée au-dessous de la ceinture leur semble plus belle que les autres. Et voilà racontées toutes les affaires de ce royaume ; nous allons le quitter et vous parler d'un autre peuple qui habite vers le Midi, à dix journées de voyage de cette province.

XLVIII. — Ci devise de la grande province de Pasciai

Vrai est qu'à dix bonnes journées du Badascian vers le Midi est une province nommée Pasciai [141], où ils ont

141. Cette région située au sud de son itinéraire et probablement non visitée par Marco Polo est le fameux Kâfiristan dans lequel s'est surtout localisée, avec l'aide de Kipling, la survivance du souvenir d'Alexandre. C'est l'actuel Nuristan. Quant au nom donné par Marco Polo, il correspondrait au dialecte de ce pays, le pachai.

un langage à eux. Les gens sont idolâtres qui adorent les idoles, et ils sont gens bruns. Ils savent beaucoup d'enchantements et d'arts diaboliques, et le temps passent à invoquer les démons. Les hommes portent à leurs oreilles des anneaux et boucles d'or, d'argent, de perles et de pierreries selon leurs moyens, et travaillés très habilement. Ils sont gaillards très malveillants et artificieux, cruellement raffinés dans leurs coutumes. Cette province est très chaude. Leur manger n'est que riz et chair avec des épices ; y règne le vice de sensualité de telle manière que je n'en veux rien dire. Oui : laissons tout cela, et contons d'une autre province, qui en est, vers le Sirocco, à sept journées et qui a nom Chescemir.

XLIX. — Ci devise de la province de Chescemir

Chescemir[142] est une province où sont encore idolâtres et ont aussi un langage à eux. Ils en savent tant plus que les autres sur les enchantements des diables, que c'est merveille. Car ils font parler les idoles sourdes et muettes, et en reçoivent réponses lorsqu'ils les consultent. Par enchantement ils font le temps changer à leur désir, venir la grande obscurité sur la lumière du jour, et la changent ensuite en éclat du soleil. Par enchantement et savoir ils font tant d'autres choses merveilleuses qu'il ne serait personne pour y croire sans les avoir vues. Davantage, je vous dis qu'ils sont chefs des autres idolâtres, et c'est d'eux que descendent les idoles. De cet endroit l'on peut aller jusqu'à la mer d'Inde. Les hommes de Chescemir sont communément bruns et maigres. Les femmes sont vraiment belles pour des femmes à peau sombre... Ils se nourrissent de chair et de riz. C'est une terre très tempérée qui n'est ni trop chaude ni trop froide. Il y a des cités et villages assez, de nombreux bois et quelques déserts, et des passes si

142. Le Cachemire est encore une province apparemment non visitée par Marco Polo. Les renseignements qu'il rapporte montrent que l'islam n'y avait pas encore pénétré.

étroites et si fortes qu'ils n'ont peur de nul, et qu'on ne peut y parvenir sans grande peine. Ils se gouvernent par eux-mêmes, car ils ont leurs rois qui maintiennent la justice, et qui, pour cette justice, sont grandement aimés par tout leur peuple ; et de personne ne sont tributaires.

Ils ont de nombreux ermites selon leur coutume, qui demeurent en leur ermitage, font grande abstinence de manger ou de boire, se gardent bien de toute luxure, et outre mesure se retiennent de commettre aucun péché contre leur loi. De sorte que pourraient être appelés saints s'ils connaissaient le vrai Dieu et obéissaient à ses commandements comme ils font à leurs fausses idoles et dieux. Ils sont tenus pour très saints, et leur peuple les a en grande révérence. Et je vous dis qu'ils vivent jusques à très grand âge à cause de l'air bien tempéré, et de cette grande abstinence de péché, qu'ils font pour l'honneur et l'amour de leurs idoles. Aussi ont abbayes et moustiers de leur foi en bon nombre. Les frères des divers ordres y mènent une vie stricte et portent tonsure comme nos Frères Prêcheurs et Mineurs. Davantage, les hommes de cette province ne tuent nul animal et ne versent point le sang, mais s'ils veulent manger de la chair, il faut que certains Sarrazins qui vivent au milieu d'eux abattent les animaux qu'ils peuvent avoir à manger. Enfin, le corail qui arrive de notre terre est vendu en cette contrée plus cher qu'en aucune autre.

Maintenant, quittons cette province et région. Mais nous n'irons pas de l'avant, car si nous allions encore douze journées en avant, nous entrerions en l'Inde, dans les pays où pousse le poivre qui sont proches du royaume de Braaman [143], alors que je ne veux y entrer maintenant, car sur le chemin du retour, je vous conterai toutes les choses d'Inde en bon ordre dans le tiers livre. Ainsi nous retournerons à notre province devers Badascian parce qu'en autre sens nous ne pourrions aller. Nous prendrons donc une autre voie, depuis l'autre frontière

143. Il s'agit des royaumes hindous dont il sera question plus loin dans le voyage du retour.

de la province de Badascian par laquelle passe la route de Catai entre Levant et Grec, décrivant, comme j'ai commencé de faire, les provinces et contrées qu'on rencontre en voyage, et les autres autour de leurs limites à main droite et à main gauche.

L. — Ci devise du très grand fleuve de Badascian

Qui part de Badascian, il fait douze journées entre le Levant et le Vent-Grec en remontant un fleuve qui appartient au frère du seigneur de Badascian, trouvant de nombreuses rivières grandes et petites, et des villages et habitations en suffisance. Les gens de ce pays sont vaillants hommes d'armes et adorent Mahomet. A la fin de ces douze journées, on trouve une province non trop grande car elle mesure trois journées en tout sens et est appelée Vocan[144]. Les gens de ce pays adorent Mahomet, ont un langage à eux et sont hommes d'armes preux et éprouvés. Ils n'ont qu'un seul seigneur qu'ils appellent None[145], qui veut dire en langage françois comme Comte, et ils sont soumis au seigneur de Badascian. Ils ont assez de bêtes sauvages et de tous autres animaux et de grandes chasses de toute espèce.

Quand on part de cette petite contrée, on va trois journées, vers le Vent-Grec, presque toujours à travers monts, et tellement on s'élève qu'au sommet de ces monts, dit-on, c'est le plus haut lieu du monde. Et quand on est en ce haut lieu, on trouve une vaste plaine entre deux montagnes, où est un très beau pâturage, et un grand lac d'où s'encourt une jolie rivière. C'est le meilleur et le plus gras pâturage du monde, car une maigre bête, et aussi maigre que vous voudrez, y devient grasse

---

144. Les Polo ont dû remonter un affluent gauche de l'Amu Darya, le Wakhan, pour pénétrer dans la région portant le même nom formée par l'appendice nord-est de l'Afghanistan qui se prolonge entre le Pamir et le Cachemire pour joindre la frontière chinoise.

145. Il pourrait s'agir du titre indien de *nânâ* désignant un chef secondaire.

en dix jours. Il y a très grande abondance de toutes bêtes sauvages. En particulier y a très grande multitude de moutons sauvages qui sont très grands, car ils ont les cornes très longues, certaines de six bonnes palmes de long, et pour le moins de trois ou quatre, et fort grosses. De ces cornes, les pâtres font de grandes écuelles où ils mangent, et en vendent grosses quantités qui sont portées en autres pays. Ils les entassent aussi ensemble et s'en font des huttes où ils s'abritent. Avec ces cornes aussi, les bergers enclosent les lieux où ils tiennent leurs animaux la nuit. Il fut dit à l'auteur qu'il y a infinité de loups qui tuent et mangent bon nombre de ces moutons ; on trouve une telle multitude de cornes et d'os que ceux qui suivent les routes en font de grandes buttes pour montrer la route aux voyageurs qui passent par temps de neige.

Par cette plaine on va chevauchant douze journées et elle est appelée Pamir [146]. Pendant ces douze journées, on ne trouve ni habitation ni auberge, mais c'est un désert tout le long de la route, et l'on n'y trouve rien à manger : les voyageurs qui doivent passer par là, il convient qu'ils emportent avec eux leurs provisions. Là ne sont aucuns oiseaux, à raison de la hauteur et du froid intense, et pour ce qu'ils n'y pourraient rien trouver à manger. De plus, je vous dis qu'à cause du grand froid, le feu n'est pas aussi clair et brûlant, ni de la même couleur que dans les autres lieux, et les viandes ne peuvent pas bien cuire.

Mais quittons ce sujet, et vous conterons d'autres choses plus lointaines, par le Vent-Grec et le Levant. Quand on est allé ces douze journées dont je vous ai parlé, on trouve des habitations. Mais quand on en repart, il faut alors chevaucher bien quarante journées entre Grec et Levant, toujours à travers monts, et côtes, et vallées, passer bien des torrents et des lieux déserts.

---

146. Marco Polo a dû pénétrer dans le Pamir, qui forme aujourd'hui la région autonome du Badakhshan soviétique, par la vallée de Wakhan en Afghanistan et d'Oksu en U.R.S.S. et traverser des passes de plus de 4 600 mètres d'altitude.

En toutes ces quarante journées, il n'y a demeure ni auberge, et les voyageurs sont forcés d'emporter avec eux la provende dont ils ont besoin. Cette contrée est appelée Belor [147]. Les gens demeurent dispersés dans les très hautes montagnes ; ils sont idolâtres et très sauvages, et ne vivent que de chasse. Leurs vêtements sont faits du cuir des bêtes qu'ils attrapent, et ils sont très cruelles et méchantes gens. Laissons cette contrée et vous conterons de la province de Cascar.

LI. — Ci devise du Royaume de Cascar

A ce qu'on dit, Cascar [148] était jadis royaume libre, mais est à présent soumis au Grand Caan. Les gens y adorent Mahomet. Il y a assez de villes et de villages ; la plus importante et plus noble cité est Cascar ; eux aussi sont entre Grec et Levant. Il y parvient nombreux vêtements et marchandises. Les gens vivent de métiers et commerces, et surtout de travailler le coton. Ils ont très beaux jardins et vignes et beaux vergers d'arbres fruitiers. La terre est fertile, et produit tout ce qui est nécessaire à la vie, car le pays est tempéré. Le coton y pousse à planté avec le lin et le chanvre et bien d'autres choses. De cette contrée partent beaucoup de marchands, qui s'en vont commercer par tout le monde. Ce sont en vérité gens très mesquins et misérables, car ils boivent et mangent fort mal. En cette contrée vivent, outre les Mahométans, quelques Turcs qui sont Chrétiens Nestoriens et ont leurs églises et leur religion ; ils observent la loi grecque. Ils vivent mêlés aux autres habitants, comme les Juifs de nos pays parmi les Chrétiens. Les gens de cette province ont une langue à eux. La province dure cinq journées. Or laissons cette contrée et parlons de Samarcande.

147. Le Belor serait selon les commentateurs le nord du Cachemire formé par les régions du Gilgit et du Baldistan.
148. Kashgar, dans la province de Sinkiang en Chine.

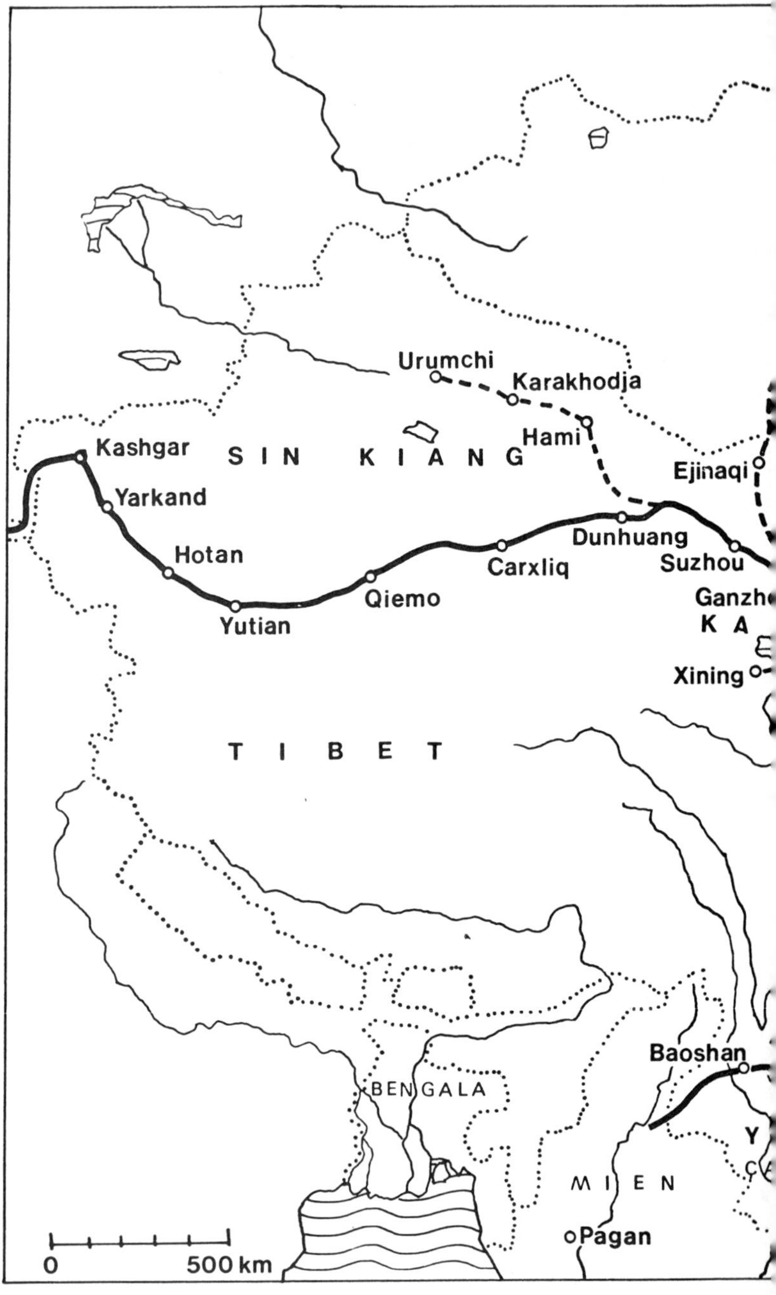

Urumchi
Karakhodja
Hami
Kashgar
S I N K I A N G
Ejinaqi
Yarkand
Dunhuang
Hotan
Suzhou
Carxliq
Qiemo
Yutian
K A
Xining
T I B E T
Baoshan
BENGALA
Y
M I E N
Pagan
0
500 km

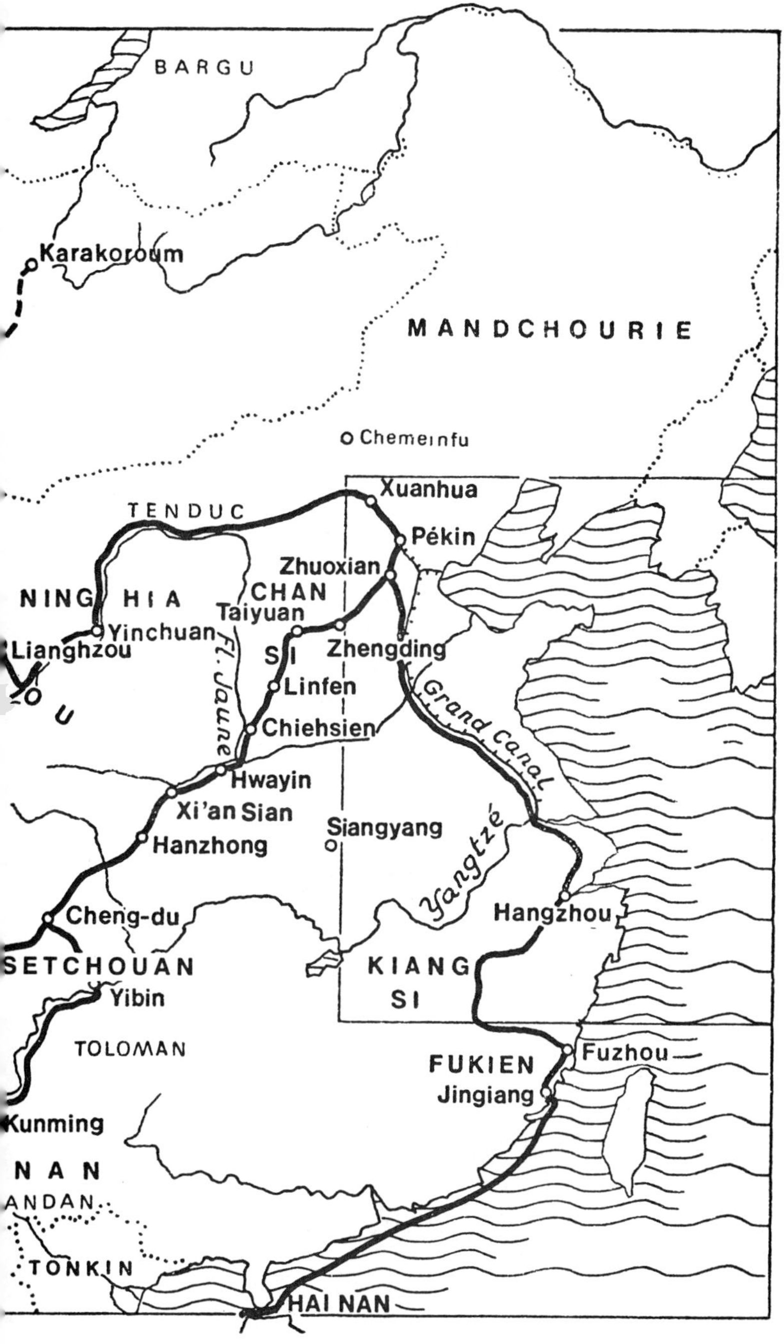
BARGU
Karakoroum
MANDCHOURIE
Chemeinfu
Xuanhua
TENDUC
Pékin
Zhuoxian
NING HIA
CHAN
Taiyuan
Yinchuan
Lianghzou
Fl. Jaune
SI
Zhengding
Linfen
Grand Canal
Chiehsien
Hwayin
Xi'an Sian
Siangyang
Yangtzé
Hanzhong
Hangzhou
Cheng-du
SETCHOUAN
KIANG
SI
Yibin
TOLOMAN
Fuzhou
FUKIEN
Jingiang
Kunming
N A N
ANDAN
TONKIN
HAI NAN

Xuanhua
Pékin
HOPEH
Zhuoxian
Cangzhou
Heijian
Grand
Dezhou
Fleuve Jaune
Dongping
CHANTOUNG
Jining
Xuzhou
Peixian
Suquian
KIANG
Canal
Huaian
Baoying
SOU
Haian
Gaoyou
Taizhou
Yangzhou
Yizheng
Nanking
Zhenjiang
Guazhou
Changzhou
Suzhou
Wujiang
Jiaxing
Chang'an
Hangzhou
Yangtzé
Jiande
Lanxi
CHEKIANG
Quxian
Shangrao
Jiangshan
Jianou
Nanging
100 km

LII. — Ci devise de la grande cité de Samarcande

Samarcande [149] est une très noble et grandissime cité, où se trouvent de très beaux jardins et tous les fruits qu'homme puisse souhaiter. Les gens y sont chrétiens et sarrazins. Ils sont au neveu du Grand Can, qui n'est point son ami, mais bien souvent a été en querelle avec lui. Trois grandes guerres entre eux se sont faites, ils se haïssent grandement, et son nom est Caidu [150]. La cité est vers la Grande Ourse. Et vous dirai une grande merveille qui advint en cette cité.

Vrai est qu'il n'y a encore grand de temps, Ciagatai, propre frère du Grand Can, persuadé et enseigné par les Chrétiens, reçut le baptême et se fit chrétien [151]. Comme il était seigneur de cette contrée et de bien d'autres, tous les Chrétiens de la ville de Samarcande en eurent grand plaisir. Avec la faveur du seigneur, ils bâtirent dans cette cité une très grande et noble église ronde en mémoire de cet événement, et dédiée à Saint Jean-Baptiste, et ainsi est appelée cette église encore aujourd'hui. Ils prirent une très belle et grosse pierre carrée en marbre, que le seigneur avait prise lui-même dans une maison appartenant aux Sarrazins, et la mirent comme pilier d'une colonne au milieu de l'église de façon telle que cette colonne soutenait tout le toit, qui était rond. Dont se courroucèrent très fort tous les Sarrazins, mais furent contraints de se tenir cois et muets par crainte du seigneur qui était chrétien ; leur très grosse haine et méchanceté naturelle envers les Chrétiens se trouvèrent grandement accrues par cette belle pierre prise à leur maison et mise en l'église chrétienne, car à leurs avis,

149. A Kashgar vient s'y joindre la branche de la Route de la Soie venant de Boukhara et de Samarcande. Selon son habitude, Marco Polo décrit une partie de cet itinéraire.

150. Kaidou, de la lignée d'Œgœdei (voir tab. gén.). Il contestera tout au long de la seconde moitié du XIIIe siècle la suzeraineté des Mongols de Chine (voir chap. LXXVII-LXXVIII).

151. Si la tolérance religieuse de Tchaghatai est prouvée, sa prétendue conversion au christianisme doit encore faire partie du fonds légendaire nestorien abondamment utilisé par Marco Polo.

le seigneur chrétien n'avait ainsi fait que par mépris pour eux.

Après non guères de temps, quand fut l'église bâtie et noblement ornée, il advint que Ciagatai mourut, et que lui succéda son fils [152], qui était jeune et point ne voulait être chrétien. Et quand les Sarrazins virent qu'il était mort, et parce qu'ils avaient eu et avaient encore grande ire, pour cette pierre qui était en l'église des Chrétiens, ils se dirent entre eux qu'ils voulaient la reprendre de gré ou de force, et l'emporter hors de l'église. Ce qu'ils pouvaient bien faire, car ils étaient bien dix fois plus nombreux que les Chrétiens. Après avoir tenu conseil, les meilleurs Sarrazins vont à l'église de Saint-Jean et disent aux Chrétiens présents qu'ils voulaient cette pierre qui avait été leur bien. Les Chrétiens répondent qu'elle est à eux, qu'ils veulent bien l'acheter et en donner tout ce qu'ils voudront pourvu qu'on laissât la pierre, parce que trop serait grand dommage à l'église si cette pierre en était retirée. Les Sarrazins disent qu'ils n'en voulaient or, ni trésor, mais voulaient leur pierre de toute manière. Et que vous en dirai-je ? La seigneurie était à ce neveu du Grand Can, et fils de Ciagatai. Tant marchèrent les langues que le seigneur l'apprit, car les Sarrazins pleins de haine vinrent en grande furie par-devant le seigneur sarrazin protecteur de la ville, pour lui dire ce qu'avait fait Ciagatai au mépris de la foi mahométane. Ils font faire commandement aux Chrétiens que, dans les deux jours à compter de ce jour, dussent rendre cette pierre aux Sarrazins.

Et quand les Chrétiens ont eu tel commandement, ils ont grande ire et amertume et ne savent que doivent faire, ne voyant comment triompher des Sarrazins par force ou par argent, ni comment retirer cette pierre sans la noble église ruiner. En retournant chez eux, ils prirent le meilleur conseil, qui était de prier Jésus-Christ de les guider en cette affaire, afin que la sainte église ne fût point ruinée et que l'autel de Saint Jean-Baptiste

152. Pour la succession de Tchaghatai, voir tab. gén.

ne fût point écrasé par sa propre église. Or en advint tel miracle comme je vous conterai. Sachez que quand fut venu le matin du jour où la pierre se devait rendre, et que les Sarrazins vinrent à l'église prendre la pierre, la colonne, qui était sur la pierre, par la volonté de Notre Seigneur Jésus-Christ s'ôte de la pierre et se hausse de bien trois palmes et se soutient aussi bien, comme si la pierre avait été dessous, portant sa charge avec le pied en l'air. Ainsi eurent leur pierre avec grande mésaventure. De ce jour en avant, toujours est demeurée cette colonne ainsi, et elle y est encore. Ce fut tenu et encore est tenu pour un des grands miracles qui advinrent de par le monde [153]. Venant de régions fort nombreuses, des gens défilent tout le long du jour pour le voir. Or, laissons cela dont on a dit assez, allons de l'avant et vous contons d'une province qui est appelée Yarcan.

LIII. — Ci devise de la province de Yarcan

Yarcan [154] est une province qui dure cinq bonnes journées. Les gens sont de la loi de Mahomet, mais il y a quelques Nestoriens et Jacobites. Ils sont à ce même neveu du Grand Can dont je vous ai déjà conté. Ils ont grande abondance de toutes choses, et notamment du coton. Les gens sont bons artisans ; pour la plupart, ils ont un pied très grand et l'autre très petit, mais ce néanmoins très bien marchent ; ils ont les jambes enflées et une bosse sur le gosier, qui tient à la nature de l'eau qu'ils boivent. Comme il n'y a rien d'autre qui mérite mention en notre livre, pour cette raison laissons cela et vous conterons d'une autre province, qui est appelée Cotan.

153. Dans un texte de 1314 : le poème de Baudoin de Sebourg, ce même miracle est placé à Bagdad.

154. Yarkand, dans le Sinkiang. A partir de Kashgar Marco Polo suivra la route qui décrit un grand arc de cercle vers le sud en longeant la lisière du désert de Taklamakan au nord du Tibet.

LIV. — Ci devise de la province de Cotan

Cotan[155] est une province entre Levant et Grec et elle est longue de huit journées. Elle aussi est soumise au Grand Can. Tous les habitants adorent Mahomet. Il y a assez de cités et de jolis villages. Et la plus noble cité, celle qui est tête du royaume, est appelée Cotan ; c'est le nom de la province. Elle a abondance de toutes choses. Il y pousse assez de coton, de lin et de chanvre, de l'huile, des grains et du vin, et le demeurant tout comme en nos pays. Les gens vivent de commerce et de métiers, mais point ne sont hommes d'armes, plutôt vils et couards. De cette province rien n'y a d'autre à dire ; aussi nous en partirons et vous conterons d'une autre province, qui a nom Pem.

LV. — Ci devise de la province de Pem

Pem[156] est une petite province qui a cinq journées de long entre Levant et Grec. Les gens adorent Mahomet et sont au Grand Can. Il y a assez de villes et de villages, et la plus noble cité, qui est tête du royaume, est appelée Pem. Il y a un fleuve où se trouvent en assez grosse quantité les pierres précieuses que l'on appelle jaspe et calcédoine. Les gens ont, dans cette province, grande abondance de choses. Il y pousse du coton assez. Les gens y vivent surtout de commerce et de métiers. Et vous dis qu'ils ont une telle coutume comme je vous dirai. Quand une femme a un mari et qu'il la quitte pour aller en voyage, et qu'il doit rester absent au moins vingt jours, la femme qui reste à la maison, aussitôt que son mari est parti pour aller en voyage, elle prend mari jusqu'à son retour. Et de même les hommes, où qu'ils aillent, peuvent, s'ils le désirent, prendre une épouse aussi. Et sachez que toutes ces provinces dont je vous ai conté depuis Cascar jusqu'ici, Cascar, Cotan, Pem, et

155. Hotan, l'actuelle Hetian dans le Sinkiang.
156. Ensuite Kerya et aujourd'hui Yutian dans le Sinkiang.

les autres jusques à la cité de Lop, appartiennent toutes à la Grande Turquie[157]. Or, laissons cela, et vous conterons d'une province qui est appelée Ciarcian.

LVI. — Ci commence le propos de la province de Ciarcian

Circian[158] est une vaste province de la Grande Turquie entre Grec et Levant. C'était jadis noble pays, et fertile, mais il a été laissé dévasté par les Tartares. Les gens adorent Mahomet et ont un langage à eux. Il y a pas mal de villes et de villages, et la maîtresse cité du royaume est Ciarcian. Il y a aussi maintes larges rivières qui apportent jaspe et calcédoine, pierres précieuses que les marchands portent à vendre au Catai, et dont ils ont grand profit, car ils en ont assez, et bonnes. Et presque toute cette province est de sable ; de Cotan à Pem, c'est aussi du sable, et de Pem jusqu'ici, c'est encore du sable ; pour cette raison y a maintes eaux mauvaises et amères. Et y a en plusieurs lieux des eaux douces et bonnes. Et en été quand il advient qu'une armée de Tartares passe par la contrée, ils emportent tous les biens des gens, tuent et mangent tous leurs troupeaux. Aussi, tous les hommes de la province qui sont en un lieu où va passer l'armée, ils fuient avec leurs femmes, leurs enfants, leurs bêtes, et tous leurs biens, dans les sables à deux ou trois journées, en lieux où ils savent qu'il y a pâturage et bonne eau, qu'ils y peuvent vivre avec leurs bêtes, et que l'ennemi ne les trouvera pas. Là ils attendent et demeurent jusqu'à ce que l'armée soit passée. Et vous dis que nul ne peut apercevoir là où ils sont passés, parce que le vent du Sud-Ouest, qui domine en ces régions, efface immédiatement leurs traces et les recouvre de sable ; de telle manière que, quand l'armée vient, et ne trouve âme qui

---

157. C'est-à-dire le Turkistan actuel. Pour Lop, voir chap. LVII.
158. Tchertchen, aujourd'hui Qiemo dans le Sinkiang.

vive, ne sait point où ils sont allés, et ne soupçonne pas qu'alla par là jamais homme ni bête ; et alors ne savent que faire. Après le départ de l'ennemi, ils retournent à leur emplacement coutumier ; en telle manière échappent-ils aux ennemis comme je vous ai dit.

Mais s'il advient que par là passe une armée qui soit des amis, ils ne s'enfuient pas, mais seulement les bêtes, parce que ne veulent que leurs bêtes leur soient prises et mangées ; car les armées tartares ne payent point choses qu'elles prennent. Et sachez donc que quand ils récoltent, ils cachent leur grain loin des habitations dans ces sables, dans certaines caves, par peur des ennemis, et de là ramènent à la maison ce qu'il faut de mois en mois ; et nul autre qu'eux-mêmes ne connaît la place, ni ne peut savoir où ils vont, car le vent, quand il souffle, recouvre aussitôt de sable leurs traces.

Qui s'en va de Ciarcian, il va bien cinq journées par les sables, là où y a de mauvaise eau, et très amère, mais en certains lieux, il y en a de bonne et douce. Et n'y a rien autre à mentionner en notre livre. A la fin de ces cinq journées, on trouve une cité nommée Lop, qui est au début du grand désert, et où les hommes se reposent et prennent des vivres pour le passer. Et pour cela, laissons ces choses et vous conterons plus avant.

LVII. — Ci devise de la cité de Lop

Lop est une grande cité au début du désert, et c'est par elle qu'on entre dans le très grand désert qui est appelé désert de Lop[159], et il est entre Levant et Grec. Cette cité est au Grand Can ; les gens adorent Mahomet. Elle offre toutes les choses nécessaires aux voyageurs

159. Il s'agirait soit d'une ville aujourd'hui disparue située sur les bords du Lop Nor — le lac Lop —, ce qui supposerait que la route actuelle s'incurvait un peu plus vers le nord, soit de la ville actuelle de Carxliq, toujours dans le Sinkiang, sur la route actuelle.

qui doivent traverser le désert. Et vous dis que ceux qui veulent traverser le grand désert doivent se reposer au moins une semaine pour se rafraîchir, eux et leurs bêtes. Au bout de cette semaine, ils doivent prendre des vivres pour un mois, pour eux et pour leurs bêtes, car il leur faudra tout ce temps pour traverser le grand désert. Ils chargent donc des ânes et des chameaux solides avec des marchandises et victuailles, partent de cette ville et entrent en le désert. Si leurs provisions s'épuisent avant qu'ils l'aient passé, alors ils débarrassent les ânes ou les chameaux de leur charge, les tuent et les mangent, ou bien les laissent aller en le désert, parce qu'ils ne peuvent plus les nourrir jusqu'à la fin. Ils préfèrent cependant conserver les chameaux et, pour la plupart, prennent des chameaux, car ils mangent peu et portent lourdes charges.

Et vous dis que ce désert est si long, selon ce qu'on dit, pas qu'en un an l'on irait jusqu'au bout ; en travers, là où il est moins large, on peine dur un mois. Donc, dans sa longueur, il ne peut être franchi, car on ne saurait emporter assez de nourriture. Dans sa largeur, comme on l'a dit, on marche un mois sans jamais trouver un toit. Il est tout en montagnes et en plaines de sable, et vallées, et il ne s'y trouve rien à manger. Mais je vous dis que, qui s'en est allé un jour et une nuit, il trouve en hiver de l'eau douce à boire, mais non assez pour une grosse compagnie : juste ce qu'il faut pour cinquante à cent hommes avec leurs bêtes, et non pour davantage. Ainsi est nécessaire de traverser en petite compagnie, pas plus de cinquante à la fois. Et à travers tout ce désert vous convient aller un jour et une nuit avant que vous trouviez eau à boire. Davantage, vous dis qu'en trois ou quatre endroits, on trouve de l'eau amère, salée et nuisible, tandis que les autres sont bonnes à boire, mais nullement abondantes ; et sont environ vingt-huit points d'eau. Ni bête d'aucune sorte, ni oiseaux il n'y a, car rien ne trouveraient à manger. Mais vous dis qu'en traversant ce désert, on y trouve une telle merveille que je vous conterai.

Les gens donnent pour chose manifeste que dans

ledit désert habitent nombre d'esprits qui produisent aux voyageurs de grandes et surprenantes illusions pour les faire périr. Et il est vrai que lorsqu'on chevauche de nuit par ce désert, et qu'un des marchands ou autre reste en arrière, et se trouve séparé de ses compagnons pour dormir ou pour autre cause, si la compagnie en marchant disparaît derrière une colline ou montagne, quand il veut aller rejoindre ses compagnons, lors souvent arrive qu'il ouïsse en l'air esprits malins parler en manière que semblent être ses compagnons ; car souventes fois l'appellent par son nom, et souventes fois, lui faisant croire qu'ils sont de ses compagnons, il suit ces voix et sort de la bonne route ; de la sorte, ne rejoint jamais ses compagnons, et jamais plus on ne le retrouve, et n'ouït de ses nouvelles, car point ne sait comment retourner ; et se trouvant sans manger ni boire, aux temps passés sont morts maints voyageurs, et perdus. Et vous dis encore que la chose advient non seulement la nuit, mais aussi de jour ; des hommes oient ces voix d'esprits, et vous semble maintes fois que vous oyez résonner dans l'air maints instruments de musique et notamment des tambours, et le choc des armes.

Adonc ceux qui veulent suivre ce chemin et passer ce désert doivent prendre très grand soin d'eux pour n'être point séparés de leurs amis pour quelque raison, et doivent aller avec grandes précautions, pendre des clochettes au cou de leurs chevaux et animaux pour les ouïr continûment, de façon à ne pas s'endormir et à ne pas divaguer.

Parfois, dans la nuit, on entend comme une ruée de monde en autre direction, et croyant que ce sont les compagnons, les gens vont où ils entendent la marche de la cavalcade, et lorsque le jour vient, ils se trouvent ravis par ces esprits en cette voie ou une autre ; et beaucoup n'étant point avertis de ces esprits périssent de male mort. Et c'est parfois de jour que les esprits viennent sous la forme d'une troupe, vers celui qui est resté en arrière ; alors il sort de la route ; les esprits le laissent tout seul marcher dans le désert, et il périt. Et on a vu pour qui, lorsqu'ils voyageaient, les esprits ont pris la forme d'une armée et les ont chargés d'assaut ; eux, pensant que ce fussent voleurs, se prirent à fuir, et ayant quitté la bonne route, ne surent plus la retrouver et périrent donc misérablement de faim, car il s'étend à l'infini.

Ainsi, ceux qui ne s'engardent pas bien de ces déceptions parviennent à une fin misérable. Ce sont choses merveilleuses à ouïr, et difficiles à croire, ce que font ces esprits [160]. Et pourtant, c'est comme vous ai dit, et encore bien plus surprenant. Aussi les gens sont accoutumés à marcher bien serrés en groupe, et avant de se coucher, ils font une marque de la direction qu'ils doivent reprendre. Voilà la manière dont se passe ce désert, avec autant de périls, de trouble et de crainte que vous avez ouïs. Désormais nous laisserons ce désert, car nous vous en avons dit toute l'affaire. Nous vous conterons des provinces que l'on trouve quand on sort du grand désert de Lop.

LVIII. — Ci devise de la province de Tangut

Quand on a chevauché les trente journées de désert que je vous ai dites, alors on trouve une cité qui est appelée Saciu [161], et qui est au Grand Can. Elle est en une province appelée Tangut [162]. Les gens de ce pays sont tous idolâtres, quoiqu'on y puisse bien voir quelques Chrétiens nestoriens et quelques Sarrazins. Les Idolâtres ont langage à eux. La ville est entre Grec et Levant. Ils ne sont point gens qui vivent de commerce ou de leurs métiers, mais ils vivent du profit des grains

---

160. Dans cette traversée du désert de Gobi, Marco Polo attribue des causes surnaturelles à des phénomènes naturels, des mirages optiques et acoustiques qui ont été décrits depuis.

161. Cha-Tcheou, l'actuelle Dunhuang dans la province de Kan-sou.

162. La province de Tangout correspond en gros aux provinces actuelles de Kan-sou et de Ning-hia. Elle constituait l'ancien royaume des Tangout, d'origine tibétaine, qui dura de 990 à 1227.

qu'ils reçoivent de la terre. Ils ont maints moustiers et abbayes, lesquels sont tous pleins d'idoles de toutes façons auxquelles font riches sacrifices, grands honneurs et grande révérence[163].

Et sachez que tous les hommes qui ont enfants font chaque année nourrir un mouton en l'honneur des idoles ; au début de l'an, ou à la fête de l'idole, ces pères qui ont nourri le mouton le mènent avec leur enfant par devant l'idole, et lui faisant grande révérence, font une fête en faveur de l'idole, eux et leurs enfants. Et quand ils l'ont faite, ils le font tout cuire. Ensuite le portent de nouveau devant l'idole avec grande révérence, et l'y laissent jusqu'à ce que les prêtres aient dit leurs offices et prières. Ainsi font pour que l'idole garde leur fils en bonne santé, disant que l'idole mange la substance ou l'odeur de la viande ; dont les idoles ne touchent mie, car sont sourdes, muettes et sans bouche. Quand ils ont ainsi fait, ils prennent cette viande qui était restée devant l'idole, à icelle donnent sa part de chair et portent le reste, à leur maison ou en autre lieu qu'ils veulent, mandent tous leurs parents et amis, et la mangent avec grande révérence et grande fête. Quand ils ont mangé la chair de ce mouton, ils en recueillent encore les os et les mettent très religieusement en sûreté dans une arche. Le prêtre des idoles reçoit la tête, les pieds, la triperie et la peau et un peu de la chair.

Et sachez aussi que tous les Idolâtres du monde, quand ils viennent à mourir, les autres font brûler leur corps, d'homme comme de femme. Et encore vous dis qu'ils procèdent comme ceci : quand ces Idolâtres sont morts et portés de leur maison vers le lieu où ils doivent être brûlés, en certains endroits du parcours, les parents du défunt ont fait une petite maison de roseau ou de brindille avec un porche, couverte de la plus riche soie et de drap d'or selon leurs moyens. Et quand le mort est porté devant cette maison ainsi ornée, ils s'arrêtent,

163. Il s'agit des monastères bouddhistes. Le bouddhisme sous sa forme tibétaine était la religion officielle des Tangout.

les hommes de la famille, posant le corps à terre au pied de l'édifice, déposent sur le sol, devant le mort, du vin, des viandes et de la chair en suffisance, pensant que l'esprit du mort s'en trouve quelque peu conforté et en tire quelque force pour assister au brûlement de son corps. Et ils le font aussi parce qu'ils disent que pour tels honneurs, il sera reçu dans l'autre monde. Ainsi font-ils devant chaque maisonnette placée sur le trajet, jusques à avoir atteint la place où doit être brûlé le corps. Et quand il y est arivé, ses parents font découper des images peintes dans des feuilles de papier en écorce d'arbre, des images de chevaux, de chameaux, de moutons et d'autres animaux, et du papier à usage de monnaie, grands comme besants. Ils ont aussi des cendaux[164] de diverses couleurs, des vêtements, des objets d'argent, et d'autres choses en grand nombre ; toutes ces choses ils jettent dans le feu et font brûler avec le corps, disant que dans l'autre monde, le mort aura autant d'esclaves, de servantes, de chevaux et de deniers, et de bêtes de somme et de moutons, qu'ils ont brûlé d'images pour l'amour de lui en cet endroit. Et encore vous dis que quand le corps est porté pour être brûlé, tous les instruments de musique vont sonnant par devant, car ils disent qu'avec tels honneurs, il est sûr d'être reçu dans l'autre monde. Et tout cela est fait selon la noblesse de la personne et de ce que demandent ses moyens.

Et encore vous dis d'une autre chose qu'ils observent pour leurs morts, assavoir que, quand un de ces Idolâtres est trépassé, les hommes de la famille mandent aussitôt nombre de leurs astrologues, et, quand ils sont arrivés, leur disent la nativité du mort, c'est-à-dire l'année, le mois, le jour et l'heure de sa naissance, et le jour de sa mort. Et quand l'astrologue a entendu cela, il fait sa devinaille par art diabolique, et puis dit aux hommes de la famille sous quelle constellation, signe et planète il était né et à quelle heure de quel jour le corps se doit brûler. Et vous dis que souvent advient qu'il les fait demeurer huit jours ou quinze avant de

164. Pluriel de *cendal,* désignant un tissu de soie.

le brûler, si à ce moment la planète n'est pas en son ascendant, et parfois un mois, voire même six mois, et plus ou moins, selon ce qui lui est dit par son art. Adonc convient que les parents du mort le gardent en la maison tant comme je vous ai dit, attendant que la planète leur soit propice et non contraire ; car jamais n'oseraient l'emporter hors de la maison tant que les devins ne leur ont pas dit qu'il soit brûlé. En attendant, ils le conservent de telle manière : car je vous dis qu'ils ont un cercueil de planches épaisses d'une petite palme et fort bien jointes ensemble ; et il est bellement orné ; et y mettent le corps dedans et le lavent bien, et bouchant les joints de poix et d'argile. Puis le couvrent de draps de soie parfumés de safran, de camphre et autres épices, pour qu'il ne pue point aux gens de la maison, tant que le corps y demeure, chaque jour sur une planche tout exprès disposée y mettent pain, vin, chair et mainte autre sorte de viande, pour manger et boire tout comme s'il était vivant ; et les mettent devant le cercueil où est le corps et les y laissent tant comme l'on puisse croire que le mort les a tranquillement mangés. Ils font de même pour le souper, disant que son âme mange cette viande et cette boisson ; ce qu'ils font tous les jours, et les parents restent en la maison le servir ; en telle manière le tiennent jusqu'au jour où il se mène brûler.

Et vous dis qu'ils font encore une autre chose. Souvent disent aux parents les devins qu'il n'est point bon qu'ils mènent le corps mort par la grande porte de la maison, mais bien par une autre, et cela, soit à raison d'une étoile, soit d'autre chose, qui se peut trouver en face de cette porte ; et donc les parents du mort le font sortir par une autre porte, et maintes fois, le mur qui regarde la planète propice et favorable, le font percer d'une porte nouvelle, pour le faire sortir par là. La raison est, disent ces astrologues, qu'il ne doit point être porté un jour quelconque de la maison, car il ne le faut porter que sous la planète sous laquelle il est né, ou pour le moins évitant celle qui lui serait contraire ; si la famille l'emportait en autre temps, grande douleur il souffrirait. Et disent que le mort ferait grand dommage à la maison, et souvent arrive que de mauvais esprits blessent ou tuent certaines gens de la famille. Tant est que pour cette cause, on obéit mot pour mot aux astrologues. Car s'il advient quelque mal ou accident à l'un des parents, ou qu'il périsse, tout aussitôt disent les astrologues qu'ainsi l'a fait l'esprit du mort parce qu'il n'avait pas été porté quand était en son ascendant la planète sous laquelle il était né, ou qu'alors elle était en opposition avec lui, ou encore parce que ce n'était pas par le côté de la maison qui aurait convenu. Et tous les Idolâtres du monde font ainsi comme je vous ai dit. Or laissons maintenant cette matière et vous parlerons d'autres cités qui sont vers la Grande Ourse, près des bords de ce désert [165].

LIX. — Ci devise de la province de Camul

Camul [166] est une province qui fut jadis royaume, dans la grande province de Tangut. Il y a assez de villes et de villages, et la maîtresse ville est appelée Camul comme la province. Cette province est vers la Grande Ourse, entre deux déserts, car d'un côté est le très grand désert de Lop, dont je vous ai déjà parlé, et de l'autre, un petit désert de trois journées. Les gens y sont tous idolâtres et ont un langage à eux. Ils vivent des fruits de la terre, car ils ont assez de choses à manger et à boire, tant pour eux-mêmes que pour donner et vendre aux voyageurs qui passent par là, et aux marchands, qui en emportent en d'autres lieux. Ils sont hommes d'aspect fort aimable et adonnés aux amusements, car

---

165. Entre Dunhuang et Suzhou, la prochaine étape, l'itinéraire sud de la Route de la Soie rejoint l'itinéraire contournant les monts Tien-Shan par le nord qui a été probablement suivi par les frères Polo lors de leur premier voyage. Selon son habitude, Marco Polo décrit une partie de cet itinéraire en sens inverse à partir de leur point de jonction.

166. Territoire relevant de la ville de Khamil, actuellement Hami, dans le Sinkiang.

point ne s'entendent à autre chose que sonner d'instruments, chanter et baller ; bref, d'offrir maints délices à leur corps. Ils se plaisent aussi à lire et écrire à leur manière. Et je vous dis qu'ils ont telle coutume. Si un étranger passant par la région vient à la maison de l'un d'eux pour loger, l'homme s'en réjouit grandement et le reçoit avec très grande joie, et se donne toutes peines au monde pour lui plaire. Il commande à sa femme, à ses filles, à ses sœurs, et aux autres parentes, qu'elles fassent tout ce que veut l'étranger mieux que pour lui-même ; il part de sa maison, abandonnant son épouse à l'étranger, et s'en va faire ses affaires et demeure deux ou trois jours à sa campagne, ou ailleurs, comme il veut. Et de là envoie tout ce que son hôte désire, mais cependant contre paiement, et ne revient chez lui tant que l'étranger y demeure. Donc l'étranger reste en la maison avec sa femme et fait à sa volonté, couchant avec elle en un lit juste comme si elle était sa femme, et ils prennent bien du bon temps. Et tous ceux de cette cité et province sont honnis à cause de leurs femmes. Mais, je vous le dis, ils n'en ressentent aucune honte ! Bien plus, ils en tirent grand honneur et gloire, à raison de la coutume qui règne par toute la province, croyant grandement plaire à leurs idoles en faisant si bon accueil aux voyageurs fatigués, et que tous leurs biens, enfants, et richesses en sont multipliés et engardés de tout danger, et que toutes choses leur réussissent avec le plus grand bonheur. Et les femmes sont gaies, jolies, folâtres, et fort obéissantes à tout ce que leur mari leur ordonne, et elles aiment cet usage beaucoup.

Or il advint qu'au temps où Mongu Can[167], cinquième Sire de tous les Tartares, régnait et était seigneur de cette province, il lui fut dénoncé comment ceux de Camul faisaient à leurs femmes commettre adultère avec les étangers, et il détesta cette coutume. Et ce Mongu leur mande commandement, sous peine de châtiments très graves, qu'ils dussent quitter cette indécente croyance et à l'avenir ne plus héberger les étran-

167. Mongka, Grand Kaghan de 1251 à 1259 (voir tab. gén.).

gers de telle sorte, mais à préserver l'honneur de leurs femmes en fournissant aux voyageurs des logements publics. Et quand ceux de Camul eurent ouï ce commandement, ils en furent fort dolents, et rechignant obéirent au commandement du Sire pendant environ trois années. Et à la fin, ils voient que leur pays ne produisait plus les fruits accoutumés, et que dans leurs maisons, bien des mésaventures se suivaient à la file, ils tiennent conseil pour remédier à si grandes pertes et font ce que je vous dirai. Ils expédient des envoyés avec un grand et riche présent devers Mongu, le prier que ne leur soit point infligé si grande perte et dol, et qu'il les laisse user de leurs femmes comme leurs ancêtres en avaient disposé, et qu'autrement, ils ne voyaient pas comment vivre, et ne pouvaient pas ; et lui dirent comment leurs ancêtres avaient dit que pour le plaisir qu'ils faisaient aux étrangers de leurs femmes et leurs biens, leurs idoles les tenaient en grande faveur, et leurs blés et cultures se multipliaient grandement ; et depuis qu'ils cessaient de faire ces gentillesses et bontés aux étrangers, leurs maisons allaient de mal en pis devers la ruine.

Et quand les envoyés, munis de beaux et riches présents, arrivèrent aux pays du Grand Can, ils furent reçus avec plaisir, comme le sont à l'accoutumée ceux qui arrivent les mains pleines ; je ne parle point pour les princes de nos pays, qui sont fort éloignés de pareille guise. Et quand le Grand Can eut ouï cela, il s'efforça de leur ôter cette méprisable croyance, mais ils n'en demeurèrent que plus assurés que nul bien ne pouvaient attendre de leurs dieux s'ils les courrouçaient et s'ils osaient désobéir à ce louable commandement. Et quand Mongu Can eut ouï cela, il dit :

— Moi, j'ai fait mon devoir. Puisque vous voulez votre honte à ce point, ayez-la. Allez et vivez selon vos coutumes, et offrez gentiment vos femmes aux voyageurs.

Adonc révoqua l'ordre qu'il avait fait à ce sujet, et consentit qu'ils suivissent à leur gré ce vilain usage. Et vous le dis, ils revinrent avec cette réponse pour la plus grande joie de tout le peuple, et depuis lors l'ont toujours maintenu et le maintiennent encore dans toute la province. Là laissons Camul et devisons des autres, qui sont entre la Tramontane et la Grande Ourse.

Le Iuguristan[168] est une certaine vaste province qui est au Grand Can. Elle a nombre de cités et villages, mais la maîtresse ville est appelée Carachoço. Elle tient sous sa loi bien d'autres cités et villages, dont le peuple adore les idoles. Mais il y a bien des Chrétiens, qui suivent la loi nestorienne. Il y a aussi quelques Sarrazins. Les Chrétiens bien souvent contractent mariage avec des Idolâtres. Ils disent que le roi qu'ils ont eu en premier n'a pas pris naissance par humaine génération, mais est né d'un certain champignon nourri de la sève des arbres qu'on appelle chez nous *esca*[169] ; et de lui tous les autres descendent. Les gens idolâtres sont très versés dans leurs lois et coutumes, et toujours étudient les arts libéraux. En cette terre viennent du blé et de très bonne vigne. Mais en hiver le froid y est plus cruel qu'en aucune autre partie du monde connu.

---

168. Ouïgouristan, le pays des Ouïgours. Peuple turc, sédentaire, possédant son propre alphabet, un art et une littérature originaux, il avait formé un premier royaume en Mongolie au VIIIe siècle. Ensuite chassé par les Kiptchak, il est venu s'installer dans les oasis du Tarim où il a conservé son autonomie sous la suzeraineté des Mongols jusqu'au XVIe siècle. Sa capitale Carachoço (Karakhodja), actuellement Tourfan dans le Sinkiang, a été l'objet d'importantes découvertes archéologiques.

169. Le mot a été difficile à identifier parce qu'il n'est ni mongol ni turc mais latin. Au Moyen Age il désignait l'amadou et ici par extension l'amadouvier, champignon dont on fait l'amadou. On connaît la légende des origines végétales de l'ancêtre des Kiptchak né dans la cavité d'un arbre, en turc *kovuk* ou *kavuk*. Le mot turc pour l'amadou étant *kav*, il y a probablement un lien entre ces deux légendes.

LX. — Ci devise de la province de Ghinghin Talas

Quand on part de ladite province de Camul, Ghinghin Talas [170] est une province toute voisine du petit désert entre la Tramontane et la Grande Ourse. Elle a seize journées de long ; elle est au Grand Can. Il y a assez de cités et de villages, et en iceux trois sortes de gens : les Idolâtres, qui sont les plus nombreux, ceux qui adorent Mahomet, et quelques Chrétiens nestoriens. Aux confins de cette province, devers la Tramontane, il y a une montagne en laquelle il y a une très bonne veine d'acier et d'andanique.

Et sachez aussi que en cette montagne se trouve une veine de laquelle on tire la salamandre [171], laquelle ne peut brûler quand on la met au feu ; et c'est la meilleure que l'on trouve dans le monde. Et sachez-le bien : la salamandre dont je parle, n'est ni bête ni serpent, car point n'est vrai que ce tissu soit du poil d'un animal vivant dans le feu, comme on dit en notre pays, mais c'est ce que je vous dirai. Il est vrai que vous savez bien que par nature, nulle bête ni animal ne peut vivre dans le feu, parce que chaque animal est composé des quatre éléments, assavoir le feu, l'air, l'eau et la terre, de sorte qu'un animal quelconque contient chaleur, humidité, froid et sécheresse, par quoi serait impossible qu'un animal fait des quatre éléments pût vivre dans le feu. Et pour ce que les gens ne savaient pas les certitudes relatives à la salamandre, ils disaient, en la manière qu'ils disent encore, que la salamandre est une bête ; mais ce n'est pas vérité. Mais je vous dirai comment on fait la salamandre, et ce que c'est. Car je vous dis que j'eus un compagnon, un baron qui avait

170. Les commentateurs ne sont pas d'accord sur l'identification de cette région, mais si on considère qu'elle doit se trouver sur le même chemin dans sa direction nord-ouest on peut la situer aux environs d'Urumchi dans le Sinkiang.

171. C'est-à-dire l'amiante.

nom Çulficar[172], marchand turc, à mon avis très savant et digne de foi, et qui racontait comment avait passé trois ans en cette province, chargé du travail des mines pour le Grand Can, et lui expédier cette salamandre, cet andanique et cet acier, et le reste. Car toujours le Grand Can mande en ce lieu un seigneur pour trois ans, pour gouverner la province et faire la besogne de la salamandre. Et mon compagnon me dit le fait et je le vis moi-même. Et je vous dis que quand on a extrait des montagnes un peu de cette veine que vous avez ouïe, et qu'on l'a rompue et broyée, elle se tient ensemble et forme des fils comme la laine. Et pour cela, quand on a cette veine, on la fait sécher au soleil, et quand elle est sèche on la pile dans un grand mortier de cuivre ; puis on la lave à l'eau : seuls surnagent ces filaments dont vous ai dit, semblables à la laine, alors que la terre, qui ne vaut rien, tombe au fond de l'eau, et on la jette. Puis ce fil semblable à la laine est facilement filé, puis tissé, et l'on en fait des toiles que nous appelons salamandre. Et, quand ces toiles sont faites, ne sont mie blanches, je vous le dis, mais brunes lorsqu'on les retire du métier. Quand ils les veulent blanchir, les mettent en le feu et les y laissent une heure, et quand on les retire du feu, elles sont toutes blanches comme neige. Chaque fois que ces toiles de salamandre ont une tache ou souillure on les met au feu et les y laisse un petit, où ne sont ni brûlées ni abîmées, mais deviennent blanches comme neige. C'est ainsi qu'ils les tiennent nettes et propres. Et c'est la vérité de la façon des salamandres, il n'y en a point d'autres. Je les ai vues de mes propres yeux mises au feu et en sortir très blanches. Ainsi le disent eux-mêmes les gens de la contrée ; quant au serpent salamandre qu'on dit vivre dans le feu, je n'en ai pas entendu mot dans les régions de l'Est. Et toutes les autres choses qu'on en raconte

172. Le personnage n'est pas identifié mais son nom indique qu'il était musulman comme une grande partie de ses compatriotes et coreligionnaires utilisés comme cadres dans l'empire du Grand Kaghan.

sont mensonges et fables. Et encore vous dis qu'il y en a une toile à Rome, que le Grand Can envoya à l'Apôtre pour très grand présent lorsqu'il lui envoya les deux frères comme ambassadeurs, et pour cela le Saint Suaire de Notre-Seigneur Jésus-Christ y fut mis dedans ; puisse-t-il être béni ! et sur cette toile a été écrit en lettres d'or : « Tu es Petrus et super hanc petram aedificabo ecclesiam meam. » Là laissons cette province et vous conterons des autres provinces entre Grec et Levant.

LXI. — Ci devise de la province de Succiu

Qui laisse derrière soi cette province de Ghinghin Talas, il va dix journées entre Levant et Grec. Sur toute cette route, il n'y a point d'habitations, ou très peu, et n'y a autre chose à mentionner en notre livre.

A la fin de ces dix journées, on trouve une province qui est appelée Succiu[173], en laquelle il y a des cités et villages assez. La maîtresse cité est appelée aussi Succiu. Il y a bien quelques Chrétiens nestoriens, mais les gens y sont idolâtres. Ils sont au Grand Can, comme les autres provinces susdites. La grande province générale où est cette province de Succiu et les deux autres dont je vous ai parlé en arrière, assavoir Camul et Ghinghin Talas, est Tangut. Et par toutes leurs montagnes il se trouve la plus fine rhubarbe en très grande abondance, que les marchands achètent et portent par le monde ; on ne trouve nulle autre marchandise. Il est vrai que par ces montagnes les voyageurs n'osent point aller avec d'autres bêtes que natives du pays, car il y pousse certaine herbe empoisonnée telle que si les bêtes en mangent, elles perdent leurs sabots ; mais les animaux nés dans le pays reconnaissent cette herbe et s'abstiennent d'en brouter. Il y a grande abondance de troupeaux et de fruits, et les gens vivent de ces fruits et

173. Marco Polo revient à son itinéraire principal. L'actuelle Suzhou dans le Kan-sou.

de ces troupeaux, mais il n'y a ni commerce ni métiers. Toute la province est saine et les gens y sont bruns. Il n'y a rien d'autre à en dire : nous partirons d'ici et vous conterons d'une cité qui est appelée Campçio.

LXII. — Ci devise de la cité de Campçio

Campçio [174] est une cité en Tangut, très vaste et noble, et elle gouverne toute la province. Les gens sont idolâtres, et il y en a qui adorent Mahomet ; et encore y a quelques Chrétiens, lesquels ont en cette ville trois églises très grandes et belles ; mais les Idolâtres, eux, ont nombre de très beaux monastères et d'abbayes selon leurs coutumes. Ces monastères renferment une grandissime quantité d'idoles ; et vous dis qu'ils en ont qui sont grandes de dix pas. Telle est de bois, telle de terre, telle de pierre et telle de bronze, toutes couvertes d'or et merveilleusement œuvrées. Mais il en est de moins grandes et de petites. Les grandes idoles sont couchées, avec plusieurs autres petites tout debout autour d'elles, semblant à icelles faire la révérence avec humilité comme disciples. Les grandes idoles sont d'ailleurs beaucoup plus saluées que les petites. Comme ne vous ai point encore conté tout le fait des Idolâtres, je vais vous le conter ici.

Donc sachez que les religieux idolâtres vivent plus honnêtement que les autres Idolâtres, car ils s'abstiennent de certaines choses, notamment de luxure, bien qu'ils ne la tiennent pas pour grand péché. Car à leur opinion, si une femme les invite à l'amour, ils peuvent coucher avec elle sans péché, mais si c'est eux qui les premiers invitent la femme, alors ils se l'imputent à péché. Mais je vous dis que s'ils trouvent un homme qui ait pris avec une femme des ébats contre nature, ils le condamnent à mort. A divers temps, ils font fête à leurs idoles comme nous faisons à nos saints, et ils ont quelque chose de semblable au calendrier, où les fêtes

174. Ganzhou, dans le Kan-sou sur la même route.

de leurs idoles sont disposées à jour fixé. Et vous le dis : ils ont un calendrier lunaire tout comme nous avons les mois, et c'est ainsi qu'ils calculent le temps de l'année. Il existe certaines lunes où pour rien au monde aucun idolâtre ne tuerait bête ou oiseau, pendant cinq jours consécutifs, et où jamais ils ne mangeraient chair d'animal occis en ces cinq jours, car ils les tiennent en révérence comme nous autres Chrétiens le Vendredi, le Sabbath et les autres vigiles des saints. Ces cinq jours-là, ils vivent plus honnêtement que les autres jours de toute l'année. Certains d'entre eux, par révérence et dévotion, ne mangent point de viande carnée de toute leur vie : ce sont moines. Mais les laïcs en mangent toujours.

L'homme laïc peut prendre jusques à trente femmes, plus ou moins selon qu'il est riche et qu'il peut les entretenir. Les hommes ne reçoivent point de dot de leurs femmes, mais leur donnent pour douaire bestiaux, esclaves et argent, selon leurs possibilités. Mais vous saurez qu'ils tiennent la première femme pour la meilleure. Je vous dirai aussi que si le mari voit qu'une de ses femmes est vieille, ne vaut rien et ne lui plaît plus, il peut la répudier et prendre à sa place la sœur de la femme divorcée. Il agit envers elle comme il l'entend et en prend une autre s'il le désire. Ils ont le droit d'épouser leurs cousines et les femmes de leur père, excepté leur propre mère, ainsi que les femmes de leurs frères ou de tout autre parent. Ils ne tiennent point pour péché maints péchés graves que nous tenons pour mortels, car ils vivent en ces matières comme des bêtes.

Et nous les laisserons et vous conterons des autres, vers la Tramontane. Et vous dis que Messire Nicolo, Messire Mafeo et Messire Marco demeurèrent environ un an en cette cité de Campçio pour leurs affaires, qui ne valent pas d'être mentionnées[175]. Et pour cela, nous partirons d'ici et irons soixante journées vers la Tramontane, et nous vous conterons bien des choses.

175. La raison de cet arrêt n'est pas connue. Il est possible qu'ils aient attendu l'autorisation de Koubilai pour aller plus loin.

LXIII. — Ci devise de la cité d'Eçina

Qui s'en va de cette cité de Campçio, il chevauche douze journées, et à la fin trouve une cité qui est appelée Eçina [176], qui est au début du désert de sable vers la Tramontane et fait partie de la province de Tangut. Les gens sont idolâtres. Ils sont chameaux et bestiaux en abondance. Ils élèvent assez de faucons laniers et de faucons sacres qui sont très bons. Et ils vivent des fruits de la terre et de leurs bestiaux, n'étant pas hommes faisant du commerce.

Et en cette cité, l'on prend des vivres pour quarante journées, car sachez que quand on quitte cette cité d'Eçina, on chevauche quarante journées vers la Tramontane par un désert, où n'y a ni habitations ni auberges et où ne demeurent les gens, sauf en été, et c'est à cause du grand froid qu'on y rencontre en hiver. Mais en vallées et en montagnes de ce désert, on trouve des cours d'eau nombreux avec beaucoup de poissons et brochets, et assez de bêtes sauvages ; il y a même des ânes sauvages en grand nombre. Il y a beaucoup de bocages de pins. Et quand on a chevauché ces quarante journées par ce désert, on trouve vers la Tramontane une province où est une très grande cité qui est appelée Caracorom [177]. Vous apprendrez tout de suite ce qu'est cette cité. Toutes les provinces et cités : la cité de Saciu, la province de Camul, la province de Ghinghin Talas, la province de Succiu, la cité de Campçio, et la cité d'Eçina appartiennent à la grande province de Tangut.

---

176. Ici et dans le chapitre suivant sera décrit un itinéraire qui se dirige vers le nord. Eçina, l'actuelle Ejinaqi, se trouve dans une oasis du Gobi aux frontières de la Mongolie.

177. Karakoroum, fondée par Œgœdei, fut la résidence des Grands Kaghans jusqu'à la descente de Koubilai à Khanbaligh (Pékin) en 1260. Elle était située sur la rivière Orkhon au nord de la Mongolie. Guillaume de Rubruck, ambassadeur de Saint Louis, la visita en 1252 pour assister au couronnement de Mongka.

LXIV. — Ci devise de la cité de Caracorom

Caracorom est une cité tout en bois et en terre qui, à mon jugement, a trois mille de tour, et qui fut, dit-on, la première capitale des Tartares quand ils quittèrent leur pays. Elle est entourée d'un puissant remblai, car on ne trouve point de pierre. Non loin en dehors est un très grand château, dans lequel se trouve un magnifique palais où habite le gouverneur. Mais quand les Tartares abandonnèrent leur pays, tous les citoyens s'en allèrent vers le palais où s'établissait le seigneur, et où il reste.

Vous avez aussi entendu conter de bien des royaumes, provinces et villes. Maintenant, vous conterai du Grand Can, sire de tous les Tartares, et vous dirai comment il a été nommé d'abord. Je vous conterai tous ses faits et ceux de tous les Tartares, et toutes les manières comment ils ont fait leur seigneurie, et comment ils se sont répandus de par le monde. Véritable est qu'au commencement les Tartares demeuraient devers la Tramontane aux alentours de Ciorcia[178] et de Bargu[179]. Et cette contrée était une très grande plaine qui n'avait habitations, ni cités, ni villages ; mais il y avait bons pâturages pour les bêtes, grandes rivières et assez d'eau. Là vivaient les Tartares, et point n'avaient de seigneur au-dessus d'eux, mais il est vrai qu'ils faisaient rente au Prêtre Jean[180], à un grand sire qui était appelé en

---

178. Le mot désigne les Djurtchet, originaires de la Mandchourie et plus précisément de la région de l'Oussouri, limitrophe à la Chine et l'U.R.S.S., qui ont fondé au début du XIIe siècle une dynastie au nord de la Chine connue sous le nom des Kin ou « Rois d'Or ».

179. Cette deuxième région semble correspondre mieux à l'origine des Mongols de Gengis Khan. Située au sud du lac Baïkal et au nord- est de la rivière Selenga, elle fait actuellement partie de la République autonome des Bouriates en U.R.S.S.

180. Marco Polo vient ici fixer une autre légende, celle du prêtre- roi chrétien situé au-delà des pays musulmans, dont l'origine historique réside dans les souvenirs des Turcs nestoriens de la Mongolie. Sur le Prêtre Jean, voir aussi l'introduction.

leur langage Uncan [181], ce qui, de l'avis de certains, veut dire en français le Grand Sire. C'était ce Prêtre Jean dont le monde entier raconte la grande puissance. Les Tartares lui donnaient rente d'une bête sur dix. Et ainsi, il avait le dixième de tous leurs biens. Or advint qu'ils se multiplièrent beaucoup. Et quand Prêtre Jean vit qu'ils devenaient un si grand peuple, il se dit qu'ils lui pourraient nuire si par hasard ils voulaient se rebeller ; les craignant, il chercha comment il les pourrait réduire : il se dit qu'il les diviserait et disperserait en plusieurs contrées. Il leur envoie donc certains de ses barons pour ce faire, disant qu'ils devaient gentiment se soumettre à ses lois, et que s'ils ne voulaient, il les subjuguerait à leurs dépens et à leur honte. Et quand les Tartares ouïrent ce que Prêtre Jean leur voulait faire, ils s'en courroucèrent grandement. Rassemblant alors tous leurs biens et troupeaux, ils partirent tous ensemble des lieux où ils vivaient, et allèrent par les déserts vers la Tramontane, tant que Prêtre Jean ne leur pouvait plus nuire. Ils lui étaient rebelles et ne lui firent nulle rente désormais. Et ainsi demeurèrent longtemps en lieu sûr.

LXV. — Comment Cinghis fut le premier Can des Tartares

Alors advint qu'en l'an 1187 de l'incarnation du Christ, les Tartares firent un nouveau seigneur et roi

181. Ong-Khan, du chinois Wang = roi, ou Toghril de son nom mongol, souverain nestorien des Kereyit, tribu turco-mongole de la Mongolie. Les Kereyit, apparus au XIIe siècle, ont occupé l'espace situé au nord du royaume Kin. Les démêlés de Ong-Khan avec Yesugei et son fils Temudjin, le futur Gengis Khan, dont il était le suzerain, tout au long de la deuxième moitié du XIIe siècle, ont dû porter des lointains échos à l'Occident puisque un siècle avant Marco Polo le Prêtre Jean était déjà identifié à Ong-Khan. Marco Polo reprend cette identification, mais plus loin semble avoir modifié son avis pour une autre plus sûre.

de leur cru, qui avait nom Cinghis Can[182] en leur langue. C'était un homme de grande valeur, de grand sens et de grande prouesse ; et vous dis que, quand il fut élu roi, il gouverna avec tant de modération et justice qu'il fut aimé et révéré par tous, non comme un seigneur, mais presque ainsi qu'un dieu : pour quoi, sa bonne renommée se répandant par tant de pays, tous les Tartares du monde, répandus à travers ces étranges contrées, s'en vinrent à lui et le tinrent pour leur seigneur. Et ce Cinghis Can maintint la seigneurie belle et franche. Et que vous en dirai-je ? En peu de temps vint si grande multitude de Tartares que c'était merveille. Et quand Cinghis Can vit qu'il avait si grande multitude de gens, il désira dans son grand cœur sortir de ces déserts et lieux sauvages, et se mit en arroi avec son peuple armé d'arcs et d'autres armes, car ils étaient puissants et habiles avec l'arc, auquel ils s'accoutument étant bergers.

Ils allèrent conquêtant toutes ces régions, et vous dis que tel était le renom de sa justice et bonté que partout où il allait, chacun venait se soumettre à lui, et bien heureux était qui parvenait à obtenir sa faveur. Ainsi, en peu de temps, conquêta bien huit provinces, ce qui put raisonnablement arriver, car en ce temps, les pays et provinces de ces régions étaient, soit gouvernés en communauté, soit chacun par son propre roi et seigneur, et comme union entre eux n'y avait point, ils ne pouvaient séparément résister à si forte armée. Quand il avait gagné et pris les royaumes, cités et villages par la force, il ne faisait occir ni dépouiller personne en leur faisant nul tort, et rien ne prenait de leurs biens. Une fois organisés les pays à nouveau avec des seigneurs et des gardiens de son propre peuple, et avec ceux en qui bien se fiait, il prenait tous les chefs et les braves jeunes hommes et les emmenait conquérir les autres

182. La date ne correspond pas à la réalité, Marco Polo ayant apparemment eu des problèmes avec les conversions d'un calendrier à l'autre. Gengis est devenu souverain de son peuple en 1197 et empereur en 1205.

gens. Et ainsi conquêta cette grande multitude de gens dont vous avez ouï. Et ces gens conquis, quand ils voient le bon gouvernement et la grande débonnaireté de ce seigneur, à lui venaient bien volontiers et demeuraient fidèles. Et quand Cinghis Can eut rassemblé si grande multitude de gens qu'ils couvraient le monde entier, il se dit qu'il voulait conquérir grande partie du monde.

Alors il envoie ses messagers à Uncan, c'est-à-dire à notre guise Prêtre Jean, sachant en vérité qu'icelui ne prêterait point l'oreille à sa demande ; et c'était en l'an 1200 depuis la naissance du Christ. Adonc lui mande qu'il veut sa fille pour femme. Et quand Prêtre Jean ouït ce message que Cinghis Can lui mande, demandant sa fille pour femme [183], il le tint pour grande insulte et en conçut grand dépit. Plein de fureur et de colère, il se mit à crier et dit aux messagers :

« Et comment Cinghis Can n'a-t-il pas grande vergogne de me demander ma fille pour femme ? Ne sait-il pas qu'il est mon homme et mon serf ? Or retournez à lui et lui dites que je ferais brûler ma fille plutôt que de la lui donner pour femme ! Et dites-lui aussi de ma part que je lui mande qu'il convient que je le fasse périr de male mort, comme traître et déloyal qu'il est à son seigneur. » Puis dit aux messagers en grande indignation qu'immédiatement devaient partir de devant lui et jamais ne retourner en son royaume sous peine de mort. Et quand les messagers ouïrent cela, ils se mirent en route aussitôt ; ils allèrent tant qu'ils parvinrent à leur seigneur et lui contèrent tout le message que Prêtre Jean lui mande, en bon ordre et sans faire erreur.

183. Ici l'erreur est moindre, puisque l'événement est placé par l'histoire mongole en 1202. Quant au récit, il correspond en gros aux faits historiques, avec la différence que Gengis avait demandé la fille de Ong-Khan pour son fils Djoetchi et non pour lui-même.

LXVI. — Comment Cinghis Can prépare ses gens pour aller contre Prêtre Jean

Et quand Cinghis Can ouït la grande vilenie que lui mandait Prêtre Jean, et ses menaces, et comment serf et rebelle il l'avait appelé, il en eut le cœur si enflé que peu s'en fallut qu'il ne lui crevât dedans son ventre — car je vous dis que c'était un maître homme ! De quelque temps il ne put parler, mais dit alors si haut que tous ceux qui étaient autour de lui l'ouïrent, qu'il ne voudrait jamais garder la seigneurie s'il ne vengeait la grande vilenie que le Prêtre Jean lui avait mandée, et plus chèrement que jamais fut rendue vilenie à nul homme. Et dit que prochainement, il lui montrerait s'il était ou non son esclave. Adonc convoqua tous ses gens et fit les plus grands préparatifs qui furent jamais vus ni ouïs en ces contrées. Et après cela, fait savoir à Prêtre Jean qu'il pouvait se préparer à se défendre tant comme il pouvait, et comment il allait marcher contre lui dans son pays avec toutes ses forces. Et quand Prêtre Jean sut avec certitude que Cinghis Can lui venait sus avec si grand'gens, il en fit gorge chaude, et le tint pour néant, car il disait qu'il n'étaient point hommes d'armes. Et il dit à ces messagers qu'il n'en faisait nul cas, et que si Cinghis lui venait sus, il ne reverrait jamais son pays. Mais toute fois se dit en lui-même qu'il ferait de tout son pouvoir à cet effet, parce que, s'il venait, il voulait prendre Cinghis en personne et le mettre vilainement à mort.

Quand furent partis ces ambassadeurs, de toutes ses cités il fit rassembler ses gens et les mit en arroi. Si grande armée fit-il qu'on n'a presque jamais ouï parler d'une plus grande. En telle manière comme vous avez ouï, ces gens se disposèrent les uns et les autres. Et pourquoi vous ferais-je long conte ? Sachez très véritablement que Cinghis Can, avec tous ses gens, s'en vint en une vaste plaine et belle qui était appelée Tenduc [184],

---

184. Il s'agit apparemment d'une confusion avec la province qui sera citée au chap. LXXIV. La bataille a eu lieu en automne

qui était à Prêtre Jean ; et là mit son camp. Et vous dis qu'ils étaient si grande multitude de gens que l'on ne pourrait en savoir le nombre. Et là eut nouvelles, comment Prêtre Jean venait avec toutes ses forces. Alors Cinghis Can eut joie, parce que c'était belle plaine, assez large pour faire une grande bataille à l'aise. Ainsi donc, il l'attendait fort joyeusement et désirait beaucoup sa venue pour en venir aux mains.

Mais ici le récit laisse de parler de Cinghis Can et de ses hommes, et nous retournerons à Prêtre Jean et à ses hommes.

LXVII. — Comment Prêtre Jean avec ses gens alla a la rencontre de Cinghis Can

Or dit l'histoire que, quand Prêtre Jean sut que Cinghis Can lui venait sus avec tous ses gens, avec tous les siens il alla contre lui ; et ils allèrent tant, qu'ils furent venus en cette plaine de Tenduc : là mirent leur camp près de celui de Cinghis Can, à environ vingt milles, et chaque parti se reposa deux jours, pour être plus frais et joyeux le jour de la mêlée.

En telle matière comme vous avez ouï étaient les deux grandissimes armées en cette plaine de Tenduc. Et un jour Cinghis Can fait venir devant lui des astrologues qui étaient chrétiens et sarrazins et leur ordonne qu'ils sussent dire qui allait gagner la bataille entre lui et Prêtre Jean. Les astrologues le cherchèrent par leur art. Les Sarrazins ne lui en surent dire vérité, mais les Chrétiens la lui montrèrent ouvertement. Car ils lui dirent : « O, Sire Cinghis Can, vous voulez connaître le vainqueur de ce combat. Nous voulons que le voyiez vous-même. »

Et immédiatement eurent devant eux un grand roseau vert, le tranchant par moitié dans la longueur et puis en mirent une partie du côté de Cinghis et l'autre du

---

1203 sur les hauteurs de Tchektcher, sur l'actuelle frontière soviéto-mongole au nord-est d'Oulan-Bator.

côté de Prêtre Jean, pas bien loin l'une de l'autre à terre, et personne ne les tenait. Sur une des parties du roseau écrivirent le nom Cinghis Can, et sur l'autre le nom Prêtre Jean, et dirent à Cinghis Can :

— Sire, or regardez maintenant ces roseaux et voyez que c'est ici votre nom et là celui de Prêtre Jean ; et quand nous aurons fait notre enchantement, ces deux roseaux vont venir l'un sur l'autre ; et celui dont le roseau viendra sur l'autre assurément gagnera la bataille.

Cinghis Can dit qu'il voudrait bien voir cela, et dit aux astrologues qu'ils le lui montrent aussi tôt que pourront. Et quand toute l'armée se fut rassemblée pour voir cette chose, les astrologues chrétiens prirent leur Psautier, lurent certains psaumes, puis firent leurs enchantements, et alors les parties du roseau s'agitèrent, il sembla que l'une se hissait sur l'autre, et enfin, sans que nul la touchât, celle où était le nom de Cinghis Can monta sur celle de Prêtre Jean. Et ce fut au vu de tous ceux qui étaient là. Et quand Cinghis Can et ses gens virent cela, ils en eurent grande joie et les Tartares en furent très confortés, puisque se voyaient sûrs de la future victoire. Et comme il trouve les Chrétiens dans le vrai, toujours par la suite il leur fit grand honneur, et les tint pour hommes de vérité et dignes de confiance, et les tint toujours en sa faveur. Assez de ce sujet : venons-en à la grande bataille du Grand Can et de Prêtre Jean.

LXVIII. — Ci devise de la grande bataille qui fut entre Prêtre Jean et Cinghis Can

Et deux jours après cette incantation, quand les deux armées furent bien reposées, les deux partis s'armèrent et se combattirent ensemble durement ; et ce fut la plus grande bataille et boucherie d'hommes qui fut jamais vue. De part et d'autre, il y eut grands maux, et bien des gens moururent là, mais à la fin Cinghis Can gagna la bataille et Uncan, le Prêtre Jean, fut occis en cette bataille ; de ce jour en avant, perdit sa terre que Cinghis Can alla conquêtant partout, et il prit sa fille pour femme. Je dis en outre que Cinghis Can régna six ans après cette bataille, et alla conquêtant maints châteaux et provinces. Mais à la fin de ces six ans, il alla en guerre contre un château qui avait nom Caagiu [185], et là, pendant qu'il l'assiégeait, il fut frappé par une sagette au genou, et de ce coup mourut en peu de jours. Et il fut enterré au grand mont Altai [186]. Ce fut grand dommage, parce qu'il était prud'homme et sage [187].

Or vous ai devisé comment les Tartares d'abord eurent seigneur, ce fut Cinghis Can, et comme il se libéra de la servitude ; et encore vous ai conté comment ils vainquirent premièrement le Prêtre Jean. A présent vous veux conter les nombreux autres seigneurs qui ont régné ensuite, et leurs coutumes, et leurs usages.

LXIX. — Ci devise des Cans qui régnèrent après la mort de Cinghis Can

Et sachez très véritablement qu'après Cinghis Can, Cui Can fut seigneur, et le troisième Batu Can, le quatrième Oktai Can, le cinquième Mongu Can, le sixième Cublai Can [188], qui est plus grand et plus puissant que

185. Ici Marco Polo prend carrément des libertés avec l'histoire. Gengis est mort vingt-quatre et non six ans après la bataille avec Ong-Khan, d'une chute de cheval et non d'une flèche ; quant à Caagiu, il n'est pas identifiable.

186. Le lieu où furent inhumés Gengis et ses successeurs est resté inconnu jusqu'à nos jours. Il devait se situer dans le Kentei à la source de l'Onon, le Toula et le Kerulen au nord de la Mongolie. Quant aux monts Altaï, ils se trouvent à l'ouest de la Mongolie.

187. Le long séjour de Marco Polo dans la cour mongole peut le rendre suspect de partialité, mais l'ensemble des historiens ne porte pas de jugements par trop défavorables sur Gengis Khan.

188. L'ordre de succession donné par Marco Polo ne correspond pas à la réalité (voir tab. gén.). En plus, Batou, premier souverain de la Horde d'Or, ne fut jamais Grand Kaghan. Néanmoins il est activement intervenu pour écarter la descendance d'Oegoedéi au profit de celle de Toloui en faisant élire Mongka en 1251.

ne fut nul des autres. Car si tous ces cinq autres fussent ensemble, ils n'auraient point tant de pouvoir que ce Cublai, car a hérité ce que les autres avaient et ensuite a obtenu comme qui dirait le demourant du monde, ayant vécu environ soixante ans sur le trône. Et encore vous dis même plus : tous les empereurs du monde et tous les rois, des Chrétiens comme des Sarrazins, s'ils se réunissaient ensemble, n'auraient pas autant de pouvoir, et ne pourraient faire tant comme ce Cublai, le Grand Can, en peut faire, lui qui est Sire de tous les Tartares du monde, ceux du Levant et du Ponant, car tous sont ses féaux et sujets. D'ailleurs ce mot de Can veut dire Empereur en notre langue. Et vous montrerai sa grande puissance en bonne place en notre livre, et bien nettement.

Et sachez qu'une certaine coutume est observée : tous les Grands Cans et grands seigneurs tartares qui descendent de la lignée de Cinghis Can, quand ils sont morts, sont portés pour être ensevelis, à une très grande montagne qui est appelée Altai. Et quel que soit le lieu de leur mort, fût-il à cent journées, car ne veulent pas être ensevelis en autre lieu. Et vous dis une autre grande merveille : lorsque les corps de ces Grands Cans sont apportés à ces montagnes pour y être inhumés, bien qu'elles puissent être éloignées de quarante journées ou davantage, tous les gens qu'ils rencontrent sur le chemin sont passés au fil de l'épée par ceux qui conduisent le corps. Et disent quand ils les tuent :

« Allez servir votre seigneur en l'autre monde ! » Car ils croient pour vrai que tous ceux qu'ils occissent pour cette cause doivent aller servir le grand seigneur en l'autre monde. De même font aux chevaux qu'ils rencontrent en route et disent ainsi qu'il en a tant et tant dans l'autre monde. Car, quand meurt le seigneur, ils occissent tous les meilleurs chevaux, chameaux et mules que le seigneur avait. Et sachez que quand mourut Mongu, le cinquième Can, plus de vingt mille personnes furent occises sur la route, qui rencontrèrent le corps quand il se portait ensevelir.

Et puisque nous avons commencé à parler des Tartares, vous en dirai maintes choses. Les Tartares communément nourrissent des troupeaux de vaches, cavales et brebis, à raison de quoi jamais ne demeurent en même lieu, mais se retirent l'hiver ès plaines et lieux chauds où ils trouvent riches herbages et bons pâturages pour leurs bêtes ; et en été s'en vont vivre ès froids lieux, en montagnes et vallées, là où ils trouvent eau, bois et bons pâturages pour leurs bêtes ; et parce que le lieu est froid, il n'y a ni mouches, ni moucherons, ni semblables créatures, qui les harcèleraient, eux et leurs bêtes ; et ils vont ainsi deux ou trois mois, montant toujours plus haut et paissant, car en restant toujours sur place, ils n'auraient jamais assez d'herbes pour la multitude de leurs bêtes. Ils ont petites maisons en forme de tente, en longues perches couvertes de feutre, et elles sont rondes ; et toujours ils les emportent avec eux là où ils vont, sur des chariots à quatre roues. Ces longues perches, ils les rassemblent si bien en ordre qu'ils les font tenir ensemble comme un fagot, et les transportent très aisément où leur plaît. Et toutes les fois qu'ils tendent et dressent leur maison, ils placent toujours la porte vers le Midi. Ils ont superbes charrettes avec seulement deux roues, couvertes de feutre noir si bon et si bien préparé que, plût-il tout le jour sur la charrette, l'eau ne mouillerait nulle chose qui fût en la charrette. Ils les font tirer par des bœufs, ou par des chameaux. Et dessus ces charrettes, ils portent leurs femmes, leurs enfants, et toutes choses et viandes dont ils ont besoin. Ainsi vont où ils veulent, emmenant ce qu'il leur faut.

Et vous dis encore que les dames tartares achètent, vendent, et font tout ce dont a besoin leur baron et sa famille. Point ne sont par leur dépense à charge à leurs maris, car elles ont gros profits de leur ouvrage. Elles sont aussi très prévoyantes en régentant leur famille et très soigneuses en préparant le manger, et font tous leurs autres devoirs de la maison avec grande diligence. Aussi les maris leur laissent tout le soin de leur maison. Car les hommes ne se soucient de rien fors de chasse, de faits de guerre, de fauconnerie et d'autours, tout comme nos seigneurs, et y prennent grand plaisir. Ils ont les meilleurs faucons du monde, et de même les chiens. Ils vivent de chair, de lait et de venaison, et mangent aussi certains petits animaux semblables à des lapins, qui chez nous sont nommés rats du Pharaon[189], et qui sont en grande abondance partout en des pertuis sous terre. Ils mangent même la chair des chevaux, des chiens, des cavales et des chameaux, et boivent le lait des chamelles et des juments, et en général mangent de toute chair.

Pour rien au monde ils se gardent de toucher à la femme d'un autre, car ils l'ont pour chose excessivement mauvaise et vilaine. La fidélité des maris à leurs épouses est chose merveilleuse, et très haute la vertu de ces femmes, car fussent-elles dix ou vingt, il règne entre elles une inestimable paix et union, et oncques n'en ouït-on un vilain mot ; mais toutes sont, comme je l'ai dit, passionnées pour leurs affaires, vendre et acheter, et pour les choses qui les regardent, la vie de la maison et le soin de la famille et des enfants, lesquels sont parmi eux fréquents. A mon jugement, ce sont ces femmes qui le plus au monde méritent d'être louées pour leurs vertus ; et certes, elles sont bien les plus dignes de grandes louanges pour leur chasteté, puisqu'ont le droit leurs hommes de prendre autant d'épouses qu'il leur plaît, à la très grande confusion des femmes chrétiennes, je veux dire celles de nos pays. Car, quand un homme n'a qu'une femme, en ce mariage il doit y avoir une foi et chasteté fort singulières, ou bien alors confusion d'un si noble sacrement, et je m'indigne à voir l'infidélité des femmes chrétiennes quand je vois la prouesse de celles qui, étant une centaine d'épouses pour un seul homme, se tiennent vertueuses à leur honneur, et à la grande honte de toutes les autres femmes du monde. Certes, ces dames sont les plus chastes du monde, et les plus loyales et bonnes pour leur baron.

Les mariages font en cette manière : selon leur usage,

---

189. Ce nom désignait habituellement la mangouste, mais ici il doit plutôt s'agir de la marmotte.

chacun peut prendre autant de femmes qu'il lui plaît jusques à cent s'il est capable de les entretenir. Et les hommes donnent le douaire à leur femme et à la mère de leur femme pour l'obtenir, et la femme ne donne rien à l'homme ; mais sachez qu'ils tiennent toujours la première de leurs femmes pour la plus vénérable et meilleure, et de même les enfants qui en naissent ; ils ont plus de fils que tous les autres gens du monde parce qu'ils ont autant de femmes que je vous ai conté, et c'est merveille de voir combien d'enfants un homme peut avoir, je veux dire ceux qui ont pouvoir d'entretenir beaucoup de femmes. Ils prennent pour épouses leurs cousines, mais ce qui est plus fort, si le père meurt, son fils le plus âgé prend pour femme la femme de son père pourvu qu'elle ne soit pas sa mère, et toutes les femmes laissées par le père, fors sa mère et ses sœurs. Il prend aussi la femme de son propre frère si il meurt. Et quand ils prennent femme, ils font grandes noces et grands concours de gens.

LXX. — Ci devise du Dieu des Tartares et de leur loi

Et sachez à présent que leur loi est telle. Ils disent qu'existe un grand, sublime et céleste Dieu dont chaque jour, avec encensoir et encens, ils ne demandent rien d'autre que bon entendement et santé. Car ils ont un dieu qu'ils appellent Natigai [190], dont ils disent que c'est un dieu terrien qui garde leurs femmes, leurs fils, leurs bêtes et leurs grains. Ils lui font grande révérence et grand honneur, et chacun le tient en lieu honorable en sa maison. Car ils font ce dieu de feutre et de drap, et croyant qu'il a femme et fils, ils font aussi de drap une féminine image, disant que c'est la femme du dieu ;

190. Les Mongols s'acheminèrent vers un monothéisme représentant le ciel (Tengri) en passant par le dualisme ciel-terre (Tengri-Œtugen). C'est cette dernière divinité, nommée Itoga par les autres voyageurs occidentaux, qui est apparemment ici reprise sous le nom de Natigai.

et font d'autres petites images, et disent que sont ses fils. La femme du dieu, ils mettent à main gauche et les fils devant, qui semblent lui faire révérence ; ils les tiennent tous décemment couverts et leur rendent assez d'honneurs. Et quand viennent à déjeuner ou souper, d'abord prennent un peu de la chair grasse et oignent la bouche à ce dieu, à sa femme et à ses fils ; et puis prennent du bouillon pour leur laver la bouche et en répandent en leur honneur dehors la porte de la maison ou chambre où se tient ce dieu, pour les autres esprits. Et quand ils ont fait cela, ils disent que leur dieu et sa famille ont eu leur part. Après, ils mangent et boivent le demeurant comme il leur plaît. Car sachez qu'ils boivent le lait de jument, mais vous dis qu'ils savent aussi le préparer en telle manière qu'il semble vin blanc, et est très bon à boire, et ils l'appellent en leur langue *chemis* [191]. Leurs vêtements sont tels : les hommes riches et nobles se vêtent de drap d'or et de drap de soie et sous le manteau, de fourrures de zibeline et d'hermine, de vair et de renard, et de toutes sortes de pelleteries très richement ; et toutes leurs parures et robes bordées de fourrure sont très belles et de grosse valeur.

Leurs armes sont des arcs et flèches, épées et masses ferrées, et quelques lances et haches, mais ils se servent de l'arc plus que de toute autre chose, car ils sont extrêmement bons archers, les meilleurs du monde, et dépendent fort de leurs flèches depuis tout enfant. Sur leur corps portent une armure en cuir de buffle ou d'autre animal très épaisse, et c'est du cuir bouilli très dur et résistant.

Ils sont bons hommes d'armes et fort preux, et font peu de cas de leur vie qu'ils exposent à tout risque sans aucun égard, et ils sont très cruels. Et vous dirai comment ils sont capables de faire plus que les autres hommes. Quand l'armée part pour la guerre ou pour toute autre nécessité, plus volontiers et bravement que le reste du monde ils se soumettent aux labeurs, et

---

191. *Kīmīz*, la boisson traditionnelle des Mongols fait avec du lait de jument fermenté.

maintes fois, s'il le faut, l'homme ira ou demeurera tout un mois sans autre nourriture que le lait d'une jument et la chair des bêtes qu'il tuera avec son arc. Et son cheval paîtra n'importe quelle herbe il trouvera au bord des pistes en marchant, tant qu'il n'a nul besoin de porter avoine, foin ou paille. Ils sont très obéissants à leur seigneur ; vous dis que s'il le faut, ils demeurent deux jours et deux nuits à cheval sans descendre ; l'homme demeure toute la nuit sur le cheval, avec ses armes, il dort sur le cheval, et le cheval ira ce pendant paissant l'herbe qu'il trouve. Ce sont les gens au monde qui plus durement travaillent et supportent fatigue; font la plus faible dépense et se contentent d'un petit manger ; et voilà pourquoi mieux sont que d'autres pour conquérir cités, terres et royaumes. C'est ce qu'on a bien vu, et vous avez ouï et allez entendre en ce livre comment ces anciens serfs sont maintenant seigneurs du monde.

Ils sont ordrés en cette manière que je vous deviserai. Sachez que quand un seigneur des Tartares va en guerre, il prend avec lui cent mille hommes à cheval ; il ordonne son affaire ainsi comme vous ouïrez : il met un chef à chaque dizaine, un à chaque centaine, un à chaque millier et un tous les dix mille, de sorte qu'il n'a à se consulter que avec dix hommes ; ceux qui sont sire de dix mille hommes n'ont à se consulter que avec dix autres ; et celui qui est seigneur de mille n'a affaire qu'avec dix hommes : et aussi celui qui est seigneur d'une centaine n'a affaire qu'avec dix. C'est ainsi comme vous avez ouï que chacun répond à son chef. Dix chefs de dix répondent à un chef de cent, dix chefs de cent répondent à un chef de mille, et dix chefs de mille répondent à un chef de dix mille ; et en cette manière chaque homme ou capitaine, sans autre souci ni fatigue, a seulement à trouver dix hommes, en si belle ordonnance que c'en est merveille. Et quand le seigneur de cent mille veut pour quelque raison mander une compagnie en quelque direction, il commande à un chef de dix mille qu'il lui donne mille hommes ; et le chef de dix mille commande aux chefs de mille de lui donner chacun sa quote-part, qui est de cent hommes ; et chaque chef de mille aux chefs de cent hommes, et chaque chef de cent hommes commande aux chefs de dix que chacun donne un homme, d'où l'on arrive aux mille hommes. Et tous les dizainiers savent tout aussitôt les parts qui les concernent et donnent tant, le centenier de même au chef d'un millier, et le chef de mille au chef de dix mille. Voilà comme on choisit mille hommes sur dix mille. Cette pratique est maintenue en si bon ordre que tous sont également envoyés à leur tour et que chacun sait quand il doit être choisi à son tour. Davantage, chacun obéit aussitôt lorsqu'il a été choisi ; chacun obéit à ce qui lui est commandé plus que n'importe quels autres gens du monde. Et sachez que la compagnie de cent mille hommes s'appelle en leur langue un *tuc*[192] et une compagnie de dix mille un *toman*[193]. Ainsi est toute l'armée ordonnée par milliers, centaines et dizaines, et ils font de même pour une grande armée et pour une petite.

Quand le seigneur, avec ses troupes, va conquérir les cités et royaumes, que ce soit en plaines ou en montagnes, il mande toujours deux cents hommes à deux journée en avant pour observer les chemins et le pays, et il en laisse autant sur les côtés et les arrières, de sorte qu'ils ont des gardes dans les quatre directions. C'est pour que l'armée ne puisse être assaillie d'aucun côté qu'ils ne le sussent. Quand ils vont pour une longue route, ils n'emportent rien comme harnois, et notamment des choses pour dormir. Ils vivent la plupart du temps de lait, comme l'ai déjà dit ; de chevaux et juments y a environ dix-huit par homme, et quand un cheval est fatigué par la route, on en prend un autre en échange. Ils ne transportent pas de vivres, fors une ou deux outres de cuir, là où ils mettent leur lait qu'ils boivent, et emportent chacun une petite pignate, c'est

192. Un *tough* est une bannière originairement composée des queues de cheval et par extension un groupe de cent mille hommes. Le mot s'est conservé dans l'armée ottomane.

193. Le mot *touman* signifie dix mille.

un pot de terre, là où ils cuisent leur viande. Mais s'ils n'ont pas ce pot quand ils trouvent aucun animal, ils le tuent, en prennent le poitrail et le vident puis remplissent d'eau ; et la chair qu'ils veulent faire cuire, ils la coupent en pièces et la mettent dans ce poitrail plein d'eau ; puis ils mettent au feu et laissent cuire ; et quand c'est cuit, ils mangent le chaudron de chair et tout. Ils ont aussi avec eux une petite tente de feutre sous laquelle ils demeurent quand il pleut.

Et vous dis une autre chose : quelque fois, quand il faut et que la presse d'une entreprise oblige à un long chemin en hâte, ils chevauchent bien dix journées sans nulle viande cuite et sans faire de feu, car la cuisson des aliments retarderait leur chevauchée ; ils se passent de fruits, et souvent, par besoin de vin ou d'eau, vivent du sang de leurs chevaux ; chacun pique une veine de son cheval, y colle sa bouche et boit du sang, jusqu'à en être rassasié ; et alors il l'arrête. Ils emmènent du sang avec eux, et quand ils veulent manger, ils prennent un peu d'eau, y versent un peu de sang, le laissent dissoudre et boivent. Ils ont encore du lait séché qui est solide comme pâte. On le dessèche comme suit : on le fait bouillir ; la crème qui flotte par-dessus, on la met en autre vaisseau et on en fait beurre ; car tant qu'elle demeure dans le lait, il ne peut être desséché. Mais alors on met le lait au soleil, et alors il est desséché. Lorsqu'ils vont en guerre, emportent environ dix livres de ce lait ; le matin en prennent un peu : chaque homme en prend une demi-livre, le met dans une petite gourde de cuir pareille à une bouteille, y verse de l'eau et agite avec un bâton ; et il l'emmène jusques à ce que le lait soit dissous en forme de sirop à force chevaucher ; ils le boivent au temps convenable, et c'est leur déjeuner.

Quand ils viennent à la bataille avec leurs ennemis, ils les vainquent par fuite autant que par poursuite ; ce n'est point honte pour eux que de fuir, car ils ne sont jamais accrochés avec eux, mais ils galopent or çà or là autour de leurs ennemis en décochant leurs flèches ; et souvent ils semblent s'enfuir, pour entraîner l'ennemi où ils désirent, et lui causent de grosses pertes avec leurs flèches. Ils ont si bien dressé leurs chevaux qu'au moindre signe ils voltent ici ou là tout comme ferait un chien. Quand on les poursuit et vont fuyant, ils combattent aussi bien et aussi bravement que face à face avec l'ennemi. Car lorsqu'ils fuient le plus vite, ils se retournent en arrière avec leur arc, lancent de grandes volées de flèches, et occissent des chevaux de l'ennemi et des hommes aussi ; et quand l'ennemi les croit déconfits et vaincus en les mettant en fuite, alors il a perdu ; car il voit ses chevaux occis et de nombreux hommes aussi par ces flèches empoisonnées. Et quand les Tartares voient qu'ils ont occis des chevaux de leurs ennemis et des hommes aussi, alors tous ensemble sur une ligne ils se retournent contre eux et reviennent tous à la fois dans la bataille ; ils se comportent si bien et si vaillamment, en si bon ordre et avec tant de bruit, qu'ils mettent leurs ennemis en fuite et les vainquent. Et c'est de cette manière qu'ils ont déjà gagné bien des batailles et vaincu maintes gens.

Telle est la vérité, et tout ce que je vous ai conté là sont usages et coutumes des vrais Tartares. Mais je vous dis qu'à présent, ils sont assez abâtardis et ont délaissé certaines de ces coutumes : ceux qui fréquentent le Catai, ils se comportent grandement selon les coutumes et usages des Idolâtres, et ont beaucoup laissé de leur loi ; et ceux qui fréquentent le Levant, ils se comportent beaucoup à la façon des Sarrazins et tiennent la foi et loi de Mahomet.

Ils exercent la justice en telle manière comme je vous décrirai [194]. Pour un meurtrier, point n'est rançon. Donc, si un homme a frappé avec le fer ou avec l'épée, qu'il ait atteint ou non, ou en ait menacé un autre, il perd sa main. Qui blesse doit recevoir pareille blessure du blessé. Il est vrai que quand un homme a volé quelque petite chose, pour quoi il ne doit point mourir, ils le condamnent à être battu. Il lui est donné alors sept coups de baguette. S'il a volé deux choses, dix-sept

194. Gengis avait fait rédiger un Yasa (recueil des lois) dont le contenu connu correspond aux indications de Marco Polo.

coups ; trois choses : vingt-sept coups, puis trente-sept, quarante-sept et ainsi de suite, parfois jusqu'à cent sept, augmentant toutefois de dix pour chaque chose volée. Mais plusieurs en meurent de cette bastonnade. Si un homme a volé quinze bœufs, de manière à mériter plus de cent sept coups, ou un cheval, ou tout autre chose pour quoi il doive perdre la vie, il est tranché en deux avec une épée ; mais s'il peut payer et veut donner neuf fois tant ce qu'il a volé, il se sauve.

Et chaque seigneur ou autre homme qui a des bêtes assez, chevaux, juments, chameaux, vaches et bœufs et autres grosses bêtes, il les fait marquer d'un sceau imprimé sur le poil ; puis les laisse tranquillement paître par les monts et par les plaines sans garde d'homme ; et si, à leur retour, ils se sont mêlés avec d'autres, tout homme qui les trouve reconnaît la marque du propriétaire, et aussitôt lui rend ceux qui portent sa marque. Ainsi chacun retrouve ses propres animaux. Mais les troupeaux de petits animaux, moutons, brebis et chèvres, sont gardés par des hommes et n'ont point de marque. Leurs troupeaux sont tous très grands et gras et beaux outre mesure.

Et encore vous dirai un autre merveilleux usage qu'ils ont et que j'avais oublié d'écrire. Sachez très véritablement que, quand ils sont deux hommes dont l'un ait eu un garçon, qui est mort — et il peut être mort à quatre ans, ou quand on veut avant l'âge du mariage — et un autre homme qui ait eu une fille, morte aussi avant l'âge nubile, ils font mariage des deux trépassés quand le garçon aurait eu l'âge de prendre femme. Ils donnent pour femme au garçon mort la fille morte, et en font dresser acte. Puis un nécromancien jette l'acte au feu, et le brûle ; et voyant monter la fumée, disent qu'elle va à leurs enfants en l'autre monde et leur annonce leur mariage ; et que dorénavant le garçon mort et la fille morte en l'autre monde le savent et se tiennent pour mari et femme. Alors ils font une grande noce, et des viandes répandent quelque peu çà et là, disant qu'elles vont à leurs enfants en l'autre monde, et que la jeune épouse et le jeune mari ont reçu leur part du festin. Et ayant dressé deux images, l'une en forme de fille, l'autre en forme de garçon, les mettent sur une voiture aussi bellement adornée que possible. Tirée par des chevaux, elle promène ces deux images avec grande réjouissance et liesse à travers tous les environs ; puis ils la conduisent au feu et font brûler les deux images ; avec de grandes prières, ils supplient leurs dieux de faire que ce mariage soit réputé heureux en l'autre monde. Mais ils font aussi une autre chose : ils font des peintures et portraits sur papier à la semblance de cerfs et chevaux, d'autres animaux, d'habits de toute espèce, de besants, de meubles et d'ustensiles, et de tout ce que les parents conviennent de donner en dot, sans le faire en effet ; puis font brûler ces images, et disent que leurs enfants auront toutes ces choses en l'autre monde. Cela fait, tous les parents de chacun des deux morts se tiennent pour alliés et maintiennent leur alliance aussi longtemps qu'ils vivent, tout comme si vivaient leurs enfants trépassés [195].

Or vous ai montré et clairement devisé des provinces de ces gens et des us et coutumes des Tartares ; non pas que je vous aie conté les très grands faits et entreprises du Grand Can, le grand sire de tous les Tartares, ni sa grandissime cour impériale, mais je vous le conterai clairement en ce livre quand temps et lieu sera ; car ce sont vraiment de merveilleuses choses à mettre en écriture. Nous parlerons du gouvernement du Grand Can et de sa Cour, lesquels je tiens en mon jugement, après avoir vu et observé bien des parties du monde, tels que nulle autre puissance ne se peut comparer au pouvoir, richesse et domination du Grand Can, lesquels sont stupéfiants et presque incroyables à qui ne les a point vus. Et je m'obligerai certainement à n'en rien dire pas plus que le vrai, pour que mon témoignage à la vue de tous, et surtout de ceux qui, dans les temps futurs, pourront voir ou entendre, soit reconnu pour véridique. Mais voulons retourner à notre conte, en la grande

---

195. L'usage est également attesté par le Yasa.

plaine où nous étions quand nous commençâmes les faits et gestes des Tartares.

LXXI. — Ci devise de la plaine de Bargu et des diverses coutumes des gens

Qui part de Caracorom et des monts Altai, là où ils mettent les corps des seigneurs tartares de la maison du Grand Can, comme je vous l'ai conté plus haut, il va par une contrée devers la Tramontane, qui est nommée plaine de Bargu [196], et n'y trouve pas d'habitation, ou fort peu. Cette plaine dure quarante journées. Les gens qui y habitent sont appelés Mecrit [197] et sont gens très sauvages. Ils vivent pour la plupart de bêtes qu'ils attrapent à la chasse, surtout de grands cerfs, dont ils ont beaucoup. Mais ce qui est plus extraordinaire, c'est qu'ils dressent ces cerfs et les montent comme chevaux, car ils sont grands assez pour cela. Ils vivent aussi d'oiseaux, car y a bien des lacs, étangs et marécages, et ladite plaine finit, devers la Tramontane, à la mer Océane ; ces oiseaux, qui perdent leurs vieilles plumes, passent le plus clair de l'été autour de ces plans d'eau, et quand ils sont tout nus, ils ne peuvent pas voler, et les gens les prennent à leur bon plaisir ; ils vivent aussi de poisson. Les us et coutumes ont comme Tartares, et sont au Grand Can. Ils n'ont ni blé, ni vin. L'été ils chassent les bêtes et les oiseaux, dont ils prennent grandes quantités, mais en hiver, ni bête ni oiseau ne demeure par là à raison du grand froid.

Et quand on est allé quarante journées sur cette immense plaine, on trouve, comme il a été dit, la mer Océane, et là, sur le rivage, est une très haute montagne où les faucons pèlerins et les autours ont leurs nids. Mais sachez qu'il n'y a ni homme ni femme ni bête ni

---

196. Voir note 179.

197. Merkit, tribu vivant sur le cours inférieur de la Selenga au sud du lac Baïkal. Voisins des Mongols, ils furent aussi leurs premiers adversaires et par conséquent leurs premières victimes.

oiseau, fors les faucons pèlerins, et une espèce d'oiseau appelée *bagherlac*[198], dont les faucons se repaissent. Ils sont gros comme grosses perdrix, ont les pieds comme perroquets et la queue comme arondes et ils sont très vifs, de sorte que les faucons doivent aussi être rapides. Et quand le Grand Can désire quelques petits de faucon pèlerin, il en mande quérir jusqu'en cette montagne ; et ne tolère pas qu'on en prenne, si ce n'est pour sa Cour et pour renvoyer en présent à des seigneurs. Et en des îles qui sont en cette mer à l'entour de ce lieu vivent aussi des gerfauts en abondance.

Et vous dis de plus que ce lieu est si loin vers Tramontane, que le pôle Nord, avec l'étoile communément nommée Etoile Tramontane, on les laisse quelque peu derrière soi vers le Midi. Et encore vous dis que les gerfauts qui vivent sur ces îles sont en telle abondance que le Grand Can en a tant qu'il veut. Ne croyez donc pas que ceux qui, des pays chrétiens, en apportent chez les Tartares les portent au Grand Can, car il n'en saurait que faire ; mais les portent au Levant, à Argon et aux autres seigneurs du Levant qui sont près des Arméniens et des Comans.

Et vous avons clairement dit tout le fait des provinces de la Tramontane jusques à la mer Océane, après quoi il n'est plus de terres. Désormais vous parlerons des autres provinces, toutes celles qui sont sur la route par où l'on va jusqu'au Grand Can. Pour quoi nous retournerons sur nos pas à une province dont nous avons parlé en notre livre, celle qui est appelée Campçio, afin de pouvoir décrire les autres qui la bordent.

LXXII. — Ci devise du grand royaume d'Ergiuul

Et quand on quitte cette province de Campçio, on va cinq bonnes journées à travers une région où l'on

198. Ici Marco Polo s'aventure dans le Grand Nord et ne rapporte qu'un nom turc signifiant « celui qui crie ». Cet oiseau correspondrait à une espèce de coq de bruyère appelé aussi lagopède ou perdrix des neiges.

trouve en maints lieux de nombreux esprits fantastiques, que le jour, et surtout la nuit, on entend parler dans les airs... Au bout de ces cinq journées vers le Levant, on trouve un royaume qui s'appelle Ergiuul[199]. Il est au Grand Can et est aussi de la grande province de Tangut. Les gens sont de trois sortes : Chrétiens nestoriens, Idolâtres et ceux qui adorent Mahomet. Il y a assez de nobles cités et villages, et la maîtresse ville est nommée Ergiuul. De cette cité, vers le Sirocco, on peut aller en contrée du Catai.

Et sur cette route du Sirocco vers la contrée du Catai, on trouve une cité appelée Silingiu[200] ; il y a assez de villes et de cités ; elle est de la province de Tangut même, et est aussi au Grand Can. Les gens sont idolâtres, et gens qui adorent Mahomet, et des Chrétiens nestoriens. Il y a foules de bœufs et de vaches sauvages[201] qui sont gros comme éléphants, très beaux et bons à voir, car sont tout poilus fors le dos, et sont blancs et noirs ; leur poil n'a pas loin de trois palmes de long. On dit que ce poil est extraordinaire ; c'est de très belle laine blanche plus fine que soie. Moi-même, Marco Polo, j'en ai rapporté à Venise comme une chose merveilleuse, et elle a été jugée telle par tous. On domestique certains de ces bœufs, mais leur poil n'est pas aussi long que celui des sauvages. Ils attrapent des jeunes et les font paître avec les vaches domestiques, si bien qu'en ont très grand nombre. Et les bœufs nés d'iceux sont merveilleux animaux, plus capables de travail qu'aucun autre animal. Ils leur font porter lourdes charges, les font labourer, et vous dis, en peu de temps, ils labourent deux fois plus que d'autres et ont la force de deux.

En cette contrée se trouve le meilleur musc et le plus fin qui soit au monde. Très véritablement existe en ce

---

199. La ville correspond à l'actuelle Lianghzou dans le Kansou.

200. Là aussi il s'agit d'un itinéraire décrit et probablement non effectué. La ville est l'actuelle Xining dans la province de Qinghai.

201. Il s'agit des yacks.

pays une petite bête de la grandeur d'une gazelle, mais son aspect est tel : le poil comme cerf, mais bien plus épais ; le pied comme gazelle ; point de cornes, mais la queue comme gazelle ; quatre dents, deux en bas et deux en haut, longues de trois doigts et minces et blanches comme ivoire, dont deux pointent vers le haut et deux vers le bas. C'est une bête très jolie à voir, qu'on appelle *gudderi*[202] en langue tartare. J'ai rapporté à Venise, desséchés, la tête et le pied d'un de ces animaux, et un peu de musc dans son sac à musc, ainsi qu'une paire de petites dents. Et sachez que le musc se trouve de cette manière : les chasseurs se mettent en route à la pleine lune pour attraper ces bêtes, et celui qui en a pris une, il trouve au nombril, sous le ventre, au milieu, entre cuir et chair, une apostume de sang qui se forme chez cette bête quand la lune est pleine ; il la découpe avec toute la peau, la retire, et la fait sécher au soleil ; et ce sang est le musc d'où vient si grande odeur. Et sachez que c'est en cette contrée qu'on trouve le meilleur. Mais la chair de cette bête est aussi fort bonne à manger et ils en prennent en grand nombre, car il en existe de grosses quantités, aussi bons que je vous ai conté.

Les gens de cette province vivent de commerce et de métiers, ceux notamment des draps d'or et de soie, et ont abondance de tous grains. La province est grande de vingt-cinq journées, et elle est très fertile. Il y a de magnifiques faisans, deux fois plus gros que ceux de l'Italie, car ils ont à peu près la taille d'un paon, tout de même un peu moins. Ils ont une queue superbe de dix palmes de long tout au plus ; beaucoup l'ont de neuf, d'autres de huit, et de sept au moins. Il y a aussi des faisans d'autre sorte, qui ont la grandeur et l'allure de ceux de notre pays. Il y a des foules d'autres oiseaux de toute sorte avec très jolies plumes et charmantes couleurs très variées.

Les gens de cette province sont tous idolâtres et suivent leurs désirs ; en général, ils sont grands et gras,

202. Il s'agit effectivement du nom mongol de la gazelle porte-musc.

ont le nez petit et le cheveu noir, mais point de barbe, fors une touffe de poil au menton. Les honorables dames n'ont point de cheveux, si ce n'est au sommet de la tête, et nulle part ailleurs n'ont de poil. Elles sont très blanches et très charnues, et très bien faites à tous égards. Et vous pouvez savoir que les hommes se délectent fort en luxure, et prennent bon nombre de femmes parce que leur loi ni leurs usages ne les en empêchent ; ils en peuvent prendre tant comme ils veulent, ou qu'ils en peuvent entretenir. Et vous dis de plus que ces hommes recherchent plutôt de belles femmes que des nobles ; car s'il y a une très belle fille, et avenante, mais qu'elle soit pauvre et de vil lignage, un grand baron ou un gros seigneur, fût-il le plus gros du pays, et puissamment riche, la prendra nonobstant pour femme à raison de sa beauté, et donnera assez d'argent pour elle à son père et à sa mère selon qu'ils sont convenus ensemble, et les filles valent selon leur beauté. Or nous partirons d'ici, et vous dirons d'une autre province vers le Levant.

LXXIII. — Ci devise du royaume de la province d'Egrigaia

Qui laisse derrière soi Ergiuul et va huit journées vers le Levant, il trouve une très bonne province qui est appelée Egrigaia[203] où il y a assez de cités et villages, et est aussi de la grande province de Tangut. La ville maîtresse est appelée Calacian[204]. Les gens sont pour la plupart idolâtres, mais il y a maints Sarrazins et aussi trois très belles églises de Chrétiens nestoriens. Tous sont au Grand Can tartare. En cette cité de Calacian, se

---

203. L'actuelle province de Ning-hia.

204. Les commentateurs sont ici divisés. Il s'agirait soit de la capitale de la province de Ning-hia qui portait le même nom, l'actuelle Yinchuan, qui se trouve sur le fleuve Jaune et le chemin reliant la Route de la Soie à Pékin ; soit de l'ancienne capitale des Tangout nommée Khalatchar, qui se situerait plus au sud à la place de l'actuelle Ting-yuan-ying.

fait beaucoup du tissu nommé camelot, en poil de chameau, le plus beau et le meilleur du monde ; de blanche laine ils font du camelot blanc aussi beau que bon, en quantité très grande. Dont sont beaucoup envoyés en autres régions pour la vente, et notamment en Catai et en d'autres régions vers le milieu du monde. Mais à présent, sortons de cette province devers le Vent-Grec et le Levant, et vous dirons d'une autre province appelée Tenduc [205] : ainsi entrerons sur les terres qui furent au Prêtre Jean.

LXXIV. — Ci devise de la grande province de Tenduc

Qui part de là trouve Tenduc, province vers le Levant, qui a villes et villages assez, et c'est une des provinces que ce grand roi très fameux dans le monde, nommé par les Latins Prêtre Jean, soûlait habiter. Mais à présent, ils sont au Grand Can, car tous les descendants du Prêtre Jean sont au Grand Can. La maîtresse cité est nommée Tenduc. Et de cette province en est roi un de la lignée du Prêtre Jean, et encore est Prêtre Jean ; et sachez qu'il est prêtre chrétien comme sont tels tous les chrétiens de ces pays ; mais son nom est George [206], et la plus grande part du peuple est de Chré-

---

205. Marco Polo continue son chemin vers le nord-est en suivant la route qui contourne le fleuve Jaune. Il pénètre ainsi dans la région située au nord de la boucle du fleuve, dans l'actuelle Mongolie intérieure, habitée à l'époque, et depuis le IXe siècle, par les Turcs Oengut.

206. Ici Marco Polo se fixe sur un autre personnage, ou plutôt une lignée de personnages qui semblent correspondre mieux aux qualificatifs du Prêtre Jean. Non seulement les Oengut et leur famille régnante étaient nestoriens, mais leurs souverains étaient en même temps des chefs religieux, ce qui explique le titre de Prêtre. Ce titre devait être héréditaire, comme il ressort de l'expression de Marco Polo : « en est roi un de la lignée du Prêtre Jean, et encore est Prêtre Jean ». Gengis Khan s'étant allié aux Oengut en 1204, c'est-à-dire juste après la défaite et la mort de Ong-Khan, cela facilite le transfert du titre de ce personnage à la lignée des Oengut.

tiens. Il tient le pays pour le Grand Can, non pas tout celui que Prêtre Jean avait, mais seulement une partie. Mais vous dis aussi que depuis la mort de ce roi qui fut tué en bataille par Cinghis, ces seigneurs sont tenus pour nobles, car les Grands Cans descendus de Cinghis qui avait épousé la fille d'Uncan, le Prêtre Jean [207], duquel tous ces seigneurs descendent, ont toujours donné de leurs filles et parentes aux rois qui règnent en cette région et sont du lignage du Prêtre Jean.

En cette province on trouve la pierre dont se fait l'azur [208], très abondante et de bonne qualité, et ils sont très habiles à ce faire. Il y a aussi beaucoup de camelot en poil de chameau, et de couleurs variées. Les gens vivent de leurs troupeaux et des fruits de la terre, dont ils font grand commerce, et aussi de certains métiers.

Là, le gouvernement appartient aux Chrétiens, parce que le roi est chrétien bien qu'il soit soumis au Grand Can, comme vous ai dit plus haut ; mais il y a aussi des Idolâtres en bon nombre et des hommes qui adorent Mahomet. Il y a aussi des gens appelés *argon* [209] en leur langue, qui veut dire en français *guasmul,* c'est-à-dire qu'ils sont nés de deux sortes de gens, celle de Tenduc qui adore les idoles et ceux qui adorent Mahomet. Ce sont les hommes les plus blancs et les plus fins de la contrée, les plus habiles et meilleurs commerçants.

Et sachez que le maître siège du Prêtre Jean était en cette province, quand il gouvernait les Tartares et toutes les provinces et royaumes des alentours ; et ses descendants y demeurent encore. Ce George que je vous ai nommé est du lignage du Prêtre Jean, comme je vous l'ai dit en conte ; depuis icelui, c'est le sixième sei-

---

207. On voit ici le procédé par lequel la confusion est alimentée.

208. C'est-à-dire le lapis lazuli (voir note 138).

209. Le mot *guasmul* indiquait à Byzance et dans les Etats croisés les métis issus des chrétiens et des musulmans ou même des chrétiens orthodoxes et catholiques. Quant à l'Arghoun, c'est le nom d'une tribu mongole, au sein de laquelle, ou par l'intermédiaire de laquelle, trois mille foyers d'artisans musulmans de la Transoxiane ont été installés dans cette région pendans le règne d'Oegoedéi.

gneur[210], et on le tient pour le plus grand de cette lignée. Le lieu où il règne, nous l'appelons en notre pays Gog et Magog[211], mais ceux de là-bas l'appellent en leur langue Ung et Mongul[212]. En chacune de ces provinces était une différente espèce de gens, car en Ung étaient les Gog et en Mongul les Tartares. A raison de quoi les Tartares sont parfois appelés Monguls.

Et quand on chevauche sept journées par cette province, vers le Levant, on tire vers les frontières de Catai et l'on trouve maintes cités et villages où sont des gens qui adorent Mahomet, beaucoup d'Idolâtres et aussi quelques Turcs, Chrétiens nestoriens. Ils vivent de commerce et métiers, car ils font les tissus de soie et d'or que l'on appelle *nascici* très bellement, et une autre espèce de tissu nommée *nac,* et des tissus de soie de différentes sortes. Tout comme en nos pays nous avons des draps de laine de diverses natures, ils ont draps de soie et d'or de divers genres. Ils sont tous soumis au Grand Can.

Il est une cité nommée Sindaciu[213], où l'on fait beaucoup de métiers, notamment toutes fournitures et harnois nécessaires pour les armées. Et dans les montagnes de cette province est un lieu nommé Ydifu[214], où est une

---

210. George, de son nom mongol Koergis, est effectivement le sixième successeur du souverain Oengut qui s'allia à Gengis Khan, lequel est apparemment confondu par Marco Polo avec Ong-Khan où son successeur immédiat.

211. La légende de Gog et Magog, relégués aux confins nord-est du monde connu d'où ils sortiraient comme un prologue au Jugement dernier, transmise par la Bible et le Coran et mêlée à la légende d'Alexandre, se trouve ici localisée par Marco Polo et très probablement par les voyageurs arabes avant lui à la Muraille de Chine (voir l'introduction). C'est la seule mention, d'ailleurs bien indirecte, que fait Marco Polo de la Grande Muraille de Chine.

212. Le déferlement mongol était une occasion plus que tentante d'identifier Magog avec les Mongols, mais, comme il fallait trouver aussi quelque chose pour Gog, Marco Polo s'est rabattu sur les Oengut (pluriel de Oeng, de Wang = roi en chinois, signifiant les gens du roi).

213. La ville actuelle de Xuanhua dans la province de Hopeh, dernière étape avant Pékin.

214. Site non identifié.

très bonne argentière, d'où l'on tire argent en quantité. En cette région ils ont chasse et fauconnerie de toute sorte en raison de la multitude des bêtes sauvages.

Maintenant, laissons cette province et ces cités, et allons trois journées : nous trouverons une cité qui s'appelle Ciagannor[215], qui veut dire en latin « Bassin Blanc », où est un très grand et beau palais qui est au Grand Can, et où il habite quand il vient. Car sachez que le Grand Can y demeure très volontiers parce qu'aux environs il y a de très belles chasses, et pas mal de lacs et rivières où vivent des troupes de cygnes et d'autres oiseaux en grand nombre. Il y a aussi une plaine superbe avec des grues, des faisans, des perdrix et maintes autres sortes d'oiseaux. C'est pourquoi le Grand Can prend grand plaisir à y demeurer chaque année à la saison de la chasse ; au faucon, au gerfaut, il prend assez d'oiseaux avec grande joie et fête.

En ces régions sont cinq espèces de grues, lesquelles vous décrirai. Les premières sont toutes noires comme un corbeau, avec de vastes ailes, et elles sont très grosses. Les secondes sont toutes blanches ; leurs ailes sont plus grandes que les précédentes, et magnifiques, car les plumes partout forment des yeux ronds comme ceux de la queue du paon, mais ils sont d'une couleur d'or très resplendissante ; quant à leur tête, elle est vermeille et noire et très bien formée ; le cou est noir et blanc et de couleur dorée ; elles sont bien plus grandes que toutes les autres, et vraiment belles à regarder ; elles ont les yeux de diverses couleurs, et surtout blancs, noirs et bleus. La troisième espèce est en tout point semblable à celle de notre Italie. La quatrième est petite, plus petite que celle de par ici, avec des plumes vermeilles et bleues très bellement arrangées, et aux oreilles de longues plumes vermeilles, noires et blanches, qui pendent vers la terre très joliment. La cinquième espèce est toute grise, avec une tête blanche, vermeille et noire, très belle et bien formée, et est de grande taille.

---

215. Tchaghan-nor (= le lac bleu, en mongol). Lieu situé au nord de Pékin sur la route de la résidence d'été de Koubilai.

Et près de cette cité est une vallée en laquelle le Grand Can a plusieurs maisonnettes de bois et de pierre, où il détient une très grande quantité de *cator* qu'en notre langue nous appelons grandes perdrix. Pour leur nourriture, le Grand Can a toujours du millet, du panic et d'autres grains aimés de tels oiseaux, et en fait semer en été sur le versant des collines, défendant qu'on en moissonne, afin qu'ils aient toujours abondamment à manger. Il fait demeurer plusieurs hommes à la garde de ces oiseaux, afin qu'il n'en soit dérobé. Lesquels leur jettent le grain en temps d'hiver, et les oiseaux sont tant accoutumés à cette provende, que dès que l'homme siffle, d'où qu'ils fussent ils accourent vers lui en si grande foule que c'est merveille à voir. Et lorsque le Grand Can vient en ce pays pour chasser, il a de ces oiseaux en grande abondance, autant qu'il en souhaite. En hiver, quand ils sont très gras — mais à cause du grand froid il ne demeure pas là en telle saison — il s'en fait apporter où qu'il soit, à dos de chameaux. Toutes ces choses, et bien d'autres sont préparées pour lui, sa famille et sa Cour en si grande abondance, que la noblesse de son train est une chose merveilleuse et stupéfiante à voir. Mais nous partirons d'ici et irons trois journées plus loin, entre la Tramontane et le Vent-Grec.

LXXV. — Ci devise de la cité de Ciandu et du merveilleux palais du Grand Can

Et quand on est parti de la cité que je vous ai nommée et qu'on s'en va trois journées, on trouve une cité qui est appelée Ciandu[216], que le Grand Can, qui maintenant règne et qui a nom Cublai Kaan, a fait bâtir en ce lieu. En cette cité Cublai Kaan a fait bâtir un vaste palais de marbre et d'autres nobles pierres habilement

216. Chang-tou (= la capitale supérieure), précédemment appelée Chemeinfu par Marco Polo (voir note 33). Capitale d'été des Yuan jusqu'à la fin de leur règne en 1368. Située près de la ville actuelle de Duolun en Mongolie intérieure.

travaillées, dont un bout est au milieu de la cité, et l'autre sur sa muraille. Les salles, chambres et corridors en sont tout dorés et bellement peints en dedans de fresques et images de bêtes et d'oiseaux, d'arbres et de fleurs, et de bien d'autres choses, si habilement que c'en est délice et merveille à voir. A partir de ce palais est construite une seconde muraille qui, dans la direction opposée au palais, aboutit d'un côté au mur de la ville, près du palais, et de l'autre côté à l'autre bout d'icelui, et qui, en ses seize milles de tour, renferme une plaine de telle sorte qu'à moins de partir du palais, on n'y peut pénétrer ; et elle est fortifiée comme un castel ; en quelle plaine sont fontaines et rivières d'eau courante et de belles prairies et bosquets. Le Grand Can y tient toute sorte de bêtes sauvages non féroces, cerfs, chevreuils et biches, pour donner à manger aux faucons et gerfauts, qu'il tient en mues en ce lieu ; et y a plus de deux cents gerfauts sans les faucons. Il vient en personne voir dans les cages au moins une fois la semaine. Et souventes fois le Grand Can va chevauchant dans ce parc enclos de murs, ayant en croupe un léopard apprivoisé, et quand il veut, il laisse aller le léopard et prendre une de ces bêtes, daim, cerf ou chevreuil, et la fait donner aux faucons et gerfauts qu'il tient en mues. Ainsi fait souvent pour son plaisir et amusement. Et certes, ce lieu est si bien entretenu et orné que c'est une très noble chose de grand agrément.

Et sachez encore qu'au milieu de ce parc environné de murs, là où se trouve le joli bosquet, le Grand Can a fait pour son habitation un grand palais tout de bambou sur de beaux piliers dorés et vernis ; et au sommet de chaque pilier est un grand dragon tout doré qui enroule sa queue autour du pilier et soutient le plafond de sa tête, et il écarte aussi les bras, le droit pour soutenir le plafond et le gauche pour la même chose. Tout est doré en dedans et dehors, et peint de bêtes et d'oiseaux très habilement travaillés. Le toit aussi est tout de bambous dorés et vernis si épais que l'eau ne les peut gâter, et que les peintures ne peuvent être délavées. C'est la plus merveilleuse chose du monde à entendre pour qui ne l'a point vue. Et vous dirai comment il est fait de bambous.

Sachez en vérité que ces bambous sont gros de plus de trois palmes, et longs de dix à quinze pas. On les tranche par le milieu de chaque nœud, puis on les fend en deux en long par le milieu, et ainsi on fait une tuile ; ou plutôt, on en fait à chaque fois deux. Des bambous les plus épais et les plus grands on fait piliers, poutres, cloisons et moult autres pièces, et l'on peut couvrir une maison entière. Ainsi est ce palais du Grand Can tout entier fait de bambous. Chaque tuile est fixée avec des clous pour s'engarder du vent ; et ils les joignent si bien ensemble qu'elles protègent la maison de la pluie et font couler l'eau vers le bas. Et de plus le Grand Can a fait son palais bâtir de telle sorte que sans peine il peut le faire démonter et porter là où il veut ; et quand il est rebâti, plus de deux cents fortes cordes de soie le maintiennent tout autour comme une tente, parce qu'en raison de la légèreté du bambou, le vent le jetterait par terre.

Et vous dis que le Grand Can demeure là trois mois de l'année : juin, juillet et août [217], tantôt dans le palais de marbre, tantôt dans celui de bambou, et c'est pour échapper à la chaleur brûlante, car l'air y est plus frais et tempéré qu'en autres lieux. Et pendant ces trois mois que vous avez ouï, le Grand Can tient le palais dressé, mais dès qu'il s'en va, il le fait démonter, et tous les autres mois de l'an, le garde en morceaux et paquets.

Quand arrive le vingt-huitième jour de la lune du mois d'août, le Grand Can quitte chaque année cette cité de Ciandu et son palais, et vous dirai pourquoi. Vrai est qu'il a un haras de chevaux et de juments blancs comme neige sans nulle autre couleur et qui sont en grand nombre, soit plus de dix mille juments. Et en outre il a un grand nombre de vaches très blanches. Le lait de ces juments blanches, nul au monde n'oserait en boire, fors le Grand Can et ses descendants, ceux

---

217. L'usage est confirmé par l'histoire officielle des Mongols, mais on ne possède pas d'autre description du palais.

qui sont du lignage d'empire. Toutefois est vrai qu'une autre sorte de gens de ce pays, appelés Horiat[218], en peuvent boire aussi. Cinghis Can leur a donné cet honneur et privilège pour une grande victoire qu'ils ont gagnée à ses côtés jadis. Il décida qu'eux et tous leurs descendants eussent la même nourriture que le Grand Can et ceux de sa race. Ainsi, seules ces deux familles vivent de ces animaux blancs, c'est-à-dire du lait qu'on en trait.

Et vous dis que quand ces bêtes blanches vont paissant par prés et forêts, et passent sur quelque route où un homme désire passer, on les tient en si grande révérence que non seulement le peuple ordinaire, mais aussi un grand seigneur et baron, n'oserait pour rien au monde passer au milieu du troupeau, mais attend qu'elles aient toutes défilé et qu'elles soient parties à bonne distance. Tous leur cèdent le chemin et font tout leur possible pour leur plaire et, comme je vous ai dit, les respectent non moins que si c'était leur propre maître.

Les astrologues des Idolâtres ont dit au Grand Can qu'il doit répandre en l'air et sur la terre un peu de lait de ces juments blanches le vingt-huitième jour de la lune d'août de chaque année, pour que tous les esprits qui vont par l'air et par la terre en aient à boire s'il leur plaît, afin que, pour cette charité, les esprits et idoles, protègent tous ses biens et que ses affaires prospèrent, ses hommes, ses femmes, ses bêtes, ses oiseaux, ses récoltes et toutes autres choses qui poussent de la terre.

De là vient que le Grand Can quitte son parc au mois d'août et va en autre lieu, pour faire de sa main le sacrifice du lait à ses dieux. Le jour de la cérémonie, du lait de jument est préparé en grande quantité dans des coupes de fête, et le roi en personne en verse ici et

---

218. Deux tribus historiques pourraient prétendre à cet honneur. Celle des Oirat qui avaient participé à la campagne de Gengis contre les Merkit (voir note 197) et celle des Onggirat qui avaient contracté plusieurs liens de mariage avec la famille de Gengis. Mais l'orthographe du nom et les précisions de Marco Polo semblent plutôt militer pour la première.

là en abondance en honneur de ses dieux. Et les astrologues disent que les dieux boivent le lait versé. Et après le sacrifice, le roi boit du lait de ses juments blanches. Ainsi ce rite est solennellement observé le vingt-huit août à tout jamais[219].

Mais vous dirai encore une merveille que j'avais oubliée. Sachez donc que quand le Grand Can demeure en son palais où il reste trois mois de l'année, et qu'il y a pluie, brouillard ou mauvais temps, il a près de lui de sages astrologues et enchanteurs qui vont sur le toit du palais et, par leur science et incantations, ordonnent à tous les nuages, à la pluie et au mauvais temps de s'en aller d'au-dessus du palais ; si bien qu'au-dessus du palais, n'y a point mauvais temps, que jamais goutte d'eau n'y tombe, et que l'intempérie s'en va autre part ; oui, si parfaitement : la pluie, la tempête et l'orage tombent tout alentour, mais rien ne touche le palais.

Les sages hommes qui ce font sont de deux sortes, les uns sont appelés Tebet, les autres Chescemir[220], ce sont là deux genres de peuple qui sont idolâtres. Ils savent les arts diaboliques et les enchantements plus que tous les autres hommes et commandent aux démons, au point que ne crois pas qu'il y ait plus grands enchanteurs par le monde. Tout ce qu'ils font, ils le font par science du diable, et font croire aux autres gens qu'ils le font par leur bonté, leur sainteté et leur science de Dieu. Adonc vont ords et sordides, sans souci de leur propre décence ni des personnes qui les voient ; ils gardent leur visage crotté, et ne se lavent ni ne se peignent, mais toujours vont salement.

Ces mêmes gens, la plus vilaine race de nécromanciens et enchanteurs dont je vous aie dit, ont tel bestial et horrible usage comme je vous dirai. Quand un homme est condamné à mort pour le mal qu'il a fait, et doit

---

219. Ces rites sont également mentionnés par l'histoire officielle des Mongols.

220. Le bouddhisme, dont les refuges principaux au nord de l'Inde étaient à l'époque le Tibet et le Cachemire, avait exercé une influence importante sur les Mongols.

être mis à mort par le pouvoir légal, on le leur donne ; ils le prennent et le font cuire et le mangent[221] ; mais s'il était pour mourir de sa belle mort, oncques ne le mangeraient pour rien au monde.

De cette race de charmeurs est si grand nombre que c'en est merveille. Outre les noms susdits, ils sont encore appelés *bacsi*[222], c'est-à-dire de telle religion ou ordre qu'on dirait Frères Prêcheurs ou Mineurs ; et sont si savants et experts en leur art magique et diabolique qu'ils font presque tout ce qu'ils veulent.

Vous pouvez encore savoir très véritablement que ces *bacsi,* qui savent de tels enchantements, entre autres font telle merveille comme je vous dirai. Quand le Grand Can est assis, pour dîner ou souper, dans sa grand'salle, à sa grand table, laquelle, placée à part pour le repas du Seigneur, a plus de huit coudées de haut, et que les coupes d'or sont sur une table au milieu du carrelage, de l'autre côté de la salle, à bien dix pas de la table du seigneur, pleines de vin, de lait et autres bons breuvages, tant font par leurs enchantements et sciences ces sages enchanteurs qui sont nommés *bacsi,* que ces coupes pleines se soulèvent et d'elles-mêmes s'en vont par l'air se présenter devant le Grand Can lorsqu'il veut boire, sans que nul ne les touche. Et lorsqu'il a bu, ces coupes reviennent à la place d'où elles étaient parties. Et ce, le font parfois devant dix mille personnes qui regardent, et devant tous ceux à qui le seigneur veut le faire voir. C'est chose vraie, digne de foi, sans nulle mensonge, car elle a lieu chaque jour à la table du seigneur. D'ailleurs vous dirai que les sages hommes de notre pays qui savent la nécromancie affirment que c'est chose faisable.

Je vous dis encore que ces *bacsi,* quand vient la fête de leurs idoles, s'en vont trouver le Grand Can et lui disent :

---

221. On trouve des pratiques d'anthropophagie rituelle dans le tantrisme, lequel, sous sa variante bouddhique, était à cette époque bien installé au Tibet.

222. *Bakchi,* l'équivalent mongol du lama tibétain.

« Sire, si vient à tel jour la fête de telle idole à nous. » Et nomment telle idole qu'il leur plaît. Et puis lui disent : « Beau Sire, vous savez comme cette idole sait faire le mauvais temps et la peste venir, et la perte de vos biens, et des animaux, et du grain, si point n'est honorée d'offrandes et holocaustes. Et pour ce vous prions, beau Sire, de nous faire donner tant de moutons à tête noire — et ils disent le nombre qu'il leur plaît — et tant d'encens, et tant de bois d'aloès, et tant de telle chose, et tant de telle autre, comme il leur semble bon —, pour que nous puissions faire grand honneur et sacrifice à notre idole, et qu'elle nous protège, nous, nos biens, nos animaux, nos grains, les fruits de notre terre et toutes nos choses. »

Ainsi parlent ces *bacsi* aux barons qui sont autour du Grand Can et à ceux qui ont autorité de parler au seigneur pour les autres ; et iceux le disent au Grand Can ; et lorsque le jour est venu, le seigneur ordonne qu'ils aient tout ce qu'ils demandent pour honorer la fête des idoles, comme chair, pain et vin. Et quand ces *bacsi* ont eu toutes ces choses, ils en font grand honneur aux idoles dont c'est le jour, avec grand'chanson douce et plaisante, belles prières et nombreuses lumières. Il les encensent du bon parfum de ces épices, font cuire la chair et la déposent devant les idoles, répandent du bouillon et du lait çà et là, disant que les idoles en prennent autant qu'elles veulent. Ainsi font en présence du peuple qui se tient là à regarder le sacrifice avec grande révérence, croyant fermement que par tel sacrifice fort agréable aux dieux, ils gardent le seigneur de tout danger et que toutes choses procéderont selon la plus brillante prospérité. Voilà la manière dont ils honorent chaque idole le jour de sa fête.

Et sachez véritablement que chaque idole est fêtée chaque année à jour fixe, tout comme le sont nos saints. Et en ce pays de nombreux moines sont mis à part pour le service des idoles. Ils ont donc très grands moustiers et abbayes dédiés à ces idoles. Certains moustiers, je vous le dis, sont aussi vastes que petite cité, èsquels, selon l'état et la grandeur du temple, ont mille et deux mille moines ou plus, qui servent les idoles selon leurs coutumes, et qui se vêtent plus honnêtement que ne font les autres hommes. Ils portent la tête et la barbe rasées plus que les laïcs. Ils fêtent leurs idoles par plus de chants et de lumières qu'on ne vit oncques. Il est maintes sortes de moines idolâtres différents dans le pays. Et vous dirai encore que ces *bacsi* en ont d'un certain ordre parmi eux, qui peuvent prendre plusieurs épouses : ils font ainsi, et ils ont beaucoup d'enfants ; ceux-là s'habillent autrement que les autres.

Et vous dis encore qu'en outre est une autre espèce de religieux qui sont appelés en leur langue *sensin*[223] ; ce sont hommes de grande abstinence qui mènent vie aussi dure et rude que je vous vais dire. Sachez donc véritablement que de toute leur vie, ils ne mangent que semoule et son, c'est l'écorce qui reste de la farine de froment. Ils se la préparent comme nous la préparons pour les cochons, car l'ayant prise, ils la mettent dans l'eau chaude pour la ramollir et l'y laissent un petit, puis la mangent ainsi délavée sans aucun autre fumet. Ils jeûnent maintes fois l'an et ne mangeraient rien au monde que ce son que je vous ai conté, et ils boivent de l'eau ; ils demeurent beaucoup en prières, de sorte que c'est vraiment une vie rude outre mesure. Ils ont de grandes idoles en quantité, et parfois ils adorent le feu[224]. Et vous dis que les autres religieux idolâtres qui observent règle plus douce disent que ceux qui vivent en si grande abstinence sont hérétiques de leur loi, car point n'adorent leurs idoles en telle manière comme ils font. Il y a de grandes différences entre une règle et l'autre. Pour rien au monde ceux-ci ne prendraient une épouse ; ils portent la tête et la barbe rasées, des habits bleus et noirs de la toile à sac la plus grossière et la

223. Il doit s'agir du mot chinois *sien-chen,* transcrit à travers le persan *shinshin* signifiant l'immortel et désignant les religieux taoïstes.

224. L'adoration du feu de foyer tenait une place très importante dans la religion mongole.

plus commune, et s'ils devaient être de soie, ils seraient de la couleur que vous ai dit. Toujours dorment sur nattes à bon marché, ce sont joncs. N'est-ce pas vie plus dure que celle de nul autre homme au monde ? Leurs moustiers ou temples sont séparés de ceux des autres. Leurs idoles sont toutes femmes, c'est-à-dire qu'elles ont toutes un nom de femme [225] ; et tels ils les leur donnent pour induire les femmes à les adorer.

Or laissons cela et vous contons des très hauts faits et des merveilles du très noble seigneur des seigneurs de tous les Tartares du monde, le très noble et très puissant Grand Can qui Cublai est appelé.

SE TERMINE LE PREMIER LIVRE DE MAÎTRE MARCO POLO SUR LES MERVEILLES DES RÉGIONS ORIENTALES

225. Marco Polo aurait pris pour des statues de femmes les différents Bouddhas étendus, mais cette interprétation n'explique pas la mention des noms féminins.

Second livre

Et le second livre du même sujet commence

LXXVI. — Ci devise de tous les faits du Grand Can qui maintenant règne et est nommé Cublai Kaan, et devise comment il tient sa cour et comment il maintient ses gens en justice ; et encore dit de ses affaires

Or vous veux commencer à conter, en cette partie de notre livre, de tous les grandissimes faits et de toutes les grandissimes merveilles du très grand seigneur des Tartares, le Grand Can qui maintenant règne et est appelé Cublai Kaan, ce qui veut dire en notre langue le seigneur des seigneurs et empereur ; et c'est bien à bon droit qu'il a ce nom, car chacun sait vraiment que ce Grand Can est le plus puissant homme en gens, en terres et en trésors qui fût jamais au monde, ni soit aujourd'hui depuis Adam notre premier père, et que sous lui les gens sont tenus en telle obéissance que jamais on ne vit la pareille sous aucun roi plus ancien. Et vais vous montrer bien clairement dans ce second livre que c'est chose véritable, afin que chacun soit bien sûr qu'il est le plus grand sire qui fut ou qui soit sur la terre. En les suivants chapitres, vous montrerai comment.

LXXVII. — Ci devise de la grande bataille qui fut entre le Grand Can et le roi Naian son oncle

Or sachez très vraiment que Cublai descend en ligne directe de Cinghis Can, premier sire de tous les Tartares du monde, car il faut que le sire de tous les Tartares soit directement de cette lignée. Donc, ce Cublai Kaan est le sixième Grand Can[226], ce qui revient à dire qu'il est le sixième grand seigneur de tous les Tartares qui ont pu exister jusqu'ici. Et sachez qu'il eut la seigneurie en l'an 1256 depuis la naissance du Christ[227] : c'est donc en cette année qu'il a commencé à régner. Et sachez que c'est par sa valeur, et par sa prouesse et par son grand sens qu'il a eu la Seigneurie, car ses frères et ses parents la voulaient pour eux-mêmes et la lui défendaient. Mais lui par grand'prouesse l'arracha de leurs mains et l'eut malgré la volonté de ses frères. Et sachez que la seigneurie lui revenait par droit direct. Voilà quarante-deux ans qu'il a commencé à régner jusqu'au présent jour, qui est dans le courant de l'an 1298[228]. Il peut bien avoir quatre-vingts et cinq ans, de sorte qu'il peut bien avoir eu quarante-trois ans d'âge quand on le fit roi[229]. Et avant qu'il fût seigneur, il soûlait presque toujours partir en guerre ; il désirait qu'on le trouvât en toute affaire parce qu'outre qu'il était homme d'armes éprouvé et brave les armes à la main, il s'était fait connaître pour grand capitaine, le plus sage et audacieux en conseils et stratégie que les Tartares eurent jamais. Mais après qu'il fut seigneur, il n'alla plus jamais à la guerre en personne, sauf une fois cependant, et ce fut en l'an 1286, et vous dirai pourquoi.

Vrai est qu'il y avait un grand seigneur tartare, un qui avait Naian[230] pour nom, et qui était oncle de Cublai Kaan. Lequel était jeune gentilhomme de trente années, seigneur et sire de maintes terres et provinces, si bien

226. En réalité cinquième si on ne compte pas les régences (voir tab. gén.).

227. La date officielle est 1260.

228. Koubilai mourut le 18 février 1294.

229. En réalité il avait 41 ans en 1256, date donnée par Marco Polo pour son avènement.

230. Nayan était l'arrière-petit-fils d'un frère cadet de Gengis Khan et possédait comme fief l'ouest de l'actuelle Mandchourie. La révolte et la bataille dont les faits concordent avec le récit de Marco Polo qui devait être sur place à l'époque sont placées par l'histoire officielle en 1287-88.

qu'il pouvait bien lever quatre cent mille hommes à cheval. Ses ancêtres anciennement avaient été sous le Grand Can ; lui-même était sous son neveu le Grand Can qui s'appelle Cublai, et par droit était tenu d'y être. Mais, ainsi comme je vous ai conté, c'était jeune gentilhomme de trente ans. Quand il se vit si grand sire qu'il pouvait bien jeter quatre cent mille hommes à cheval en bataille, il devint orgueilleux à cause de son jeune âge et de sa grande puissance. Il dit qu'il ne voulait pas rester plus longtemps sous le Grand Can, mais dit qu'il voulait se rebeller et lui ravir, s'il le pouvait, tout l'empire et le trône.

Alors donc ce Naian mande très secrètement ses messagers à Caidu, qui était grand sire et puissant, devers la Grande Turquie, et était neveu du Grand Can [231], mais s'était rebellé contre lui et lui voulait grand mal. Il lui mande qu'il s'apprêtait de toute sa puissance — qui était très grande — à tomber sur le Grand Can d'un côté, et qu'il le priait de bien vouloir faire tout son possible pour lui tomber dessus de l'autre côté, afin de lui ravir la terre et la seigneurie. Ayant entendu ces nouvelles que lui mandait Naian, Caidu dit qu'il lui plaisait bien, et pensa qu'était venu le temps de réaliser ses désirs ; il répondit que bien se préparerait pour venir à son aide avec tous ses gens au moment qu'ils auraient fixé et irait contre le Grand Can. Et sachez qu'il avait le pouvoir de rassembler et jeter en bataille cent mille hommes à cheval. Et que vous en dirai-je ? Ces deux barons, Naian et Caidu, s'étant accordés aussi secrètement que possible, firent grand rassemblement de chevaliers et d'hommes à pied pour aller contre le Grand Can et convinrent de se retrouver en une certaine plaine... Mais ils ne le purent faire si secrètement que Cublai Kaan ne l'apprît.

---

231. Kaidou possédait le Turkistan oriental, l'actuel Turkistan chinois, et contrôlait en tant que suzerain de la lignée de Tchaghatai le Turkistan occidental, l'actuel Turkistan soviétique. En ce qui concerne ses liens de parenté avec Koubilai, voir le tableau généalogique.

LXXVIII. — Comment le Grand Can alla contre Naian

Quand le Grand Can sut que Naian lui venait sus avec une si grosse armée, point n'en fut consterné, mais en homme sage et de grande vaillance, il se prépare avec ses gens à le rencontrer très rapidement comme un qui n'a pas peur de ceux qui font le mal ; et quand ses gens furent réunis, il dit qu'il ne veut jamais porter couronne ni tenir terre si ces deux traîtres et déloyaux, il ne met à male mort. Et sachez que le Grand Can fit tous ses préparatifs en vingt-deux jours si secrètement que nul n'en sut rien, fors ceux de son conseil. Car il fit sans délai placer des gardes à tous les passages menant aux pays de Naian et de Caidu, afin qu'ils ne sussent point ce qu'il entendait faire ; et immédiatement ordonna que les hommes habitant les environs de Cambaluc, dans un rayon de dix journées, se rassemblassent en toute hâte. Il assembla ainsi bien trois cent soixante mille hommes à cheval et bien cent mille hommes à pied. Et s'il ne leva que si peu de gens, c'est que c'était là toutes les troupes qu'il avait près de lui, et qu'il voulait attaquer l'ennemi tout soudain et à l'improviste. Les autres de ses armées, qui douze étaient, gardaient continûment les provinces du Catai et étaient dix fois plus nombreuses, mais si loin envoyées pour conquérir terres et cités, et dispersées en tant de sens d'après ses ordres, qu'il ne les eût point eues à temps et à lieu. Il eût bien fallu trente ou quarante jours, et la préparation eût été sue.

Mais comme au présent lieu il paraît convenable de dire quelque chose des armées du Grand Can, sachez qu'en toutes les provinces du Catai, du Mangi et du reste de son empire, se trouvent bien des sujets infidèles et déloyaux, qui se rebelleraient contre leur seigneur s'ils pouvaient. Pour quoi est nécessaire de laisser des armées en chaque province où sont grandes villes et peuples nombreux, lesquelles demeurent dans la campagne à quatre ou cinq milles de la ville, qui ne peut avoir portes ou murs pour les empêcher d'entrer quand leur plaît. Le Grand Can change tous les deux ans ces armées, et de même les capitaines qui les commandent. Ainsi bridé, le peuple se tient coi, sans bouger ni faire noise. Outre la solde que leur verse toujours le Grand Can sur les revenus de la province, ces armées vivent d'un nombre infini de troupeaux qu'elles ont, et dont elles envoient le lait à vendre dans les villes, et ainsi achètent ce dont ont besoin. Et elles sont dispersées en différentes places, distantes de trente, quarante et soixante journées.

Si donc le Grand Can eût réuni toutes ses forces, il eût eu autant de chevaliers qu'il eût voulu, et en si grosse multitude que serait chose impossible à croire et à ouïr. Mais ces trois cent soixante mille hommes à cheval, sans compter tant de piétons, qu'il avait assemblés, ils étaient sa garde du corps, ses fauconniers, les hommes de sa maison et autres, qui tous restaient aux alentours de sa personne.

Et quand le Grand Can eut préparé ce peu de gens que je vous ai conté, il fit chercher à ses astrologues s'il vaincrait ses ennemis et parviendrait à bonne issue, ou bien s'il perdrait la bataille. Et ceux-ci, l'ayant considéré d'après leur art, répondirent : « Sire, vous apportons une bonne nouvelle. Et au nom de nos dieux promettons que vous ferez de vos ennemis à votre volonté. » Car toujours soûlait le Grand Can faire exécuter cette devinerie pour exciter son armée.

Ayant ouï cela, il s'en réjouit grandement, rendant grâces aux dieux, et ayant animé son armée par les plus éloquentes paroles, se mit en route avec toutes ses gens, et marcha sur le pays de Naian, chevauchant nuit et jour ; et alla tant qu'en vingt jours parvint sur une colline, d'où l'on voyait une grande plaine, où se trouvait Naian avec tous ses gens, qui bien étaient quatre cent mille hommes à cheval. Ils y arrivèrent de grand matin, et en tel secret que l'ennemi ne sut rien, ni Naian, ni aucun des autres, parce que le Grand Can avait fait couper et surveiller par ses espions toutes les routes et les passes, pour que nul ne pût aller ni venir qui ne fût pris. Pour quoi les ennemis ne surent point leur venue, et en furent consternés et stupéfaits. Quand ils arrivèrent, je vous dis, le Naian était au lit avec sa femme, dans sa tente, et il se donnait avec elle du bon temps, car il lui voulait grand bien.

LXXIX. — Ici commence le récit de la bataille du Grand Can et de Naian son oncle

Et que vous en dirai-je ? Quand l'aube du jour de la bataille fut venue, alors apparut le Grand Can avec toute son armée sur un tertre qui dominait la plaine. Là était Naian dans sa tente, et tous en grande tranquillité, dispersés sans armes dans la plaine, comme gens qui pour rien au monde ne croiraient que le Grand Can ni nulles gens leur viendraient sus pour leur faire dommage. Voilà pourquoi ils demeuraient en si grande tranquillité et ne faisaient garder leur camp sans avoir aucune sentinelle ni devant, ni derrière ; et c'était aussi parce qu'il fallait au Grand Can trente journées, et qu'il n'en avait mis que vingt, avec toute son armée, à cause du grand désir qu'il avait de le rencontrer.

Que vous en dirai-je ? Le Grand Can était sur le tertre que vous ai conté, dans une grande bretêche de bois pleine d'archers et d'arbalétriers, portée par quatre éléphants couverts de cuir bouilli très dur, et par-dessus étaient des draps de soie et d'or. Il avait au sommet son enseigne royale avec les figures du Soleil et de la Lune, si haut que de fort loin et de toutes parts on le pouvait voir. Ses gens étaient disposés selon sa coutume en douze divisions de trente mille hommes, et entourèrent le camp de Naian en un moment. Et avec chaque homme à cheval des premiers escadrons était un homme à pied derrière sur la croupe du cheval, avec une lance en main. Et en telle manière comme vous avez ouï s'étendant autour du camp de Naian, allait le Grand Can avec ses gens groupés en escadrons, et les champs en étaient couverts.

Et quand éveillé en toute hâte par ses serviteurs, et informé que Cublai était tout près, Naian et ses hommes virent le Grand Can avec ses gens biens disposés tout autour de leur camp, ils en furent tout ébahis. Ils courent aux armes, se forment aussitôt en escadrons. Et quand les deux partis sont en telle place qu'ils n'ont plus qu'à frapper, alors on peut voir et ouïr sonner de maints instruments qui retentissent et maints chalumeaux, et tous les hommes chanter à pleine voix, que l'air en semblait ébranlé ; car sachez que les usages des Tartares sont tels. Quand ils sont rangés en bataille, point ne se jetteraient dans le combat tant que les tambours n'auraient pas battu, ce sont ceux de leur capitaine. Et tant que les tambours ne battent pas, les soldats sonnent de leurs instruments et chantent. Et c'était pourquoi la musique et le chant étaient si grands de part et d'autre.

Et quand tout le monde fut bien préparé des deux côtés, alors commencèrent à bourdonner les grands tambours du Grand Can, et ceux de Naian répondirent. Et dès que les tambours commencèrent à résonner les deux partis se jetèrent l'un sur l'autre avec leurs arcs, et leurs épées, et leurs masses, et même des lances ; mais la plupart des piétons du Grand Can avaient des arbalètes et assez d'autres armes d'assaut. Et que vous en dirai-je ? Lors commence une mêlée féroce et très cruelle. Or peut-on voir voler les flèches en si grand nombre qu'une grande obscurité se faisait et le ciel n'était plus visible ; car l'air en était tout plein, comme si ce fut pluie. Or on peut bien voir hommes à cheval et chevaux tomber morts sur la terre en grand nombre, jusqu'à ce que la terre en fût toute couverte. Et si grande était la criée, et le vacarme, qu'on n'eût pas ouï Dieu tonner. Quand ils eurent jeté leurs flèches, s'empoignèrent de plus près avec lances et épées et masses garnies de fer. Et la grande multitude d'hommes, et surtout de chevaux, qui gisaient les uns sur les autres était telle, qu'un parti ne les pouvait franchir pour atteindre l'autre ; car la bataille était très âpre et acharnée, et personne n'épargnait personne. Et sachez que Naian était chrétien baptisé, et qu'en cette bataille il avait la croix du Christ sur son enseigne [232].

Et pourquoi vous ferais-je long conte ? Sachez très véritablement que ce fut la plus périlleuse et douteuse qui jamais fût vue ; et en notre temps ne furent oncques tant de gens rassemblés en un champ de bataille, et notamment hommes à cheval ; car ils étaient en tout plus de sept cent soixante mille, sans compter les piétons, qui étaient en grand nombre. Il y mourut tant d'hommes de part et d'autre que c'était merveille à voir. Pour telle égalité de forces, la Fortune resta un moment en balance ; elle dura, cette mêlée, du matin jusqu'à midi. Mais enfin, le Grand Can remporte la victoire. Quand Naian et ses hommes virent qu'ils ne pouvaient plus tenir, ils se mirent à fuir. Mais étant déjà complètement encerclés, ne leur servit de rien, car les Tartares les suivaient, les tuant et leur faisant beaucoup de mal. Tant que Naian fut pris, et tous ses barons et ses hommes, parmi lesquels bien des Chrétiens, se rendirent avec leurs armes au Grand Can.

LXXX. — Comment le Grand Can fit occir Naian

Et quand le Grand Can sut que Naian était pris, il en fut fort heureux, et commanda qu'il fût aussitôt mis à mort, ne voulant point du tout le voir, craignant de s'attendrir sur lui, parce qu'il était de sa chair et de son sang. Adonc fut occis de la manière que je vous dirai. Il fut enveloppé très étroit et attaché en un tapis, et il y fut tant secoué et traîné en tous sens qu'il mourut, et ils le laissèrent dedans. Ainsi Naian finit sa vie. Et s'ils le firent mourir en telle manière, c'est que les Tartares ne veulent pas que le sang du lignage de l'Empereur soit répandu sur la terre, ni fasse ses lamentations

232. Cette information n'est autrement vérifiée que par le fait qu'il y avait des nestoriens en Mandchourie, mais on ne voit pas pourquoi Marco Polo aurait inventé un mensonge qui le mettra ensuite dans l'embarras quand il faudra justifier la défaite de Nayan.

dans les airs, que le soleil ni l'air ne le voient, ni que les membres de Naian puissent être touchés par aucun animal.

Et quand le Grand Can eut gagné cette bataille en telle manière que vous avez ouï, tous les hommes, grands et petits, et les barons des quatre provinces de Naian, vinrent faire hommage au Grand Can et lui jurèrent loyauté. Et vous nommerai ces quatre provinces : la première était Ciorcia [233], la seconde Cauli [234], la troisième Barscol et la quatrième Sichintingiu [235] ; de ces quatre provinces avait été Naian seigneur, ce qui était une très grande chose.

Ayant ainsi fait le Grand Can et gagné cette bataille, les genres de gens qui étaient de la seigneurie de Naian en ces quatre provinces, Sarrazins, Idolâtres, Juifs et maints autres gens qui ne croient point en Dieu, firent des gorges chaudes de la foi chrétienne et de la croix que Naian avait portée sur sa bannière. Avec grande moquerie et dérision, ils disaient aux Chrétiens qui étaient là : « Voyez comment la croix de votre dieu a aidé Naian qui était chrétien ! »

Ils en faisaient si grand tapage et si gros rires que devant le Grand Can les Chrétiens vinrent se plaindre. Quand le Grand Can eut ouï cela, il fit venir les principaux Sarrazins, Juifs et Chrétiens, dit paroles sévères à ceux qui se moquaient, commença à conforter les Chrétiens, et dit : « Si la Croix de votre Dieu n'a pas aidé Naian, c'est fort bien fait, car elle est bonne et ne devait rien faire qui ne fût bon et juste. Naian, qui venait contre son seigneur, était traître et félon, et pour cela est grande justice de ce qui lui est advenu ; la Croix de votre Dieu a très bien fait de ne l'aider point contre le droit, car elle est chose bonne qui ne devait faire que bien. » Ce qu'il dit à voix assez haute pour que chacun l'entendît.

---

233. Voir note 178.

234. Kao-li, c'est-à-dire la Corée.

235. Ces deux dernières provinces, bien que devant se situer en Mandchourie, n'ont pas pu être identifiées.

Les Chrétiens pleins de joie répondirent : « Très noble sire — font-ils —, vous dites bien vérité, car la Croix ne veut faire vilenie et déloyauté comme fit Naian, traître et félon envers son seigneur, et rien n'eût-elle fait pour lui, car il faisait mal. Et il a eu bien ce qu'il méritait. »

Telles paroles furent entre le Grand Can et les Chrétiens à propos de la croix que Naian avait portée sur son enseigne ; grâce auxquelles les Sarrazins n'osèrent plus se moquer des Chrétiens, ni personne d'autre en médire ou tenter de leur ôter leur foi, mais tous se tinrent cois et paisibles.

LXXXI. — Comment le Grand Can retourne a la cité de Cambaluc

Et quand le Grand Can eut vaincu Naian en telle manière que vous avez ouï, il résolut de retourner à la maîtresse cité de Cambaluc[236], et sur le chemin du retour, il passa par Ciandu, sa très noble ville, qui abonde en toutes bonnes choses, au cœur du plus agréable pays de chasses. Il y demeura quelques jours pour le plus grand délassement de toute l'armée et avec un très grand plaisir. Et quand l'armée fut reposée, il revint en grande pompe et triomphe en sa capitale de Cambaluc, et c'était au mois de novembre ; là, il demeura en grandes réjouissances et festivités ordonnées en toute la ville en raison de cette grande victoire, jusqu'au mois de février, et de mars où tombe notre fête de Pâques ; là-dessus, apprenant que c'est une de nos principales fêtes, il fit venir tous les Chrétiens et désira qu'ils lui apportassent le livre où sont les quatre Evangiles, qu'il avait souvent encensé en grande cérémonie ; il le baisa dévotement et désira que tous les barons et seigneurs présents fissent de même. Il observe toujours cette coutume aux principales fêtes des Chré-

236. Khanbaligh (= la ville royale en mongol), l'actuel Pékin.

tiens, comme sont Pâques et la Nativité. Il fait de même aux principales fêtes des Sarrazins, des Juifs et des Idolâtres. Et comme on lui en demandait la raison, il répondit :

— Il existe quatre prophètes qui sont adorés et à qui tout un chacun rend hommage. Les Chrétiens disent que leur Dieu fut Jésus-Christ, les Sarrazins Mahomet, les Juifs Moïse et les Idolâtres Sagamoni Burcan[237], qui fut premier dieu des idoles. Je les honore et révère tous les quatre, car l'un d'eux est le plus grand au ciel et le plus véritable, et je le prie de m'assister.

Mais d'après ce qu'en témoignait le Grand Can, il tient la foi chrétienne pour meilleure et plus vraie, car il dit qu'elle ne commande rien qui ne soit plein de toute bonté et sainteté. Cependant, il n'admet à aucun prix qu'on porte devant lui la Croix, parce que sur Elle souffrit et mourut un tel grand homme que Christ.

Quelqu'un pourrait dire : « Puisqu'il tient la foi chrétienne pour la meilleure, pourquoi ne s'y attache-t-il point et ne devient-il pas chrétien ? » La raison, il la dit à Messire Nicolo et à Messire Mafeo quand il les envoya comme ambassadeurs au Pape, et qu'ils commençaient à lui parler de la foi du Christ. Il leur dit :

— Pourquoi voulez-vous que je me fasse chrétien ? Vous voyez bien que les Chrétiens de ces pays sont si ignorants, qu'ils ne font rien et n'ont aucun pouvoir. Vous voyez aussi que ces Idolâtres font tout ce qu'ils veulent, et quand je suis assis à ma table, les coupes qui sont au milieu de la salle me parviennent pleines de vin, de breuvage ou d'autre chose sans que personne y touche, et je bois. Ils obligent les tempêtes à aller dans le sens qu'ils veulent et font mainte chose merveilleuse ; comme vous savez, leurs idoles parlent et leur prédisent tout ce qu'ils désirent. Mais si je me convertis

237. Bourkhan (= celui qui apporte la preuve, qui témoigne) est le nom mongol donné à Bouddha. Sakyamouni (= ascète de Sakya ; Sakya étant la tribu à laquelle Bouddha appartenait) est un des surnoms les plus courants de Bouddha.

à la foi du Christ et me fais chrétien, mes barons et les autres gens qui n'y croient point me diront : Pour quelle raison vous êtes-vous fait baptiser ? Pourquoi choisir la foi du Christ ? Quelles puissances ou quels miracles avez-vous vus de sa part ? — Voyons : ces Idolâtres disent que ce qu'ils font, ils le font par la vertu et sainteté des idoles. Et alors ? Je ne saurais que leur répondre, et il se formerait une très grande erreur entre eux et ces Idolâtres qui font tout ce qu'ils veulent avec leurs arts et sciences ; ils seraient bien capables de me faire mourir.

« Mais allez donc trouver votre Pontife, et le priez de ma part qu'il m'envoie une centaine d'hommes savants de votre religion, lesquels, devant ces Idolâtres, soient capables de réfuter ce qu'ils font, et de leur prouver qu'ils en savent aussi long et peuvent en faire autant, mais ne veulent point, parce que c'est fait par art du diable et des mauvais esprits, et de les réduire à ne plus pouvoir faire de telles choses par devant eux. Quand j'aurai vu cela, alors je réprouverai les Idolâtres et leur loi ; alors je me ferai baptiser ; et quand je serai baptisé, tous mes barons et hommes importants seront baptisés, et leurs sujets alors recevront le baptême. Et ainsi, il y aura par ici plus de Chrétiens que dans vos régions. »

Eh oui... Si, comme l'ai dit au commencement, des hommes habiles à lui prêcher notre foi avaient été envoyés par le Pape, le Grand Can se serait fait chrétien, parce qu'il est connu pour certain qu'il avait très grand désir de l'être... Enfin... Pendant trois jours, il voulut que tous vinssent manger et boire à sa Cour. Les fêtes immenses et prodigalités de toute espèce durèrent bien des jours. On fit aux dieux de vastes sacrifices. Et quoique Cambaluc ait six milles de long et de très vastes faubourgs, tout le peuple n'y pouvait habiter, mais logeait partie dans les faubourgs et partie dehors. Lorsque fêtes et réjouissances furent finies, il renvoya ses armées, et tous s'en retournèrent à leur maison.

Et l'autre baron qui roi était et avait nom Caidu, et aurait dû, avec Naian, tomber sur le Grand Can, quand il ouït que Naian avait été déconfit et tué, il en fut très marri et ne partit point en guerre comme décidé, mais eut grand peur et crainte d'être traité comme Naian.

Or avez entendu maintenant comment le Grand Can n'alla qu'une fois à la guerre depuis qu'il fut roi. En tous autres besoins de guerre, mande tantôt ses fils, tantôt ses barons ; mais en cette occasion, n'aurait point voulu que nul autre y allât fors lui seulement, parce que lui semblait trop énorme et méchante l'arrogance de ce Naian. Or, laissons ce sujet, et retournons à conter les très hauts faits du Grand Can.

Nous avons conté de quel lignage il était, et son âge. Or nous dirons quels honneurs et quelles récompenses il distribua aux barons qui s'étaient bien conduits dans la bataille, et ce qu'il fit à ceux qui furent vils et couards. Sachez que le Grand Can a douze sages barons chargés de surveiller et contrôler les actions militaires des capitaines et soldats au cours des expéditions et batailles, et d'en faire le rapport au Grand Can. Je vous dis donc que les capitaines qui se sont bien comportés, celui qui était chef de cent hommes, il le fait chef de mille ; celui qui était chef de mille, il le fait chef de dix mille ; il donna donc à chacun selon son rang d'après le mérite qu'il lui connaissait. En outre, il leur fait don de vaisselle d'argent et leur remet une tablette plus riche en signe de leur nouvelle autorité[238]. Il leur fait encore présent de beaux joyaux d'or et d'argent, de perles, de pierreries et de chevaux. Et tant en donna à chacun que c'en était merveille. Ils l'avaient d'ailleurs bien mérité, car jamais ensuite ne vit-on hommes tant faire par amour pour leur sire, qu'en firent ceux-là le jour de la bataille.

Ces tablettes de commandement sont ainsi disposées : qui commande cent hommes reçoit tablette d'argent ;

---

238. Ces tablettes qui servaient de pièce d'identité aux courriers officiels et aux hauts fonctionnaires datent de la dynastie des Han, aux environs de l'ère chrétienne.

qui en commande mille, tablette d'or, ou plus exactement d'argent doré ; et qui en commande dix mille, tablette d'or avec une tête de lion. Et vous dirai maintenant le poids de ces tablettes et ce qu'elles signifient. Ceux qui commandent cent ou mille hommes, leur tablette pèse 120 *saggi* [239] ; et celles qui portent une tête de lion gravée pèsent 220 *saggi* ; et sur toutes ces tablettes est gravé un commandement qui déclare : « Par le pouvoir et la force du grand Dieu et de la grande Grâce qu'il a donnée à notre Empereur, béni soit le nom du Can ; que tous ceux qui ne lui obéiront point soient occis et détruits [240]. » Et encore vous dis que tous ceux qui ont ces tablettes ont aussi un privilège sur papier, où est écrit tout ce qu'ils peuvent et doivent faire dans leur commandement et domaine.

Or vous avons conté ces faits ; or vous en conterons encore. Car je vous dis que celui qui a un grand commandement de cent mille hommes ou qui est seigneur de quelque province avec une grande armée générale, il a une tablette d'or qui pèse quatre cents *saggi* ; et il y a écrit lettres qui disent ainsi comme je vous ai dit plus haut ; au bas de la tablette est l'image d'un lion, d'un gerfaut ou d'un autre animal, et en haut sont représentés le Soleil et la Lune. Et en outre, ils possèdent le brevet du Grand Can, en signe de grand commandement et de grande puissance. Et ceux qui ont cette tablette supérieure reçoivent aussi commandement que s'ils chevauchent en public, ils doivent avoir un dais, c'est-à-dire une ombrelle portée sur un manche, au-dessus de leur tête, en signe de leur grande autorité et pouvoir. Et toutes les fois qu'ils sont assis en leur grand'salle, ils doivent s'asseoir sur siège d'argent. A certains semblables, le Grand Sire donne une tablette à gerfaut, et cette tablette, il ne la donne qu'aux très grands et nobles barons pour qu'ils aient pleine autorité comme lui-même. Quand il veut mander et ambassa-

239. Un *saggio* valait 4,72 g.

240. Des tablettes trouvées dans des fouilles confirment ce texte.

deurs et autres hommes, leur remet une telle tablette, pour que, si nécessaire, ils puissent prendre tous les chevaux de personne quelconque où qu'ils puissent être, et prendre s'il leur plaît, et mener de place en place pour leur garde l'armée entière de tout grand prince qui est soumis au Grand Can ; ils peuvent prendre les chevaux d'un roi et ceux du Grand Can s'il leur plaît. Et vous ai dit : les chevaux d'un roi, pour que vous sachiez qu'ils peuvent prendre ceux de tous les autres hommes. Ainsi toutes choses où il doit être obéi sont définies en très bon ordre pour ceux qui détiennent ces tablettes ; et si quelqu'un osait désobéir à ceux qui ont ces tablettes, il serait mis à mort comme rebelle au Grand Can.

Or, laissons ce sujet, et vous conterons de l'aspect du Grand Can.

LXXXII. — Ci devise de l'aspect du Grand Can

Le grand seigneur des seigneurs qui est appelé Cublai Kaan est tel : il est de belle taille, ni petit, ni grand, mais de taille moyenne. Sa charnure est bien répartie, ni trop grasse, ni trop maigre ; il est très bien constitué de tous ses membres. Il a son visage blanc et vermeil comme rose, ce qui lui donne un aspect très plaisant ; les yeux noirs et beaux, le nez bien fait et bien séant.

Il a quatre femmes qu'il tient toujours pour ses véritables épouses, et le fils aîné qu'il en a doit être de plein droit Seigneur de tout l'empire quand le Grand Can son père mourra. Elles sont appelées « Impératrice », mais aussi chacune par son nom. Et chacune de ces quatre dames tient une très belle cour royale dans son propre palais ; aucune d'elles n'a moins de trois cents demoiselles choisies pour leur gentillesse et leur beauté. Elles ont de nombreux valets eunuques et maints hommes et femmes, si bien que chacune de ces dames a dans sa cour au moins dix mille personnes. Et chaque fois qu'il veut coucher avec l'une de ces quatre femmes, il la fait venir dans sa chambre, mais quelquefois il va dans la chambre de sa femme.

Il a aussi maintes amies, et vous dirai de quelle manière. Vrai est qu'il existe une tribu de Tartares appelés Ungrat[241], qui sont gens fort bien conformés et et à la peau jolie ; les femmes y sont très belles et rehaussées d'excellentes manières. Tous les deux ans, sont choisies cent pucelles, les plus belles qui soient de cette tribu, et sont amenées au Grand Can. Les messagers que le Grand Can mande en cette province ont mission de lui trouver les filles les plus belles d'après le genre de beauté qu'il leur indique. Et voici comment on les apprécie : les messagers font venir devant eux toutes les damoiselles de la province. Et il y a des juges députés pour cela, qui, voyant et considérant séparément toutes les parties du corps de chacune, cheveux, visage, sourcils, bouche, lèvres et membres, pour qu'ils soient harmonieux et proportionnés au corps, évaluent les belles à 16 carats, d'autres à 17, ou 18, 20, et plus ou moins selon qu'elles sont plus ou moins belles. Si le Grand Can les a chargés d'amener celles qui valent vingt carats ou vingt et un, ils les lui conduisent selon le chiffre fixé. Et quand elles sont arrivées en sa présence, il les fait de nouveau apprécier par d'autres juges, et dans l'ensemble il choisit pour sa chambre les trente ou quarante qui ont obtenu le plus de carats. Ensuite, les fait garder par les vieilles dames du palais, une par épouse de baron, lesquelles prennent beaucoup de soins pour les surveiller ; et les fait coucher avec elles en un lit pour savoir si elle a bonne haleine, et est propre, et dort quiètement sans ronfler, et n'a de mauvaise senteur nulle part, et pour savoir si elle est pucelle et bien saine en toute chose. Quand elles ont bien été examinées, celles qui sont bonnes, belles et saines en toute partie sont mises à servir le Seigneur de la manière que je vous dirai. Vrai est que tous les trois jours et trois nuits, six de ces damoiselles sont envoyées rendre leurs devoirs

241. Cette fois il s'agit bien des Onggirat (voir note 218).

au Seigneur quand il se va reposer et quand il se lève, tant dans sa chambre que dans son lit et pour tout ce qu'il désire, et le Grand Can fait d'elles ce qu'il veut. Au bout de ces trois jours et trois nuits viennent six autres damoiselles en place des premières, qui s'en vont. Ainsi va-t-il toute l'année, les six damoiselles étant changées tous les trois jours et trois nuits jusqu'à ce que le nombre de cent soit rempli, et alors elles reprennent leur tour.

Vrai est aussi que tandis qu'en demeure une partie dans la chambre du Seigneur, les autres se tiennent en une autre chambre proche, de sorte que si le Seigneur a quelque besoin particulier, comme boire, manger ou autre chose, les damoiselles qui sont en la chambre du Seigneur commandent à celles de l'autre chambre ce qu'elles doivent apprêter, et elles le préparent incontinent. Ainsi, le Seigneur n'est point servi par personne autre que ces damoiselles. Quant aux autres, qui ont obtenu un moins gros chiffre de carats, elles demeurent avec les autres femmes du Seigneur dans le palais, qui leur enseignent à coudre, à couper des gants et à faire autres nobles travaux. Et quand un gentilhomme cherche une épouse, le Grand Can lui en donne une avec un très gros douaire, et ainsi leur trouve à toutes un mari bien établi.

Mais on pourrait dire : « Les hommes de cette province ne sont-ils pas chagrins que le Grand Can leur prenne leurs filles ? » Certainement pas. Bien plutôt, ils y voient une grande faveur et honneur, et sont très heureux d'avoir de jolies filles qu'il daigne accepter, car ils disent : « Si ma fille est née sous une bonne planète et douée de bonne fortune, le Seigneur pourra la combler davantage et la marier noblement, ce que je n'eusse pu faire à toute satisfaction. » Et si la fille ne se conduit pas bien ou a un mauvais sort, le père dit : « Ce lui est arrivé parce que sa planète n'était point bonne. »

LXXXIII. — Ci devise des fils du Grand Can

Et sachez encore que le Grand Can, de ses quatre épouses, a eu vingt-deux enfants mâles [242]. Et le premier-né de la première avait nom Cinchim [243], pour l'amour du bon Cinghis Can, le premier seigneur ; et icelui devait être Grand Can et seigneur de tout l'empire après la mort de Cublai son père. Il avait déjà été confirmé comme seigneur du vivant de son père, mais il advint que ce Cinchim trépassa avant son père ; mais de lui reste un fils, qui a nom Temur [244], et ce Temur doit être Grand Can et seigneur après la mort de Cublai : et c'est justice, puisqu'il est fils du fils premier-né du Grand Can. Et vous dis en outre que ce Temur est vaillant homme, plein de bonté, sage et prudent, et mainte fois, s'est déjà très bien comporté en bataille.

Et sachez aussi que le Grand Can a encore bien vingt-cinq autres fils de ses amies, lesquels sont bons et vaillants parce qu'il les a continûment exercés aux choses de la guerre, et chacun est un grand baron.

Et vous dis encore que, des fils qu'il a eus de ses quatre femmes, sept y a qui sont rois de sept vastes provinces et royaumes [245], et tous maintiennent leur seigneurie très bien en droit et justice, car ils sont prud'hommes et sages. Il est tout à fait raisonnable qu'ils soient vaillants seigneurs, car je vous dis que leur père, le Grand Can, est l'homme le plus sage et le mieux pourvu de toutes choses, le meilleur capitaine d'armée et le plus grand gouverneur de gens et d'empires, et un homme de plus grande valeur qu'il en fut jamais dans toutes les tribus des Tartares.

242. L'histoire officielle lui en attribue dix, Pelliot en cite douze.

243. Djinkim, en réalité second fils de Koubilai, mais le premier Dordji a dû mourir bien avant l'arrivée de Marco Polo.

244. Il a effectivement été Grand Kaghan de 1294 à 1307.

245. Cette information est vérifiée par les sources chinoises. Pour ces fils dont cinq sont nommément cités par Marco Polo, voir le tableau généalogique.

Or vous ai dit les faits du Grand Can, son apparence, ses épouses et ses amies et ses fils. Adonc vous deviserai à présent comment il tient sa Cour.

LXXXIV. — Ci devise du palais du Grand Can

Sachez très véritablement que dans la maîtresse ville du Catai, qui est appelée Cambaluc, le Grand Can demeure trois mois de l'année, décembre, janvier et février. En cette ville il a, près de la partie nouvelle, du côté du Midi, son grand palais et vais vous le décrire.

Ce palais est carré de toutes les manières. Il y a d'abord un carré de murs dont chaque côté a huit milles de long, et autour duquel est un fossé profond. Au milieu de chaque côté est une porte par laquelle entrent tous les gens qui se rassemblent de tous côtés. Puis on trouve tout autour en dedans un espace vide d'un mille de large, où sont stationnés des soldats. Après cet espace, on trouve un autre mur carré dont chaque côté a six milles ; la face qui regarde le Midi a trois portes, et de même celle qui regarde vers la Tramontane : celle du centre est la plus large ; on la tient toujours fermée, et ne l'ouvre que si le Grand Can veut entrer ou sortir ; les deux autres, plus petites, qui sont chacune d'un côté de la grande, restent toujours ouvertes, et c'est par elles qu'entrent les gens. A chaque angle de cette muraille, ainsi qu'au centre de chaque face, est un vaste et superbe palais, de sorte qu'ils sont huit autour de la muraille ; on y conserve les équipements du Grand Can, à raison d'une seule sorte de harnois par bâtiment, brides, selles, étriers, et autres choses qui appartiennent à l'équipement des chevaux. En un autre sont arcs, cordes, carquois, flèches et autres choses relatives au tir ; en un autre, cuirasses, corselets et autres objets semblables en cuir bouilli. Et ainsi du reste.

Dans ce circuit de murs est contenue une nouvelle muraille carrée dont chaque côté a un mille de long : c'est dire qu'elle a environ quatre milles de tour. Elle est très épaisse et de hauteur a bien dix pas ; la face extérieure est toute revêtue d'un enduit rouge et blanc, et crénelée comme un château. A chaque angle de cette muraille se trouve, comme ci-dessus, un grand palais très beau et très riche, où sont conservés de la même manière les équipements du Grand Can, arcs, flèches, carquois, étriers, selles, brides pour les chevaux, lances, masses, cordes à arc, tentes et autres choses nécessaires à une armée. Et de nouveau, entre deux de ces palais se trouve encore un palais au milieu de chaque côté ; ils sont pareils à ceux des coins, de sorte que tout autour du mur, ils sont encore huit ; et tous les huit sont remplis des équipements du Grand Sire. Cette muraille a cinq portes du côté qui regarde au Midi ; celle du milieu est beaucoup plus grande que les autres, et elle n'est jamais ouverte, sauf quand le Grand Can sort ou entre, et alors on la referme, car elle est réservée au seul roi. Donc, à côté de cette grande porte sont deux autres plus petites, une de chaque côté d'elle, et par icelles entrent tous les autres gens de la compagnie du Grand Can. Enfin, vers chaque angle s'en trouve une grande par laquelle entrent encore les autres gens. Sur les trois autres côtés, il n'y a qu'une porte, au milieu de chaque muraille, et tous ceux qui veulent entrent par ces portes, sauf par la plus grande, dont je vous ai parlé ci-dessus.

Au dedans de cette muraille se trouve encore une dernière muraille, qui est plutôt plus longue que large. Il y a aussi huit palais, en tout point semblables aux huit autres, dont je vous ai parlé. Y sont également gardés les équipements du Grand Sire. Il y a aussi cinq portes du côté du Midi, en tout pareilles à celles de la muraille qui est en face. Et au milieu des trois autres côtés est chaque fois une seule porte par laquelle chacun peut passer. C'est au milieu de ces murailles qu'est le palais du Grand Sire, qui est fait en telle manière que je vous dirai.

C'est le plus vaste et plus merveilleux qui fut jamais vu. Au Midi et à la Tramontane, il se joint à la muraille, et il y a une surface libre où les barons et les soldats vont et viennent. Il n'a point d'étage, mais le carrelage est à peu près à dix pieds au-dessus du sol ; le toit est extrêmement élevé ; tout autour est un mur de marbre qui soutient une terrasse au niveau du carrelage ; il est large de deux pas, et le palais est disposé de telle sorte que cette terrasse, autour, fait comme une promenade où l'on peut aller et venir, et où les hommes peuvent voir de l'extérieur. Et sur les bords est une très belle balustrade à colonnes sur laquelle on peut s'appuyer.

Les murs des salles des chambres sont tout couverts, à l'intérieur, d'argent et d'or et sont représentés en ciselure très fine des lions et des dragons, des bêtes et des oiseaux, de jolies histoires de dames et de chevaliers et bien d'autres sortes de belles choses et d'histoires de guerre. Le toit, lui aussi, est fait de telle sorte qu'on n'y voit rien qu'argent et or et que peintures. Sur chaque face du palais est un grand escalier de marbre, qui va du sol au haut de ce mur de marbre qui entoure le palais, et c'est par ces marches qu'on y monte.

La grand'salle est si large et si vaste que plus de six mille hommes y pourraient bien en même temps manger ; il y a quatre cents chambres, et c'est un tel nombre qu'on s'émerveille de voir. Ce palais est si grand, si beau, si riche et si bien disposé qu'il ne doit point y avoir du monde un homme capable de mieux imaginer ou faire. Les toits, en haut, vus du dehors, sont tout vermeil, vert, azur, bleu paon et jaune, enfin, de toutes les couleurs, et si bien vernissés qu'ils resplendissent comme cristal et qu'on les voit luire de bien loin à la ronde. Et sachez que ce toit est si fort et si solidement assemblé qu'il durera maintes années.

Derrière le palais sont de grandes maisons, chambres et salles où sont les affaires personnelles du Seigneur, tout son trésor, son or, son argent, ses pierreries, ses perles et sa vaisselle d'or et d'argent. Là demeurent ses dames et amies et a ses affaires bien arrangées et à sa guise ; et en ce lieu n'entrent point d'autres gens.

Entre ces murailles d'enceinte que vous ai contées, sont de belles et vastes prairies et des jardins avec de très beaux arbres fruitiers de diverses espèces, et aussi bien des bêtes étranges, cerfs blancs, bêtes à musc, chevreuils, daims, écureuils, hermines, et bien d'autres en grande abondance. Et toutes ces cours intérieures sont pleines de ces beaux animaux, fors les routes où passent les gens. Les prés ont herbe en abondance, car ces routes sont pavées et élevées de deux coudées au-dessus du sol, de telle sorte qu'il ne s'y amasse point de fange et que l'eau de pluie n'y est point retenue ; mais courant sur les prés, elle engraisse la terre et fait pousser l'herbe en abondance.

A un angle du palais, vers la Grande-Ourse, est un lac très grand et profond, où sont maintes sortes de poissons que le Grand Sire y a fait mettre, et toutes les fois qu'il en veut, il en a à sa volonté. Et vous dis encore qu'une rivière non très grande y coule et l'emplit, et forme une sorte de vivier ; là vont boire les bêtes ; et puis après s'encourt du lac, mais tout est si bien disposé que nul poisson ne s'échappe, tout étant fermé de filets de fer, tant à l'entrée qu'à la sortie de la rivière. Il y a aussi des cygnes et autres oiseaux aquatiques.

Et vous dirai encore que vers la Tramontane, à portée d'arbalète du palais, le Grand Can possède une colline faite de main d'homme à l'intérieur des murs. Laquelle a bien cent pas de haut et plus d'un mille de tour. Elle est toute couverte des plus beaux arbres qui en nul temps ne perdent leurs feuilles, mais qui sont toujours verts, et couverte aussi d'herbe verte. Et je vous dis que le Grand Sire partout où on lui dit qu'il y a un très bel arbre, il le fait prendre avec toutes ses racines et beaucoup de terre autour, et le fait porter par des éléphants pour être planté sur cette colline. Et l'arbre peut bien être aussi grand qu'il lui plaît, le Grand Can y parvient quand même. C'est ainsi que sont là les plus beaux arbres du monde, et toujours verts. Et vous dis, le Grand Sire a fait couvrir toute cette colline de pierre d'azur, qui est très verte, de telle sorte que les arbres sont tout verts, la colline toute verte et qu'on ne voit rien que choses vertes ; et pour cela est nommée le Mont-Vert, et mérite fort bien ce nom.

Au sommet, au milieu, est un vaste et joli palais tout vert dedans et dehors. Et vous dis, cette colline, ces arbres et ce palais, sont si beaux à regarder à cause de toute cette verdure, que tous ceux qui le voient en ont bonheur et joie. Et si le Grand Sire l'a fait faire, c'est pour avoir cette belle vue, car elle lui donne réconfort et plaisir en son cœur.

LXXXV. — Ci devise du palais du fils du Grand Can, qui doit régner après lui

Et encore vous dis qu'à côté de ce principal palais, le Grand Sire en a fait faire un autre semblable au sien à tous égards, de sorte qu'il ne s'en faut de rien. Le petit fils du Grand Can, ce Témur, fils de Cinchim, qui doit être seigneur, y habite ; et tous les us, coutumes et grandeurs que déploie le Grand Can Cublai, son grand'-père, il les présente aussi, parce qu'il sera choisi seigneur dès que le Grand Can sera mort. Il a donc déjà une bulle d'or et le sceau de l'empire, mais point tout aussi complètement que le Grand Sire tant qu'il est en vie. Et pour aller d'un palais à l'autre, on passe sur un pont bâti sur cette rivière.

Or, vous ai devisé des palais du Grand Can et de son fils. Or vous conterai de l'état de la ville de Taidu, la grande ville du Catai nommée Cambaluc où sont ces palais, et vous dirai pourquoi fut faite et comment.

Il est vrai que, sur une grande rivière de la province du Catai, y avait une très ancienne, très grande et noble cité qui avait nom Cambaluc, qui veut dire en notre langage la cité du seigneur [246]. Mais de ses astrologues, le Grand Can apprit que cette cité devait devenir rebelle et faire grande opposition à l'empire ; et pour cette raison le Grand Can la fit ruiner et détruire, et il fit cette autre ville de Cambaluc à côté de l'ancienne, au-delà de la grande rivière ; et il fit sortir tous les gens de la vieille cité et les mit dans la nouvelle qu'il avait fondée et qui est appelée Taidu. Ceux donc point ne craignait

246. T'ai-tou, le nom chinois de la ville, Khanbaligh étant le nom mongol.

qu'ils se rebellassent, il les a laissés en la vieille, parce que la nouvelle ne contenait pas autant de monde que l'autre, laquelle était très grande. Et à présent, elle est grand comme je vous conterai.

Elle a vingt-quatre milles de tour, et donc chaque face a six milles, car elle est exactement carrée et il n'y a pas plus d'un côté que de l'autre. Elle est murée de murs de terre qui ont environ dix pas d'épaisseur dans le bas, et plus de vingt de haut. Mais vous dis qu'ils ne sont pas aussi épais en haut qu'en bas, car sur toute leur hauteur, depuis la fondation, ils ont du fruit, si bien que, tout en haut, ils n'ont plus que trois pas de large. Ils sont entièrement crénelés et blancs. Il y a douze portes, et sur chaque porte il y a un très grand et beau palais ; si bien que sur chaque face des murs sont trois portes et cinq palais, parce qu'il y en a encore un autre à chaque coin. En tous ces palais sont de très grandes salles où demeurent les armées de ceux qui gardent la cité.

Et vous dis encore que toute la ville est tracée au cordeau ; les rues principales sont droites comme un I d'un bout à l'autre de la ville, et si larges et si droites que celui qui monte sur le mur à une porte, il voit à l'autre bout la porte de l'autre côté, et elles sont ainsi faites que chaque porte se voit de l'autre. Partout, le long des principales rues, il y a échoppes et étalages de toute nature, maints beaux palais et belles auberges, et maintes belles maisons. Tous les terrains où ils sont bâtis sont carrés et tracés au cordeau dans toute la ville, et sur chaque terrain sont de spacieux palais avec cours et jardins. De telles pièces de terre sont données à chaque chef de famille ; c'est dire qu'un tel, de tel clan, aura tel lot, et tel autre aura cet autre, et ainsi de main en main. Autour de chaque lot carré sont de bonnes rues par où l'on passe. Ainsi est tout le dedans de la ville distribué par carrés comme un échiquier, en un plan si beau et magistral qu'il n'est nul moyen de le dire.

Au milieu de la cité est un très grand palais avec une grosse cloche qui sonne trois fois à la nuit ; et nul ne doit aller par la ville après qu'elle a sonné trois fois. Après que cette cloche a sonné ainsi qu'ils l'ont ordonné, nul n'ose aller par la cité jusqu'au jour, sauf les sages-femmes qui vont assister les femmes qui enfantent et les médecins qui vont assister les malades ; et ceux qui vont pour ces raisons, il convient qu'ils portent des lumières. Et vous dis qu'il est ordonné que chaque porte de la ville soit gardée la nuit par mille hommes ; mais n'entendez pas qu'ils montent cette garde pour la crainte qu'ils auraient des gens ; ils le font uniquement en honneur du Grand Sire qui là demeure, et encore parce qu'ils ne veulent pas que les larrons fassent dommage en la ville qu'il habite. Car le Grand Can prend grand soin que voleurs et larrons puissent être intimidés et attrapés. Ce néanmoins, à cause des dires des astrologues, ils ont ne sais quelle méfiance du peuple du Catai. La garde chevauche sans cesse dans la ville la nuit, par trente et quarante hommes, observant si quelqu'un ne circule pas à une heure inaccoutumée après le troisième tintement de la cloche. S'ils rencontrent quelqu'un, ils l'arrêtent et le mènent en prison. Le matin suivant, les officiers de justice qualifiés l'examinent, et s'ils le trouvent coupable de quelque délit, ils le punissent selon la gravité d'icelui, d'un plus ou moins grand nombre de coups de baguette ; dont ils trépassent quelques fois. Ainsi sont les gens punis pour leurs crimes, car parmi eux on n'aime pas verser le sang, car les *bacsi,* ce qui est les savants astrologues, disent qu'il est mauvais de verser le sang humain. Et vous ai dit ce que contient la cité de Taidu. Or vous dirai comment les Catayens songèrent à se rebeller dans la cité.

De la traîtrise inventée pour faire rebelle la cité de Cambaluc et comment les auteurs furent pris et mis a mort

C'est chose vraie, comme on dira plus bas, que sont députés douze hommes qui disposent des terres, des gouvernements et de toutes autres choses du mieux qu'ils peuvent. Parmi eux était un Sarrazin nommé Acmat [247], homme habile et énergique, qui exerçait sur le Grand Can plus grande influence et autorité que les autres. Le seigneur en était si coiffé qu'il avait toutes les libertés. Car, ainsi qu'il fut découvert après sa mort, cet Acmat ensorcelait à tel point le seigneur de ses paroles que celui-ci accordait la plus profonde croyance et audience à tous ses discours, et ainsi faisait tout ce qu'il voulait. Il distribuait tous les gouvernements et offices et punissait tous les malfaiteurs. Et quand il voulait faire mourir, justement ou non, un qu'il avait en haine, il allait trouver le Seigneur et lui disait : « Un tel est digne de mort parce qu'il a offensé votre Majesté de telle manière. » Alors le Seigneur disait : « Fais ce qu'il te plaît. » Et incontinent, Acmat le faisait mourir. Mais aussi, quand on vit la liberté entière qu'il avait, et que le Seigneur avait en sa parole si pleine confiance que nul n'osait le contredire en aucune façon, il n'y eut personne assez grande et de tant d'autorité qui ne le craignait. Et si quelqu'un était accusé par lui devant le Seigneur d'un crime capital, et voulait se défendre, il ne pouvait le réfuter ni déployer ses arguments, car il ne trouvait nul qui osât parler contre cet Acmat. Et ainsi celui-ci fit mourir beaucoup de gens injustement.

Outre cela, point n'y avait belle dame, s'il la voulait, qu'il n'eût à son gré, la prenant pour épouse si elle n'était pas mariée, ou autrement la faisant consentir. Lorsqu'il apprenait que tel homme avait une jolie fille, il avait ses ruffians qui allaient trouver le père de la fille et disaient : « Que veux-tu faire ? Tu as une fille par là. Donne-la pour épouse au Bailo [248] — c'est-à-dire à cet Acmat, car on l'appelait Bailo, comme qui dirait Ministre — et nous te ferons donner tel gouvernement ou tel office pour trois ans. » Et ainsi, il donnait sa fille.

---

247. Ahmat Fenaketi, musulman de Transoxiane, devrait être considéré comme l'inventeur de l'inflation. Ministre des Finances de Koubilai de 1270 à 1282, il déprécia la monnaie de papier en cours et groupa ainsi contre lui les mécontents du régime.

248. *Bailo* voulait bien dire ministre dans le langage administratif vénitien mais plutôt avec le sens d'ambassadeur.

Et Acmat disait au Seigneur : « Tel gouvernement est vacant, ou se termine tel jour. Tel homme est capable de le prendre. » Et le Seigneur répondait : « Fais ce que te semble bon. » Et ainsi, il l'investissait rapidement. De la sorte, moitié par ambition de gouvernements et d'offices, moitié par la crainte qu'il inspirait, cet Acmat prenait toutes les belles dames pour épouses, ou les avait à son gré. Il avait également des fils, environ vingt-cinq, qui occupaient les plus hautes charges ; et certains d'entre eux, sous le nom et la protection de leur père, commettaient adultère comme leur père et faisaient mille autres choses néfastes et scélérates. Cet Acmat avait amassé maints trésors, car tous ceux qui voulaient quelque gouvernement ou office lui mandaient quelque riche présent.

Il régna en telle puissance pendant vingt-deux années[249]. Finalement les hommes du pays, les Catayens, voyant les injustices infinies et les inexprimables scélératesses qu'il commettait outre mesure, tant sur leurs femmes que sur leur propre personne, et ne pouvant d'aucune manière le tolérer plus long temps, entreprirent de le tuer et de se rebeller contre le gouvernement de la cité. Entre autres était un Catayen nommé Cenchu[250], qui avait sous lui mille hommes, et dont la mère, la fille et la femme avaient été forcées par cet Acmat. Dont advint que, plein d'indignation, il parla de la destruction de cet homme avec un autre Catayen nommé Vanchu, qui était seigneur de dix mille, disant qu'ils devaient agir quand le Grand Can aurait passé ses trois mois à Cambaluc et partirait pour Ciandu, où il séjourne trois mois de même ; et de la même manière son fils Cinchim s'en va et gagne les résidences ordinaires ; tandis que cet Acmat restait pour le gouvernement et la garde de la ville, et s'il arrivait quelque événement, il mandait

249. D'après les sources chinoises, Ahmat est attaché au ministère des Finances en 1264 et devient ministre en 1270

250. Les sources n'ont pas conservé les noms des personnages de cette histoire. Toutefois les noms de Cenchu et Vanchu cités ici ne sont pas des noms propres mais des titres correspondant à un chef de mille et à un chef de dix mille.

à Ciandu devers le Grand Can, qui lui signifiait sa volonté en réponse.

Ces Cenchu et Vanchu, ayant bâti leur plan ensemble, le communiquèrent aux plus nobles Catayens du pays, et d'un commun accord, firent connaître à bien d'autres cités et à leurs amis qu'ils avaient entrepris de faire telle chose tel jour, pour que, sitôt qu'on verrait le signal du feu, ils tuassent tous ceux qui avaient barbe, et qu'ils fassent le signal du feu aux autres villes pour qu'elles fissent de même. Et la raison pour quoi tous les barbus devaient être massacrés est que les Catayens sont naturellement sans barbe, tandis que les Tartares, Sarrazins et Chrétiens la portent. Et devez savoir que tous les Catayens haïssaient le gouvernement du Grand Can parce qu'au-dessus d'eux, il avait placé des gouverneurs tartares, et pour la plupart, Sarrazins, ce qu'ils ne pouvaient supporter, car il leur semblait être comme serfs. Car le Grand Can n'a pas de droit le gouvernement de la province du Catai, il l'a plutôt acquis par force, et ne se fiant point à eux, il a donné les pays à gouverner à des Tartares, des Sarrazins et des Chrétiens qui, étant de sa maison, lui sont fidèles, et qui n'étaient point de la province du Catai.

Or donc, les susdits Vanchu et Cenchu, quand fut venue la date fixée, entrèrent une nuit dans le palais. Vanchu s'assit sur un trône, ayant devant lui maintes chandelles allumées ; et manda un messager à lui vers Acmat Bailo qui habitait dans la vieille cité, comme de la part de Cinchim, le fils du Grand Can, qui serait arrivé à l'instant dans la nuit, pour le faire venir à lui immédiatement. Ce qu'ayant ouï Acmat, fort étonné, vint tout aussitôt, car il le craignait fort. Mais en entrant par la porte de la cité, il rencontra un Tartare nommé Cogatai, qui était capitaine de douze mille hommes avec lesquels il gardait continûment la ville, et qui lui dit :

— Où allez-vous si tard ?

— Auprès de Cinchim, qui vient d'arriver à cette heure.

Cogatai se dit :

« Comment est-il possible qu'il soit venu si secrètement que je n'en ai rien su ? » Et il le suivit avec un certain nombre de ses gens. Or se disaient ces Catayens :

« Si seulement nous pouvons occir Acmat, nous n'avons personne d'autre à craindre. »

Et lorsque cet Acmat entra dans le palais, voyant tant de chandelles allumées, il s'agenouilla devant Vanchu, croyant que c'était Cinchim ; et Cenchu, qui était là avec une épée toute prête, lui coupa la tête. Ce que voyant, Cogatai, qui s'était arrêté à l'entrée de la salle, dit : « C'est une trahison. »

Et décochant incontinent une flèche à Vanchu qui était assis sur le trône, il l'occit. Appelant ses gens, il s'empara de Cenchu, et manda un ordre par toute la cité, comme quoi quiconque serait trouvé hors de chez soi serait abattu à l'instant même. Les Catayens voyant que les Tartares avaient éventé la chose et qu'ils n'avaient plus de chef, des deux l'un étant mort et l'autre captif, se terrèrent chez eux sans pouvoir faire aucun signal aux autres villes pour qu'elles se rebellassent comme il était prévu. Aussitôt, Cogatai manda ses messagers au Grand Can pour lui exposer en bon ordre tout ce qui venait d'arriver ; lequel lui répondit qu'il devait examiner diligemment les gens et les punir de leurs méfaits selon ce qu'ils auraient mérité. Lorsque le matin fut venu, Cogatai examina tous les Catayens et en fit périr un bon nombre qu'il trouva être des meneurs de la conspiration ; et ainsi fut fait dans les autres villes à ceux dont fut connu qu'ils étaient fauteurs d'un tel crime.

Quand le Grand Can fut revenu à Cambaluc, il voulut connaître la cause de ces événements, et découvrit comment ce maudit Acmat, aussi bien lui-même que ses fils, avait commis tant de forfaits, et si énormes, comme vous l'ai dit plus haut. Et fut trouvé qu'avec sept de ses fils — car tous n'étaient point méchants — il avait pris d'innombrables dames pour épouses, outre celles qu'ils avaient eues par force. Alors le Grand Can fit porter dans la nouvelle cité tous les trésors qu'Acmat avait amassés dans l'ancienne et les fit verser dans son propre trésor ; et on s'aperçut qu'ils étaient immenses. Il voulut aussi que le corps d'Acmat fût tiré de sa tombe et jeté à la rue, pour être déchiré par les chiens. Quant aux fils qui avaient imité les mauvaises actions du père, il les fit écorcher tout vifs. Et se remémorant qu'à la maudite secte des Sarrazins tout péché est rendu légitime, et qu'ils peuvent tuer quiconque n'est pas de sa loi, et que le maudit Acmat et ses fils n'avaient point, pour cette raison même, estimé qu'ils étaient en faute, il la méprisa fort et l'eut en abomination. Ayant fait venir à lui les Sarrazins, il leur interdit bien des choses que leur loi leur commandait ; il leur donna ordre de prendre femme selon la loi des Tartares, et leur défendit de couper la gorge aux animaux, comme ils faisaient pour en manger la chair, mais leur ordonna de leur ouvrir le ventre[251]. A l'époque où advinrent ces choses, Messire Marco se trouvait lui-même en ces lieux.

Or vous ai conté de la ville. Des faubourgs et autres grandeurs, vous parlerons en autre partie de notre livre. Pour continuer, vous conterons comment il tient sa Cour et les autres faits du Grand Sire.

LXXXVI. — COMMENT LE GRAND CAN SE FAIT GARDER PAR DOUZE MILLE HOMMES A CHEVAL

Or sachez que le Grand Can, vu sa grandeur et dignité, se fait garder nuit et jour par douze mille hommes à cheval à sa solde, et ils s'appellent en leur langue *quesitan*[252], qui veut dire en français chevaliers et féaux du seigneur. Il ne le fait nullement par crainte qu'il aurait d'aucun homme, mais par grandeur, noblesse et magnificence. Voici comment ils organisent leurs

251. La première étant la coutume islamique, la deuxième la coutume mongole.

252. Kechiktan. Les textes parlent de trois mille hommes, ce qui correspond au roulement de quatre fois trois indiqué par Marco Polo.

gardes. Ces douze mille hommes ont quatre capitaines, dont chacun est chef de trois mille ; un capitaine et sa compagnie de trois mille demeurent dans le palais du Grand Sire pendant trois jours et trois nuits ; ni jour ni nuit ils n'en sortent ; ils y boivent et mangent aux frais de la Cour, et y dorment aussi. Ensuite, après avoir monté la garde pendant ces trois jours et ces trois nuits, ils s'en vont, et vient le second capitaine avec ses trois mille hommes, qui gardent trois autres jours et trois autres nuits ; ainsi font jusqu'à ce qu'ils aient tous mis la garde, et alors recommencent depuis le début, et c'est ainsi toute l'année. Dans la journée, les neuf mille autres ne quittent pourtant point le palais, sinon pour les affaires du Grand Can ou pour leurs propres besoins, pourvu qu'ils aient une permission de leur capitaine. S'il leur arrive quelque chose de grave, si le père, ou le frère, ou quelque parent est à l'article de la mort, ou si quelque grave perte l'a surpris de manière qu'il ne puisse revenir rapidement, il faut demander la permission du Seigneur. Mais la nuit, ces neuf mille retournent à la maison.

Quand le Grand Can se met à table dans sa grand'-salle pour toute cour, fête ou réjouissance qu'il veut tenir, il se sied de telle manière. La table du Grand Sire est placée bien au-dessus de toutes les autres. Il se sied dans la partie nord de la salle, le visage regardant vers Midi ; et sa première épouse se sied à sa gauche ; à sa droite, à une autre table, mais plutôt plus bas, se tiennent ses fils et petits-fils selon leur âge, et ses parents qui sont de sang impérial ; et vous dis que leurs têtes viennent au niveau des pieds du Grand Sire. Puis les barons, princes et autres gens sont à d'autres tables encore plus bas, selon leur dignité, leur état et leur âge. Ainsi va-t-il pour les femmes : aux pieds de la première reine sont les tables des autres reines et des autres enfants, les plus jeunes, du Grand Can ; toutes les épouses des fils et petit-fils du Grand Sire et de ses neveux et de ses parents, sont assises du côté gauche de l'impératrice, également plus bas. Et après viennent les femmes des barons et des chevaliers, et aussi sont plus bas. Et chacun sait à quelle place il doit s'asseoir selon son rang et dignité de par l'ordre du Seigneur. Ces tables sont disposées de telle manière que le Grand Sire peut voir tout le monde... et ils sont très nombreux ! Pourtant ne croyez pas qu'ils soient tous assis à des tables ; bien au contraire : la plus grande part des chevaliers et des barons mangent dans la salle sur des tapis, parce qu'ils n'ont point de tables.

Et dehors de cette salle sont d'autres latérales ; adonc en ces banquets royaux sont quelques fois nourries plus de quarante mille personnes, outre celles qui sont parmi la Cour du roi, et qui toujours viennent en grand nombre pour chanter et faire divers ébattements. Car y viennent bien des hommes avec maints riches présents, et ce sont hommes qui viennent de régions étrangères avec joyaux et choses curieuses, ceux qui ont eu domaine ou seigneurie et qui encore en veulent, et d'innombrables bouffons. Voilà pourquoi si grosse multitude se presse ainsi chaque fois que le Grand Can tient cour ouverte et fait bombance.

Et au milieu de cette salle où le Grand Sire tient sa table, est un très beau piédestal qui semble un coffre carré ; chaque côté a trois pas de long, il est très habilement orné de ciselures dorées qui représentent des animaux ; au milieu, il est creux et contient un grand vase précieux, un grand pichet d'or fin qui tient bien autant qu'un gros tonneau, et qui est plein de vin ou d'un autre breuvage délectable. Autour du pied de ce pichet, c'est-à-dire en chaque coin du coffre, est un plus petit vase, en argent, de la contenance d'une cuve à raisin, plein de bonnes boissons épicées, très fin et de grosse valeur. En l'un est du lait de jument, en l'autre, de chamelle, et ainsi de suite selon qu'il y a diverses espèces de boissons. Et sur le coffre sont tous les vases du Seigneur, esquels on lui donne à boire, et c'est du grand que vient le vin ou autres breuvages qu'on met en les petits qui l'entourent. Y est puisé le vin et le fin breuvage, et de grands bols d'or laqué en sont emplis, qui peuvent bien en tenir que huit ou dix hommes en auraient assez. Et un de ces bols laqués se met entre deux hommes assis à table ; et chacun d'eux a une coupe avec un pied et une anse d'or, et avec icelle prend le vin dans le grand bol. De même entre deux dames est placé un de ces grands bols et deux coupes comme pour pour les hommes.

Et sachez que ces bols d'or et toutes ces choses sont de grande valeur ; et vous dis que le Grand Sire a telle profusion de vaisselle d'or et d'argent que tous ceux qui le voient en restent bouche bée, et n'est homme, qui ne l'ayant vu, ne pourrait le penser ni le croire.

Il est aussi certains barons qui ont charge de placer correctement les étrangers qui passent et ne connaissent point les coutumes de la Cour ; et ces barons vont sans cesse çà et là dans la salle, demandant à ceux assis à table s'ils n'ont besoin de rien ; et s'il y en a qui veulent vin, lait, viande ou autre chose, ils le font incontinent apporter par les serviteurs. A chaque porte de la salle, ou de toute autre où le Seigneur puisse être, se tiennent deux grands gaillards pareils à des géants, l'un d'un côté, l'autre de l'autre, avec une baguette à la main ; et ce parce qu'il est défendu de toucher le seuil de la porte[253] : on doit allonger le pied au-delà. Et qui par accident le touche, ces gardes lui ôtent ses habits, et s'il les veut récupérer, il les doit racheter ; et s'ils ne lui prennent ses habits, ils lui donnent tant de coups qu'il leur est prescrit. Mais s'il y a des étrangers qui ne connaissent point la règle, y a certains barons préposés à les introduire et à les avertir de cette règle. On fait ainsi parce que si le seuil est touché, c'est mauvais présage. Toutefois, pour sortir, comme certains sont pris de boisson et ne se peuvent conduire d'aucune manière, nulle peine n'est exigée.

Et sachez enfin que ceux qui font le service des viandes et des breuvages au Grand Can sont maints barons, et vous dis qu'ils ont tous la bouche et le nez voilés de belles toiles de soie et d'or, pour que leur haleine et odeur ne puisse aller dans les viandes et les breuvages du Grand Sire.

---

253. Cet interdit est également signalé par d'autres voyageurs.

Et quand le Grand Sire doit boire, tous les instruments de musique, dont il y a foule, et de toutes sortes, commencent à résonner. Et quand le Grand Sire a sa coupe en main, le serviteur qui la lui a présentée se retire trois pas en arrière et s'agenouille, et tous les barons et autres gens s'agenouillent aussi en signe de grande humilité ; et alors boit le Grand Sire. Quand il a bu, les instruments se taisent et les gens se relèvent. Et chaque fois qu'il boit, se fait ainsi que vous avez ouï, ou quand vient nouvelle viande.

D'icelle ne vous dirai rien, parce que chacun doit bien croire qu'en une Cour si magnifique, elle est en immense abondance et de toutes sortes. Mais vous dis que nul baron ni chevalier ne mange ici sans amener sa première femme, et sans qu'elle mange avec les autres dames. Et quand ils ont mangé, et que les tables sont ôtées, alors les harpistes se lèvent et font de douces mélodies ; et viennent dans cette salle devant le Grand Sire et les autres, une grande multitude de jongleurs et acrobates, de diseurs de bonne aventure, de comédiens et d'autres, qui font toutes sortes de tours brillants ; tous font grande réjouissance et fête par devant le Grand Sire, dont se réjouissent grandement les gens, et rient, et se divertissent. Et quand tout est fini, les gens s'en vont, et chacun s'en retourne à son hôtel et à sa maison.

LXXXVII. — Ci devise de la grande fête que fait le Grand Can pour sa nativité

Et sachez que tous les Tartares, et ceux qui en sont vassaux, ont coutume de fêter leur nativité. Et le Grand Sire Cublai est né le 28e jour de la lune du mois de septembre. Tous les ans, il fait ce jour-là la plus grande fête de toute l'année, sauf celle du début de l'an, aux calendes de février ; car c'est à tel jour qu'ils placent le début de l'an, le mois de février étant pour eux le premier de l'année, comme vous le conterai tout à l'heure.

Sachez donc que, le jour de sa nativité, le Grand Can

se revêt des plus nobles habits d'or battu qu'il puisse avoir. Et bien douze mille barons et chevaliers, appelés les fidèles compagnons du seigneur, se vêtent d'habits de couleur et de façon pareille à ceux du Grand Sire. Non toutefois que leurs robes soient tout aussi coûteuses, mais elles sont en soie et en or, et d'une seule couleur ; tous portent de grandes ceintures de haute valeur, en cuir adorné de fils d'or et d'argent avec un grand art, et des souliers de cuir en tout point semblables ; et ces vêtements, c'est le Grand Sire qui les leur donne. Et vous dis que les pierreries et perles qu'il y a dessus, elles valent souvent plus de dix mille besants d'or, et y en a plusieurs pareilles, comme celles des barons qui, pour leur loyauté, sont les plus proches du Grand Sire et qu'on nomme *quesitan*. Et sachez que treize fois par an, aux treize fêtes solennelles que font les Tartares à chaque lune de l'année, le Grand Can donne de riches vêtements ornés de perles, d'or et de pierreries, avec ceintures et souliers de cuir comme dessus, en tout jusques au nombre de cent cinquante six mille à ces douze mille barons et chevaliers ; tous les habille de vêtements semblables aux siens et de grosse valeur, si bien que tous paraissent rois. Lesdites robes de barons sont toujours prêtes, non point qu'on en fasse chaque année, mais au contraire, elles durent dix ans, plus ou moins. Ainsi est chaque occasion distinguée de l'autre par sa couleur. Et ainsi pouvez voir à quel point c'est grandissime chose, qu'au monde il n'est seigneur qui puisse en faire autant et s'y tenir, sauf lui.

LXXXVIII. — Encore de la fête que fait le Grand Can pour sa nativité

Et sachez que le jour de sa nativité, tous les Tartares du monde, et toutes les provinces et régions qui lui sont vassales, font grande festivité et lui donnent riches présents, chacun comme il sied à qui l'apporte et selon ce qui est ordonné. Viennent encore ce jour maints autres hommes avec grands présents, qui réclament les faveurs du Seigneur, et ce sont ceux qui veulent demander qu'il leur donne quelque seigneurie. Mais le Grand Sire a choisi douze barons commis à ses affaires, qui donnent les seigneuries aux hommes comme ceux-là, selon ce qu'ils pensent convenir à chacun. Ce jour-là, tous les peuples, quelle que soit leur foi, Idolâtres, Chrétiens, Juifs, Sarrazins, et autres, font grandes oraisons et prières aux idoles ou à leur Dieu avec grands chants, lumières et encens, pour que soit protégé et sauvé leur Seigneur, et qu'il ait longue vie en joie et en santé, sécurité, prospérité. En telle manière comme je vous ai conté dure en ce jour la réjouissance et fête de sa nativité. Or laissons ce sujet que bien nous avons conté, et vous parlons d'une autre grande fête qu'ils font au commencement de leur année, qui est appelée la Blanche Fête.

LXXXIX. — Ci devise de la grandissime fête que fait le Grand Can au commencement de l'année

Vrai est que les Tartares font la fête solennelle qu'ils nomment blanche lors du commencement de leur année, aux calendes de février. Et le Grand Sire et tous ses sujets font telle fête comme je vous conterai.

C'est la coutume que le Grand Can et ses sujets se vêtent tous de robes blanches, hommes et femmes, petits et grands, s'ils ont le moyen de le faire. Et cela font parce que blanche vêture leur semble de bon augure, et pour cela portent au début de leur an pour être favorisés et avoir joie tout l'an. Ce jour-là, tous les peuples et toutes les provinces, régions et royaumes qui lui sont vassaux, lui apportent de très grands présents d'or, d'argent, de perles et pierres précieuses et maints très riches habits blancs et autres choses, comme il convient, et il faut que tout cela soit blanc. Et encore vous dis que barons, chevaliers, et tout le monde, s'offrent l'un l'autre des choses blanches, s'accolent et se font fête, se disant comme on dit chez nous :

— Bonne chance à vous, et tourne bien tout ce que vous ferez.

Et sachez qu'en ce jour viennent de différents lieux qui en ont reçu l'ordre, plus de cent mille chameaux et chevaux blancs très beaux et fins qu'on donne au Grand Can. Viennent aussi ce jour-là tous ses éléphants, qui sont bien cinq mille, tous couverts de riches carapaçons habilement brodés de bêtes et d'oiseaux en or et en soie. Et chacun d'eux a sur son dos deux écrins très beaux et très riches, qui sont pleins de la vaisselle d'argent et d'or du Seigneur, et des ornements nécessaires à la fête. Viennent aussi un très grand nombre de chameaux, également couverts de carapaçons de soie blanche, portant aussi des choses nécessaires à la fête, et tout cela passe devant le Grand Sire, et c'est là le plus beau spectacle qui fut jamais vu.

Et encore vous dis que le matin de cette fête, avant que les tables soient mises, tous les rois, les ducs, les marquis, comtes, barons, chevaliers, astrologues, philosophes, mires, fauconniers, et maints autres officiers du du roi, gouverneurs et capitaines, viennent dans la grand'salle par devant le Seigneur, et ceux qui ne parviennent point à entrer à raison de la multitude, demeurent dehors le palais et adorent du dehors, en tel lieu que le Grand Sire, qui est sis sur un trône, les peut bien voir. Et vous dis à présent en quelle manière ils se disposent. En avant sont ses fils, petits-fils, neveux et ceux de son lignage. Après sont les rois ; et après les ducs, puis les barons et chevaliers, puis tous les ordres l'un après l'autre, ainsi qu'il convient à leur rang et à la dignité de leur office. Et quand ils sont tous assis, chacun bien à sa place, adonc se lève un grand vieux sage, comme qui dirait un grand prélat, et dit à voix très haute :

— Inclinez-vous et adorez !

Et tant tôt que celui-ci a ainsi parlé, tous se lèvent incontinent et se courbent, s'agenouillent et posent le front à terre ; et font leur oraison au Seigneur et l'adorent comme s'il fût Dieu. Et puis dit le prélat :

— Dieu sauve et garde notre Seigneur longtemps en joie et en bonheur.

Et tous répondent :

— Ainsi fasse Dieu !

Et le prélat dit une seconde fois :

— Dieu accroisse et multiplie de mieux en mieux son empire, et préserve tous les peuples soumis à lui en paix et en bonne volonté, et en tous ses pays puissent toutes choses continuer prospères !

Et tous répondent :

— Ainsi fasse Dieu !

Et l'adorent en telle manière, par quatre fois. Ce fait, se lèvent et vont tous en bon ordre à un autel très bien orné ; et sur cet autel est une tablette vermeille qui porte écrit en lettres d'or et pierres précieuses le nom du Grand Can. Et encore y a tout prêt un bel encensoir d'or plein d'encens, qu'ils prennent pour encenser la tablette et l'autel en très grande révérence, puis chacun retourne à sa place. Cela fait, on offre les présents dont vous ai conté ; et quand le Grand Sire a vu toutes ces choses, ils l'adorent derechef, et puis se mettent les tables. Et quand elles sont mises, les gens se siéent dans l'ordre que je vous ai conté l'autre fois, et de même toutes les femmes. Le Grand Sire est à sa haute table du côté nord de la salle, le visage regardant au Midi et peut aisément voir tous ceux qui assistent à la fête. A sa gauche est sa première épouse, et nul autre ne se sied là. Puis se siéent tous les autres en telle manière que je vous ai conté, tous les hommes du côté droit — du côté du Grand Can —, toutes les femmes du côté gauche — du côté de l'Impératrice — bref, tout comme vous l'ai conté l'autre fois. Et quand ils ont mangé, les musiciens, jongleurs et bouffons viennent et amusent la Cour, comme avez ouï l'autre fois. Et après qu'ils ont fait tout cela, chacun s'en retourne en grande joie et bonheur à son hôtel et sa maison.

Et voilà que vous ai devisé de la Blanche Fête du début de l'An. Or vous conterai d'une très noble chose que le Grand Sire a faite chaque année en l'honneur de sa fête, lequel a ordonné que certains vêtements de diverses couleurs soient faits pour certains barons qui viennent à lui aux fêtes fixées[254].

XC. — Ci devise des douze mille barons qui viennent aux fêtes

Et sachez que le Grand Sire a nommé ces douze mille barons appelés *quesitan,* qui veut dire les hommes de confiance les plus proches du Seigneur. A chacun a donné treize robes de grande valeur, chacune d'une couleur différente, c'est-à-dire qu'il y en a douze mille d'une couleur, douze mille d'une autre, et qu'elles se distinguent les unes des autres par treize variétés de couleurs ; et sont ornées de pierres et de perles et d'autres belles choses très noblement, et sont donc de très grande valeur. Il a encore donné à chacun une ceinture d'or très belle et de grande valeur, une paire de bottes en cuir nommé *camut*[255] et un chapeau, très habilement ornés de fil d'argent, et qui sont très beaux et très chers. Tous ont des ornements si nobles et si beaux que bien semble quand ils les ont mis que chacun soit un roi. A chacune des fêtes est ordonné laquelle des treize robes ils doivent vêtir. Le Grand Sire a treize habits comme ses barons, je veux dire par la couleur, mais ils sont plus nobles, de plus grande valeur et mieux ornés. Et c'est pourquoi il est alors vêtu comme ses barons.

Or vous ai devisé des treize vêtements que les douze mille barons tiennent de leur seigneur, qui font ensemble cent cinquante six mille vêtements aussi précieux et chers comme vous ai conté, et qui valent si grande

---

254. Les annales de la dynastie, qui vont jusqu'à l'énumération détaillée de la garde-robe de Koubilai, confirment les cérémonies décrites par Marco Polo.

255. Le mot viendrait du persan *kimuhl* et indiquerait une sorte de peau de chagrin.

quantité de trésors qu'à grand'peine se pourrait conter le nombre, et cela sans les ceintures et les bottes, qui valent aussi pas mal de trésors. Et tout ceci, l'a fait le Grand Sire pour que sa fête soit plus noble et magnifique.

Et encore vous dirai une chose que j'avais oubliée, et qui semble assez grande merveille pour être digne d'être contée en notre livre. Sachez que lorsque le Grand Can fait la fête et cérémonie dont vous ai conté plus haut, est mené devant le Grand Sire un grand lion. Et le lion, dès qu'il le voit, s'allonge devant lui, donne des signes de profonde humilité et semble le reconnaître pour seigneur. Tant est apprivoisé, qu'il demeure devant lui sans nulle chaîne, tranquillement couché aux pieds du roi comme un chien ; à coup sûr, c'est une chose qui émerveille.

Or, laissons cela, et vous conterons de la grande chasse que fait faire le Grand Sire comme vous allez ouïr.

XCI. — Comment le Grand Can a ordonné que ses gens lui apportent des venaisons

Or sachez de vrai que, tant que le Grand Seigneur demeure en la cité maîtresse du Catai, ces trois mois de décembre, janvier et février, il a établi qu'à soixante journées à l'entour de sa résidence, tous les gens doivent chasser et oiseler. Et est établi et ordonné à tout seigneur de gens et de terres, que toute grosse bête, qui est prise, comme sangliers, cerfs, daims, chevreuils, ours et autres, ainsi qu'oiseaux, lui soit apportée, c'est-à-dire la plupart de ces gros animaux. Ils les tuent bien avec des chiens, mais la plupart avec des flèches. Et les bêtes qu'ils veulent mander au Grand Sire ils leur tirent les entrailles du ventre, puis les mettent sur charrettes ou bateaux, et les envoient au Seigneur. Tous ceux qui sont jusqu'à trente journées, cela fait beau nombre... Et ceux qui sont à soixante journées ne lui envoient point de viande, parce que la route est trop longue, mais ils lui envoient tous les cuirs apprêtés et préparés, pour que le Seigneur en fasse faire tout ce qu'il lui faut en fait d'armes pour son armée.

Or vous ai devisé comment on fait la chasse, et vous deviserons des bêtes féroces que le Grand Sire emmène à la chasse et pour en prendre son plaisir.

XCII. — Ci devise des lions, léopards et loups-cerviers qui sont dressés a prendre bêtes, et encore dit des gerfauts, des faucons et d'autres oiseaux

Sachez encore que le Grand Sire a assez de léopards, qui sont tous bons à chasser et à prendre bêtes. Il a aussi très grand nombre de loups-cerviers qui sont dressés à prendre bêtes et sont très bons à la chasse. Il a plusieurs lions très grands, plus gros que ceux de Babylonie. Ils ont très beau poil et très belle couleur, car ils sont rayés tout du long de noir, de vermeil et de blanc[256] ; ils sont de même dressés à prendre sangliers et bœufs sauvages, ours et ânes sauvages, et cerfs, et chevreuils, et autres bêtes. Et vous dis que c'est bien belle chose à regarder ces bêtes sauvages que les lions prennent. Car sachez-le, quand le Seigneur va en chasse avec les lions, ils sont portés sur des charrettes, en cages, et avec eux un petit chien, leur compagnon, avec lequel ils ont été dressés. Il faut qu'ils soient amenés contre le vent, car si le gibier sentait leur odeur, il s'enfuirait sans attendre. Il a aussi une grande multitude d'aigles fort bien dressés à prendre loups, et renards, et daims, et chevreuils, et lièvres, et d'autres petits animaux à planté. Et ceux qui sont dressés à prendre loups sont très grands et puissants, car sachez qu'il n'est loup si grand, qu'il ne soit pris.

Or vous ai devisé de ce que vous avez ouï. Or vous veux deviser comment le Grand Sire a aussi un très grand nombre de très bons chiens.

---

256. Les lions de Marco Polo sont apparemment des tigres.

XCIII. — Ci l'auteur dit de deux frères qui sont a la tête des chiens de chasse

Vrai est que le Grand Sire a deux barons qui sont frères, l'un nommé Baian et l'autre Mingan. On les appelle *cuiucci*[257], qui veut dire en langue tartare ceux qui gardent les mâtins. Chacun d'eux a dix mille hommes sous ses ordres ; les dix mille de l'un sont vêtus de la même couleur, et les dix mille de l'autre d'une autre, c'est-à-dire le vermeil et le bleu ciel. Ils ne portent point toujours de tels vêtements, mais seulement chaque fois qu'ils vont en chasse avec le Grand Sire ; parmi ces dix mille, il en est deux mille qui chacun ont un ou deux gros mâtins, si bien qu'ils sont une multitude. Et quand le Grand Sire va à la chasse, un de ces frères, avec ses dix mille hommes et bien cinq mille chiens, se tient à sa gauche, et l'autre frère, avec ses dix mille hommes et leurs chiens, se tient à sa droite. Le Seigneur et ses barons se tiennent au milieu d'une grande plaine où l'on fait la chasse. Ils vont tous l'un à côté de l'autre à quelque distance, et tiennent ainsi toute une journée de pays, ils sont si nombreux... ; quand ils se sont ainsi rangés, ils reviennent les uns vers les autres, puis vers le Seigneur, et lâchent leurs chiens, et si quelques bêtes sauvages leur échappent, c'est bien peu. C'est vraiment belle chose à voir que cette chasse et l'allure de ces chasseurs et de ces chiens, car je vous dis que quand le Grand Sire chevauche avec ses barons chassant par le mitan de ces larges plaines, alors vous pouvez voir certains de ces grands chiens venir chassant ours, sangliers, cerfs et autres bêtes, tant d'un côté que de l'autre, ce qui fait très beau tableau à voir et le Grand Can y prend grand plaisir. Ces deux frères sont obligés par contrat de fournir chaque jour à la cour du Grand Can, depuis octobre jusqu'à fin mars, mille têtes de bêtes et

257. Le mot mongol *guyuktchi* et chinois *kueirch'ih* signifie en réalité coureurs. Un tel corps était établi à l'époque en Chine, son chef s'appelait Mingan, ce qui correspond au nom donné par Marco Polo.

d'oiseaux, fors les cailles, et aussi des poissons tant qu'ils peuvent, comptant pour une tête ce que trois personnes pourraient manger de poisson à un repas pour en être rassasiées.

Adonc vous ai conté de ceux qui tiennent les chiens de chasse. Or vous dirons comment le Grand Sire va les autres trois mois.

XCIV. — Ci devise comment le Grand Can va chassant pour prendre bêtes et oiseaux

Et quand le Grand Sire a demeuré trois mois en la cité de Cambaluc, il en part au mois de mars et s'en va dans la campagne devers le Midi jusques à la mer Océane, qui est à deux journées. Il mène avec lui bien dix mille fauconniers, et emporte bien cinq cents gerfauts, faucons pèlerins et faucons sacres ; et ils emportent aussi en grande quantité des autours pour oiseler sur les rivières. Mais n'entendez pas qu'il les tienne tous avec lui en un seul lieu ; mais il les répartit çà et là à cent et à deux cents, et plus ou moins comme bon lui semble. Et ceux-ci chassent aux oiseaux et en apportent au Grand Sire la plus grande partie. Et vous dis que quand le Grand Sire va ainsi oiselant avec ses gerfauts et autours, il a bien dix mille hommes rangés deux par deux sur la plaine et qu'ils appellent en leur langue *toscaor*[258], comme qui dirait en la nôtre surveillants des oiseaux ; ainsi répartis deux par deux, ils surveillent assez de pays, et chacun a un appeau et un capuchon, de sorte qu'ils peuvent appeler et retenir les oiseaux. Et quand le Grand Sire, aussi bien que ceux qui l'accompagnent, a lâché ses oiseaux, point n'ont besoin de les suivre derrière, parce que ces hommes dispersés çà et là les surveillent assez bien pour qu'ils ne puissent aller nulle part où ces hommes n'aillent ; et si les oiseaux

258. Le mot est mal identifié, il faudrait s'en tenir à l'interprétation de Marco Polo.

ont besoin de secours, ceux qui en sont les plus proches les secourent incontinent.

Tous les oiseaux du Grand Sire, et ceux des autres barons aussi bien, ont, attachée à la patte, une petite tablette d'argent, sur laquelle est gravée le nom de celui à qui il appartient. Et de cette manière l'oiseau est reconnu dès qu'il est pris, et rendu à celui à qui il est. Mais si l'on ne sait à qui il peut être, on l'apporte à un baron qui est nommé *bularguci* [259], ce qui veut dire gardien des choses qui ne trouvent point de maître. Et je vous le dis que si par hasard l'on trouve un cheval, ou une épée, ou un oiseau, ou autre chose, et qu'on ne sache point à qui c'est, on l'apporte aussitôt à ce baron ; et il la prend et conserve soigneusement jusqu'à ce qu'elle soit redemandée par son propriétaire. Et celui qui la trouve, s'il ne l'apporte pas promptement à ce baron, il est tenu pour larron. Et ceux qui ont perdu quelque chose s'en vont trouver ce baron, et lui, s'il l'a, il la leur fait rendre tout aussitôt. Et toujours ce baron se tient au lieu le plus élevé avec son enseigne en l'air, pour que ceux qui ont perdu ou trouvé les choses puissent du premier coup voir où il est. Et de cette manière, ne peut se perdre nulle chose qui bientôt ne soit retrouvée et rendue.

Et quand le Grand Sire suit cette route que je vous ai contée près de la mer Océane, on peut voir maints beaux spectacles de bêtes et d'oiseaux pris en grande abondance, et il n'est point au monde d'amusement qui le vaille. Et le Grand Sire va toujours sur quatre éléphants, sur lesquels il a une très belle chambre de bois, qui est dedans toute couverte de draps d'or battu, et couverte au dehors de peaux de lions. Toujours le Grand Sire y demeure quand il va à la chasse, parce qu'il est troublé par la goutte. Il y tient toujours douze gerfauts des meilleurs. Et plusieurs barons y demeurent aussi continûment pour tenir compagnie au Seigneur et le distraire. Autour des éléphants chevauchent d'autres barons qui l'accompagnent. Et encore vous dis que si le

259. Le mot turc signifie plutôt « celui qui trouve ».

Grand Sire est dans cette chambre dessus les éléphants et cause avec certains barons, ceux qui chevauchent autour de lui, s'ils aperçoivent des faisans, des grues ou d'autres oiseaux qui passent, ils les montrent aux fauconniers qui sont avec le roi et lui crient :

— Sire ! Des grues passent !

Incontinent, faisant découvrir la chambre par en haut, le Grand Sire voit les grues, prend les gerfauts qu'il veut et les laisse aller après elles. Et souvent, ces gerfauts, ayant combattu un long temps, prennent les grues et les tuent devant lui. Et il le voit, toujours assis en sa chambre sur son lit, et c'est pour lui très grand délice et amusement, ainsi qu'aux autres barons et chevaliers qui chevauchent autour de lui. Et sachez qu'oncques ne fut, ni ne crois qu'y ait ou doive être, nul homme au monde qui puisse avoir si grand amusement et délice, comme celui-ci fait, ni qui ait pouvoir de le faire.

Et quand il est allé chassant quelques heures, et qu'il est venu à un lieu appelé Caccia Modun[260], trouve ses pavillons et tentes disposés en bon ordre, et les tentes de ses fils, de ses barons chevaliers, fauconniers, et amies, qui bien sont plus de dix mille très belles et très riches. Et vous deviserai comment est fait ce pavillon ; il est si grand comme je vous dirai. Tout d'abord, la tente où il tient sa cour est bien si vaste que mille chevaliers y pourraient tenir. Et cette tente a sa porte vers le Midi. Et en cette salle pareille à un porche demeurent les barons et autres gens. A celle-ci une autre tente est jointe et est vers le Ponant, et en celle-ci demeurent les barons et autres gens. A celle-ci une autre et quand il veut parler à quelqu'un, il le fait venir dedans. Derrière la grande salle est une grande et belle chambre où dort le Grand Sire, et elle aussi est jointe aux deux précédentes. Il y a aussi d'autres salles en d'autres tentes, mais qui ne communiquent point avec

260. Ce lieu doit être celui dont les coordonnées ont été indiquées par Marco Polo au début du chapitre, mais il n'est pas autrement repéré.

la grande. Car sachez que véritablement, les deux salles que je vous ai contées et la chambre où il dort sont faites comme je vous deviserai. Chacune des deux salles a trois colonnes en bois de senteur très bellement ouvragées et dorées ; elles sont au dehors toutes revêtues de peaux de lions très belles, car elles sont toutes rayées de vermeil, de noir et de blanc ; et ce sont couleurs naturelles, car il y a maints lions ainsi rayés en ces régions ; elles sont si bien arrangées que ni vent ni pluie ne peuvent nuire, ni faire dommage. En dedans, sont toutes d'hermine et de zibeline, car ce sont là les plus belles et plus riches fourrures qu'il y ait au monde, et celles qui valent le plus. Sans aucun doute, la quantité de peaux d'hermine nécessaire pour une robe d'homme, si elle est de premier choix, vaut bien 2 000 besants d'or, et si elle est de deuxième choix, vaut bien encore 1 000 besants. Dans leur langage, les Tartares l'appellent la reine des peaux. Elles ont la taille d'une peau de putois. Et de ces deux sortes de peaux sont faites les deux grandes salles du Grand Sire, avec un art et une habileté telles que c'est une merveille à voir. Et la chambre où dort le sire, elle est aussi de peaux de lion en dehors et d'hermine et zibeline à l'intérieur, et elle est très noblement faite et ordonnée. Et les cordes qui tiennent les salles et la chambre sont toutes de soie. Elles sont de si grande valeur, et ont dû tant coûter, ces trois tentes, qu'un petit roi ne les pourrait payer !

A l'entour sont toutes les autres, très bien disposées et montées. Les épouses, fils et amies du Seigneur et d'autres gens, ont aussi de riches pavillons. En ont aussi les faucons et gerfauts, les autres oiseaux et bêtes, et leurs gardiens de même. Et que vous en dirai-je ? Sachez très véritablement qu'il y a un grand monde en ce camp et si grande quantité de tentes de toute espèce, que c'est merveille à voir, car il semble vraiment être en sa meilleure cité, vu le très grand nombre de gens qui chaque jour viennent là de fort loin et de tout côté. Il amène en ce camp tout son train avec lui, mires, et astrologues, et fauconniers, et autres officiers, et aussi marchands de toutes denrées comme il en faut pour tel nombre de gens, et aussi parce que chacun vient avec toute sa famille, comme c'est leur coutume. Et pourtant, toutes choses sont ordonnées et placées en aussi bon ordre qu'en plein milieu de sa maîtresse ville de Cambaluc.

Et sachez qu'il demeure en ce lieu jusqu'aux premiers frissons du printemps, qui vient en ce pays autour de notre temps de Pâques. Jusqu'à ce terme, il ne cesse point d'aller oiselant par lacs et par rivières et prennent grues et cygnes, hérons et autres oiseaux en suffisance. Et tous ses gens répandus en tant de lieux aux alentours ne font rien d'autre que chasser, et chaque jour lui apportent venaison et gibier. Il y demeure jusqu'à ce terme dans les plus grandes réjouissances et délices du monde ; il n'est point homme au monde qui, sans l'avoir vu, le croirait, tellement de la grandeur, et des splendeurs, et des bonheurs, il y en a plus que je ne vous dis.

Et vous dis autre chose : nul marchand, ni fabricant, ni citoyen ou villageois, enfin personne, qui que ce soit, n'oserait avoir un autour, un faucon ou un oiseau de chasse, ni un chien de chasse pour son plaisir dans tout le domaine du Grand Can, et cela à vingt journées autour du lieu où le Grand Sire demeure. Et pas même un baron, un chevalier ou un noble quelconque n'oserait chasser sans être enrôlé sous le capitaine des fauconniers, ou avoir un pertinent privilège. Mais dans toutes les autres provinces, on garde le droit de chasser et de faire ce qu'on veut avec ses chiens et ses oiseaux. Et sachez encore en vérité que par toutes les terres où le Grand Sire a seigneurie, nul roi, ni nul baron ni nul homme, n'oserait prendre ou chasser lièvre, ni chevreuil, ni cerf, ni daim, ni bêtes semblables, entre mars et la fin octobre, pour qu'ils puissent croître et multiplier. Et qui, ce non obstant, contre viendrait au règlement s'en repentirait durement, parce que le Seigneur l'a ainsi établi ; et vous dis que son commandement est obéi si justement que bêtes courants et volants se multiplient immensément ; tant que le pays en est plein, que le Sire en a tant qu'il veut, et que les lièvres, daims et autres bêtes que je vous ai nommés souvent viennent tout droit jusqu'à l'homme, sans le craindre, car il ne les blesse point et ne leur fait pas mal ; et si on en trouve un endormi en suivant une route, on n'y touche pour rien au monde ; mais après le temps que vous ai marqué, chacun peut faire comme il entend.

En telle manière qu'avez ouï, demeure le Grand Sire en ce lieu jusque environ Pâques ; et quand il y est demeuré ainsi, il s'en départ avec tous ses gens et retourne tout droit à la cité de Cambaluc, par la même route que pour venir, toujours chassant et oiselant avec grand plaisir et grand'joie.

XCV. — Comment le Grand Can tient grande cour et fait grandes fêtes

Quand il est revenu en sa maîtresse ville de Cambaluc, il demeure en son maître palais trois jours, et pas davantage. Il fait très grande fête, tient noble cour et riche table. Il fait grand'joie et festivité avec ses femmes et tous ceux qui l'entourent. Puis tous ceux qui y ont été invités retournent à la maison.

Alors, de son palais de Cambaluc, il part pour la cité qu'il s'est fait construire, dont je vous ai parlé plus haut et qui a nom Ciandu en laquelle a son parc et palais de bambou, là où il tient ses gerfauts en mues et demeure l'été à cause des chaleurs.

Si bien qu'il y demeure du premier jour de juin jusqu'au 28e d'août, et en part quand il fait répandre le lait de ses juments blanches, comme je vous ai dit plus haut. Et donc retourne à sa maîtresse cité de Cambaluc. Et là demeure, comme je vous ai dit, six mois : septembre, pour faire la fête de sa nativité, et puis octobre, novembre et décembre, janvier et février, en quel mois de février, il fait la grande fête du jour de l'an, qu'ils appellent la Blanche Fête, comme je vous ai conté plus haut très véritablement. Et puis il s'en va vers la mer Océane, chassant et oiselant, comme vous ai conté, du premier jour de mars jusqu'à la mi-mai ; il retourne alors à sa maîtresse cité trois jours, comme il est dit plus haut, et pendant ces trois jours il fait grande fête avec ses femmes et tient grande cour et grandes réjouissances ; car je vous dis que c'est merveilleuse chose à voir que la grande solennité que le Grand Sire fait en ces trois pays. Puis il part comme je vous ai dit. Si bien qu'il demeure tout l'an ainsi : six mois en sa maîtresse cité de Cambaluc, en son maître palais, ce sont septembre, octobre, novembre, décembre, janvier, février ; et puis part pour aller à la grande chasse près la mer et y demeure mars, avril, mai ; et puis retourne à son palais de Cambaluc, et y demeure trois jours ; et puis s'en va à sa cité de Ciandu qu'il fit construire, là où est son palais de bambous, et y demeure juin, juillet, août ; et puis s'en retourne à sa maîtresse cité de Cambaluc. Et ainsi va tout l'an : six mois en sa cité, et trois mois à la chasse, et trois mois en son palais de bambous à cause du chaud. Il mène ainsi sa vie sans qu'il aille jamais ailleurs, se réjouissant selon son bon plaisir[261].

XCVI. — Ci dit de la cité de Cambaluc, comment elle est avec grand commerce et pleine de gens

Et vous dis maintenant qu'en cette cité de Cambaluc est bien grande multitude de maisons et de gens, tant au-dedans qu'en dehors. Et sachez qu'il y autant de faubourgs que de portes, et elles sont douze ; ils sont si grands que celui de chaque porte s'étend jusqu'à celui de l'autre, et leur longueur a trois ou quatre milles, de sorte que nul homme ne les pourrait dénombrer. Il y a bien plus de gens dans les faubourgs que dans la ville[262]. C'est en ces faubourgs que logent et demeurent les marchands et tous autres hommes qui y viennent pour leurs

261. Ce va-et-vient est confirmé d'une façon aussi exacte que répétitive par les annales.

262. Un recensement fait en 1270 indique 147 590 feux. Si on adopte la moyenne de huit têtes par famille proposée par les écrivains chinois, on arriverait à 1 200 000 personnes.

affaires ; et il en vient une grande quantité, ceux qui viennent à cause de la Cour du Seigneur, — et partout où il tient sa Cour, les gens arrivent de partout pour diverses raisons —, et ceux pour qui la ville est un excellent marché. A chaque sorte de gens un caravansérail est réservé, comme qui dirait un pour les Lombards, un pour les Germains et un pour les Français.

Et vous dis encore qu'en ces faubourgs sont aussi belles maisons et palais qu'en ville, hors celui du Grand Sire. Et sachez qu'on ne permet à aucun homme qui meurt d'être sépulturé en ville. S'il est un Idolâtre, on l'emporte en un lieu lointain où doit être brûlé le corps, et qui est en dehors de tous les faubourgs. C'est ce qui advient aussi aux autres morts : s'il est d'une autre foi, où les morts sont enterrés, comme chez les Chrétiens, Sarrazins et autres, il est également enterré hors de la ville et des faubourgs, dont la ville est plus agréable et plus saine.

Et encore vous dis une autre chose : dedans la ville n'oserait demeurer aucune pécheresse, c'est-à-dire les femmes du monde qui font service aux hommes pour argent ; mais vous dis qu'elles demeurent toutes ès faubourgs. Et sachez qu'il y en a si grande multitude que nul homme ne le pourrait croire, et je vous dis qu'elles sont bien vingt mille, qui toutes servent les hommes pour argent, et qui toutes en tirent subsistance. Et vous dis même qu'elles sont toutes en mains en raison du grand nombre d'étrangers et de marchands qui là vont et viennent chaque jour. Elles ont un capitaine général, et il y a un chef pour chaque centaine et pour chaque millier, qui sont responsables devant le général. Et la raison pourquoi ces femmes ont un capitaine est ceci : chaque fois que des ambassadeurs viennent trouver le Grand Can pour affaires, et logent à ses frais — ce qu'on leur assure de la manière la plus satisfaisante —, ce capitaine est tenu de fournir auxdits ambassadeurs et à chacun de ceux de sa suite une catin chaque nuit, qui change de nuit en nuit, et qui n'est pas payée, car tel est l'impôt qu'elles payent au Grand Can. Alors, pouvez voir s'il y a grande abondance de gens à Cambaluc, puisque les femmes mondaines y sont aussi nombreuses que vous ai conté.

Et sachez encore très véritablement qu'à mon avis, point n'est au monde cité où viennent tant de marchands, ni où arrivent pareilles quantités de choses aussi précieuses et de plus grande valeur. Et vous dirai cela. Avant tout, vous dis les denrées coûteuses qui proviennent d'Inde : les pierreries, les perles, la soie et les épices ; puis toutes les belles et chères denrées de la province du Catai, de la province du Mangi et des autres qui l'avoisinent ; et c'est à cause du Seigneur qui y demeure, et des dames et des barons et des chevaliers, dont il y a tant, et de la grande abondance de multitude de gens des armées du Seigneur, qui stationnent à l'entour, tant pour la Cour que pour la ville, et de tous ceux enfin qui sont là parce que le Grand Sire y tient sa cour, et aussi parce que la cité est en très bonne position, au beau milieu de maintes provinces. Il vient telles quantités de tout, que c'est chose extraordinaire. Et sachez pour vrai que chaque jour entrent en cette ville plus de mille charrettes uniquement chargées de soie, car on y fait beaucoup de draps de soie et d'or. Et ce n'est pas merveille, car en toutes les contrées environnantes, n'y a point de lin : il convient donc faire toutes les choses de soie. Bien est vrai, cependant, qu'ils ont en certains lieux coton et chanvre, mais non tant qu'il leur suffise ; mais ils n'en produisent pas beaucoup, pour la grande quantité de soie qu'ils ont à bon marché, et qui vaut mieux que lin ou coton.

Et encore, cette cité de Cambaluc a autour d'elle plus de deux cents autres cités, tant lointaines que proches, et de ces villes viennent les habitants, d'une distance de deux cents milles, pour acheter en cette cité maintes choses dont ils ont besoin. Et eux, pour la plupart, lorsque la Cour y est, ils vivent de vendre les denrées nécessaires à la cité. Donc n'est point étonnant si autant de choses que vous ai dit arrivent à cette cité de Cambaluc, de sorte que c'est un très grand centre de commerce.

Et puisque vous ai montré cette merveille bien et

habilement, or vous deviserai des monnaies et des numéraires qui se font en cette même cité de Cambaluc ; et vous montrerons clairement comment le Grand Sire peut faire bien davantage et dépenser bien plus que je ne vous ai dit, ni ne vous dirai en ce livre, car vous ne croiriez plus que je parle avec bon sens.

XCVII. — Comment le Grand Can fait dépenser papier pour argent

Il est réel que la Monnaie[263] du Grand Sire est en cette ville de Cambaluc, et établie en telle manière qu'on peut bien dire que le Grand Can possède parfaitement l'alchimie ; et vous le montrerai.

Or sachez qu'il fait faire une telle monnaie comme je vous dirai ; à des hommes fait prendre l'écorce d'arbres que nous nommons mûriers et qu'ils appellent *gelsus,* ceux dont les vers qui font la soie mangent les feuilles, et qui sont en si grand nombre que toutes les campagnes en sont pleines. Ils prennent la peau mince qui est entre l'épaisse écorce extérieure et le bois, et qui est blanche ; de cette peau mince, il leur fait faire des feuilles semblables à celles du papier coton, et elles sont toutes noires. Et lorsqu'elles sont faites, il les leur fait couper de telle manière : la plus petite vaut chez eux environ une moitié de petit *tornesel,* et la suivante, un peu plus grande, un *tornesel ;* la suivante, encore un peu plus grande, un demi-gros d'argent de Venise ; la suivante, un gros d'argent, la suivante, deux gros, la suivante, cinq gros, la suivante, dix gros, la suivante, un besant d'or, et la suivante, deux besants d'or, et la suivante, trois besants d'or, et l'on va ainsi jusqu'à dix besants d'or. Toutes ces feuilles reçoivent le sceau du Grand Sire, faute de quoi elles ne vaudraient rien. Elles sont fabriquées avec autant de garanties et de formalités que si c'était or pur ou argent, car maints officiers nom-

263. Le mot signifie ici évidemment le lieu de frappe et d'émission de la monnaie.

més pour cela écrivent leur nom sur chaque billet, y apportant chacun sa marque, et quand tout est bien fait comme il faut, leur chef, commis par le Seigneur, empreint de cinabre le sceau qui lui est confié et l'appuie sur le billet ; et la forme du sceau humecté de cinabre y demeure imprimée : alors cette monnaie est valable. Et si quelqu'un s'avisait de la contrefaire, il serait puni de la peine capitale jusqu'à la troisième génération. Différentes marques sont imprimées selon la destination du billet. Et en a fait faire si grande quantité, qu'il payerait avec tous les trésors du monde, et ça ne lui coûte rien[264].

Et quand ces feuilles sont faites, en la manière que je vous ai contée, il fait faire tous ses paiements et les fait distribuer en toutes les provinces et royaumes et pays dont il est le maître ; et nul n'ose les refuser, car il lui en coûterait la vie. Et personne des autres royaumes ne peut donner d'autre monnaie dans les territoires du Grand Can. Et vous dirai d'ailleurs que tous les gens et groupes d'hommes qui vivent sous ses lois prennent volontiers ces feuilles en paiement, car partout où ils vont, ils en font tous leurs paiements pour les denrées et pour les perles, les pierres précieuses, l'or et l'argent, et pour toutes les autres choses qu'ils emportent, achètent ou vendent, quelle que soit leur valeur, comme si vraiment elles étaient d'or ou d'argent. Et vous dirai même plus : elles sont si légères que la feuille qui vaut dix besants, elle n'en pèse même pas un...

Et vous dis encore que plusieurs fois l'an viennent de nombreux marchands d'Inde ou d'autre part, avec des perles, des pierres précieuses, de l'or et de l'argent, des draps de soie et d'or ; et n'en font présent à personne en ville qu'au Grand Sire. Et le Grand Sire fait appeler douze sages hommes choisis pour contrôler ces choses, et très habiles en leur métier ; il leur commande

264. On possède pour cette période tous les détails sur l'émission de la monnaie de papier, qui date de la dynastie des Tang (618-905), y compris la quantité mise en circulation chaque année.

de regarder avec soin les marchandises apportées par les marchands et de les faire payer ce qu'il leur semble qu'elles valent. Ces douze sages hommes regardent les choses, et quand ils les ont évaluées, ils les font payer ce qu'elles leur paraissent valoir avec ces feuilles que je vous ai contées. Les marchands les prennent très volontiers, car ils savent bien qu'ils n'obtiendraient point tant d'un autre, en second parce qu'ils sont payés comptant, et aussi parce qu'ils les vont changer ensuite pour tout ce qu'ils veulent acheter, tant sur place que par toutes les terres du Grand Sire. Et même aussi parce que c'est plus léger que n'importe quoi d'autre à promener par les chemins. Et vous dis sans erreur que plusieurs fois par an, ces marchands apportent des marchandises qui valent bien quatre cent mille besants d'or ; et le Grand Sire en achète chaque année pour des sommes infinies, et les fait toutes payer avec ces feuilles qui ne lui coûtent que peu, ou rien, comme avez ouï.

Et encore vous dis que plusieurs fois l'an, en la ville de Cambaluc circule un édit selon lequel tous ceux qui ont pierres précieuses, perles, or et argent, les doivent porter à l'Hôtel des Monnaies du Grand Sire. Et le font très volontiers, et en apportent si grande abondance que c'en est sans nombre, et tous sont payés de feuilles sans délai ni perte. Et de cette manière a le Grand Sire tout l'or et tout l'argent, et les pierres précieuses et les perles de toutes ses terres.

Et encore vous dis autre chose qu'il fait bon conter. Qui a ces feuilles si longtemps conservées qu'elles sont déchirées et qu'elles se gâtent — bien que soient fort durables — il les porte à la Monnaie où sont changées pour neuves et nettes, mais doit en laisser trois pour cent au Trésor. Et encore vous dirai un fait curieux, qu'il fait bon mettre en notre livre. Si un homme désire acheter or ou argent, ou pierres précieuses ou perles pour se faire vaisselle, ceinture ou autres belles choses, il s'en va à la Monnaie du Grand Sire avec quelques-unes de ces feuilles, et les donne en paiement de l'or ou de l'argent qu'il achète au Maître de la Monnaie. En somme, on ne paie jamais en or ni en argent ; les armées et les fonctionnaires sont payés de cette monnaie de papier, dont il a autant qu'il lui plaît. Or vous ai conté la manière et la raison pour quoi le Grand Sire doit avoir et a plus de trésor que nul homme de ce monde. Mais vous dirai même plus : tous les seigneurs de la terre ensemble n'ont point si grandes richesses que le Grand Sire tout seul.

Or vous ai conté et devisé comment le Grand Sire fait faire la monnaie de feuilles ; or vous deviserai des grandes seigneuries qui, de sa part, s'en vont de cette cité de Cambaluc.

XCVIII. — Ci devise des douze barons qui commandent a toutes les affaires du Grand Can

Et sachez que le Grand Sire a choisi douze très grands et sages barons, auxquels il a commis toutes les questions touchant les armées, comme les changer de place, changer les officiers, ou les envoyer où ils voient que c'est nécessaire, combien d'hommes la situation exige, et plus ou moins selon l'importance de la guerre. En outre, ils ont à distinguer entre les preux et les virils combattants, et ceux qui sont médiocres et couards, promouvant les uns à un plus haut grade, et abaissant ceux qui ne valent rien. Si quelqu'un est capitaine de mille et s'est médiocrement comporté au combat, les susdits barons, le considérant indigne d'un tel commandement, le rabaissent au commandement d'une centaine. S'il s'est noblement et virilement battu, l'estimant digne d'un grade plus élevé, ils le font capitaine de dix mille, mais en toute chose avec l'approbation du Grand Sire. Car s'ils veulent en dégrader un et rabaisser, ils disent au Seigneur :

« Un tel est indigne de tant d'honneur. » Et il répond :

« Dégradez-le à un rang inférieur. » Et ainsi est fait.

Mais s'ils veulent en promouvoir un, ayant distingué ses mérites, ils disent :

« Tel capitaine de mille est capable d'être capitaine de dix mille. » Le Seigneur le confirme et lui donne une tablette de commandement qui correspond au grade ; et il lui offre de très grands présents, pour inciter les autres à être aussi vaillants.

Le gouvernement de ces douze barons est appelé *Thai*[265], comme qui dirait la Cour Suprême, parce qu'ils n'ont aucun seigneur au-dessus d'eux, si ce n'est le Grand Can. Outre ces douze-là, sont nommés douze autres barons, qui sont toujours avec lui, et auxquels est confié tout ce qui concerne les trente-quatre provinces. Et vous dirai leur nomination et leur méthode.

Je vous dis tout premièrement que ces douze barons demeurent continuellement ensemble en un palais dans la ville de Cambaluc, qui est très vaste, beau et riche, et il y a bien des salles, des chambres et des maisons pour eux, les employés et les serviteurs ; pour chaque province, il y a un juge, et sous lui de nombreux rédacteurs ou notaires, qui tous demeurent en ce palais, chacun en sa maison. Et ce juge et ces rédacteurs font toutes les choses qui concernent la province à laquelle ils sont commis, et ce font par la volonté et commandement des douze barons dont je vous ai parlé. Quand on dépose une plainte, les douze barons doivent la transmettre au Seigneur, et alors il décide ce qui lui semble le meilleur à ce sujet.

Et sachez bien que néanmoins, ces douze barons ont aussi grande autorité comme je vous dirai. Car ils choisissent les gouverneurs de toutes ces provinces dont je vous ai parlé plus haut ; et quand ils les ont choisis tels comme leur semble qu'ils soient bons et capables, ils le font savoir au Grand Sire, et le Grand Sire le confirme et leur fait donner une tablette d'or correspondante à leur gouvernement. Ils ont également la surintendance des tributs et des revenus et le contrôle des dépenses, et toutes les autres affaires, fors celles des armées.

---

265. Le *t'ai* est effectivement une cour suprême qui contrôle l'ensemble de la hiérarchie des fonctionnaires.

Ils sont appelés en tartare *scieng*[266], qui veut dire la Haute Cour, car il n'est nul ressort au-dessus d'eux fors le Grand Sire. Le palais où ils demeurent est aussi appelé *scieng*. Ils forment la plus haute autorité qui soit en toute la Cour du Grand Sire, car ils ont le pouvoir de faire grand bien à qui ils veulent, et d'attribuer maints bénéfices à bien des gens, pour quoi ils sont tenus en grand honneur. Sans doute, l'une et l'autre de ces deux Cours, *scieng* et *thai*, n'ont point, au-dessus d'elles, d'autre seigneur que le Grand Can, mais le *thai*, cour préposée à la surveillance des armées, est compté pour plus important, et de plus haute dignité que toute autre seigneurie.

Et ne vous nommerai pas les provinces par leur nom, parce que je vous le conterai clairement en notre livre. Et laisserons cela et vous conterons comment le Grand Sire mande ses messagers et courriers, et comment ils ont des chevaux préparés pour aller très vite en commission.

XCIX. — Comment de la cité de Cambaluc partent plusieurs routes, qui vont par maintes provinces

Or sachez pour vérité que maintes routes quittent cette ville de Cambaluc, qui vont par maintes provinces séparément, c'est-à-dire que l'une va vers telle province, et l'autre vers telle autre. Et toutes les routes se distinguent par le nom de la province là où elles vont, et c'est là chose très sage. Et sachez que, quand l'on part de Cambaluc par l'une quelconque de ces routes — je vous parle des principales et essentielles —, et qu'on est allé vingt-cinq milles, les messagers du Grand Sire qui sont allés ces vingt-cinq mille trouvent un poste appelé *iamb* en leur langage, ce qui veut dire en notre langue

266. Ce terme correspond le plus à un conseil des ministres, ayant même à sa tête un président qui était le prince héritier. Ainsi se faisait la liaison de la bureaucratie avec la famille royale.

un relais de chevaux. A chaque poste, les messagers trouvent un très grand palais, beau et riche, où ils peuvent loger, car ces auberges ont très riches lits garnis de riches tissus de soie, et ont tout ce qui convient à des messagers supérieurs ; et si un grand roi y venait, il s'y trouverait encore très bien logé. Et encore vous dis que à ces postes les messagers du Grand Sire changent de cheval, car ils en trouvent bien quatre cents que le Grand Sire a attribués à chaque poste pour qu'ils y demeurent toujours à la disposition de ses messagers et ambassadeurs quand il les envoie en toute direction pour ses affaires, afin qu'ils puissent quitter et laisser là l'animal fatigué et en prendre un frais ; en certains points, ils ne sont que trois cents, car il en faut plus en certains lieux qu'en d'autres. Et lorsque le Seigneur désire des chevaux, il envoie son messager à tel poste, et on lui en envoie autant qu'il en demande. Et encore sachez que ces postes sont établis tous les vingt-cinq ou trente milles, comme je vous ai dit ; et ils sont sur les principales routes qui vont vers les provinces dont je vous ai parlé ci-dessus.

Et quand les messagers vont en lieux éloignés des routes, étranges, sauvages et montagneux, où l'on ne trouve ni maison ni auberge, où point n'est de village, d'où les villes sont très loin, le Grand Sire y a fait faire des postes et des palais, et toutes les choses qu'ont les autres postes, ni plus ni moins, et des chevaux et des harnois, lesquels sont entretenus aux frais du Grand Can. Mais ce sont plus grandes journées, car elles sont de trente-cinq milles, et quelquefois plus de quarante. Il y mande gens qui vivant là, travaillent la terre et desservent le poste, et se forment de grands villages.

Et en cette manière que vous avez ouïe vont les messagers du Grand Sire dans toutes les directions avec une grande facilité, et trouvent logement et chevaux tout prêts à chaque étape, pour qu'ils aient leur confort en tout lieu. C'est vraiment le plus noble sujet de fierté et la plus noble grandeur qu'Empereur puisse jamais avoir, ni nul roi, ni nul autre homme sur la terre. Car sachez très véritablement que plus de deux cent mille chevaux se trouvent dans ces postes, réservés à ses messagers. Et encore vous dis que ces palais sont plus de dix mille, qui sont aussi fournis aussi richement comme je vous ai conté ; et c'est chose si merveilleuse et de tant de valeur, qu'on peut à peine le dire ou écrire en vérité.

Et si quelqu'un allait mettre en doute qu'il y ait tant de gens pour faire autant de tâches, et qu'ils aient de quoi vivre, je répondrais que tous les Idolâtres, et les Sarrazins tout de même, prennent chacun six, huit et dix épouses, pourvu qu'ils en puissent payer la dépense, et en ont une infinité de fils ; il existe des masses d'hommes qui ont chacun plus de trente fils, qui tous suivent leur père armés ; et c'est à cause du grand nombre d'épouses. Mais chez nous, un homme n'a qu'une femme, et si elle est stérile, il finira sa vie avec elle et n'en aura point de fils ; par conséquent, nous n'avons pas autant de monde que là-bas. Quant aux victuailles, ils en ont à planter, parce qu'ils consomment, pour la plupart, du riz, du panic, du millet ; notamment les Catayens, les Tartares, et ceux de la province du Mangi. Ces trois grains viennent en leur pays au centuple de chaque mesure. Ces gens ne consomment point de pain, mais font seulement bouillir ces trois espèces de grain avec le lait ou la viande, et si les mangent. Chez eux, le blé ne donne pas un tel rendement ; ce qu'ils en récoltent, ils le mangent seulement sous forme de macaroni ou d'autres plats faits de pâte. Chez eux aussi, aucune terre labourable ne reste en friche, et leurs animaux se multiplient sans fin : quand ils vont en campagne, il n'est personne qui n'emmène avec soi six, huit chevaux ou davantage. D'où l'on peut facilement comprendre pourquoi ils sont si grande multitude et ont de quoi vivre sur un si grand pied.

Et encore vous conterai une chose que j'avais oubliée : elle touche à ce sujet et il est bon de la dire et redire. Il est vrai qu'entre un poste et l'autre, sur quelque route que ce soit, est placé tous les trois milles un hameau d'environ quarante maisons, où vivent des coureurs également affectés aux messageries du Grand

Sire ; et vous dirai comment. Ils portent une grande ceinture, tout autour garnie de sonnettes, pour que, quand ils vont, ils soient ouïs de fort loin. Grelots que nous nommons *sonagloscula*. Lorsque le roi veut envoyer une lettre par courrier, il la remet à un de ces coureurs, et il s'en va, toujours au grand galop, mais pas plus loin que trois milles, c'est-à-dire d'un poste à un autre. Et l'autre, au bout de ces trois milles, qui, de bien loin, l'entend venir, se prépare incontinent et se tient prêt avant son arrivée, lui aussi muni de clochettes. Dès que l'autre est venu, il va à sa rencontre, prend ce qu'il transporte et un petit billet que le rédacteur de l'endroit, qui est toujours prêt à ce faire, lui remet, et se met à son tour à courir ses trois milles, jusqu'à avoir atteint un autre poste, où à son tour il en trouve un autre tout prêt, et fait tout comme le précédent, et ainsi de suite. Et vous dis que de cette manière, on couvre une grande distance en peu de temps, et par ces coureurs, qui sont employés en grand nombre, le Grand Sire a, en un jour et une nuit, des nouvelles provenant de dix journées, car ils courent la nuit aussi bien que le jour. Car sachez que ces coureurs font dix journées en un jour et une nuit, et en deux jours et deux nuits apportent nouvelles de vingt journées ; ainsi aurait en dix jours et dix nuits nouvelles provenant de cent journées, et c'est quelque chose !...

Et vous dis encore que des hommes tels que ceux-là apportent souvent au Seigneur, en un jour et une nuit, des choses telles que fruits ou autres, qui étaient à dix journées. Et à la saison des fruits, on ramasse maintes fois des fruits en la cité de Cambaluc le matin, et le jour suivant, vers le soir, ils sont apportés au Grand Can dans la cité de Ciandu, qui est à dix journées. A chacun de ces postes est affecté un secrétaire qui note le jour et l'heure où l'autre s'en va. Et certains ont la charge d'aller chaque mois examiner ces postes, de voir les coureurs qui n'ont point fait diligence, et de les punir. Et le Grand Sire n'exige point d'impôts de ces coureurs, ni de ceux qui demeurent dans les postes, mais il leur fait donner toutes choses, des chevaux et le reste, et de plus, ils sont fort bien payés par la Cour pour leur travail.

Et quant à ces chevaux dont je vous ai dit qu'ils sont tant dans les postes pour porter les messagers, vous dis très vraiment que le Grand Sire les a établis ainsi. Car il dit :

— Qui est près de tel poste ?

— Telle ville.

Et il fait examiner combien de chevaux elle peut donner et entretenir pour les messagers, et on lui dit : une centaine ; et il commande de mettre cent chevaux à tel poste. Puis il considère toutes les autres villes et villages, et combien de chevaux elles peuvent entretenir ; et ceux qu'elles peuvent entretenir, elles reçoivent l'ordre de les entretenir au poste. Et en telle manière sont tous les postes organisés, que le Grand Sire ne dépense rien pour eux, fors seulement que les postes éloignés des routes sont fournis de ses propres chevaux.

Et les cités s'accordent entre elles, quand elles sont entre deux postes qu'elles se doivent partager. Elles entretiennent les chevaux sur les revenus qu'elles devraient payer au Grand Can, ordonnant que tel homme, qui devrait payer autant que pour l'entretien d'un cheval et demi, l'entretienne en fait au poste le plus voisin de chez lui. Mais devez savoir que les cités ne maintiennent pas continuellement les quatre cents chevaux au poste. Au contraire, elles n'en gardent que deux cents chaque mois pour supporter les fatigues, pendant quel temps les deux cents autres sont à l'engrais.

Et à la fin du mois, les gras sont ramenés au poste et les autres, engraissés à leur tour ; et ils font de même continuellement. Mais s'il arrive qu'en un lieu soit une rivière ou un lac, qu'il soit nécessaire de traverser tant aux coureurs qu'aux cavaliers, les cités voisines entretiennent toujours trois ou quatre nefs toujours prêtes à cette intention. Et s'il est nécessaire de passer quelque désert de bien des journées, où l'on ne saurait faire nulle habitation, la cité qui en est voisine est tenue de fournir les chevaux aux ambassadeurs du Seigneur jusqu'à l'autre bout du désert, et les victuailles avec l'escorte. Mais alors, le Seigneur accorde une aide à cette cité.

Et vous dis de plus que quand il est besoin que messagers à cheval partent expressément pour rapporter au Grand Sire des nouvelles fraîches de lieux éloignés, d'une cité ou province qui peut s'être rebellée contre lui, ou d'un baron ou des choses qui peuvent être utiles au Seigneur, ils chevauchent en un jour bien cent et deux cents milles, voire deux cent cinquante, et vous montrerai comment. Quand le messager doit aller aussi vite et aussi loin comme je vous ai conté, il a la tablette à gerfaut en signe de vitesse spéciale, et de la sorte, s'il arrive qu'en galopant sur la route, le cheval se crève, ou qu'il y ait un retard quelconque, s'il trouve quelqu'un, qui que ce soit, il peut le démonter et lui prendre sa bête, car nul n'oserait refuser. Ainsi, ils n'ont jamais que de bonnes bêtes, et fraîches, pour leurs besoins. Ils prennent les chevaux des postes, qui y sont préparés pour eux. Et s'ils sont deux qui partent du même point, ils prennent le départ sur deux bons chevaux forts et vifs ; ils se bandent tout le ventre et la poitrine de fines bandelettes et s'enveloppent la tête, car autrement, ils ne pourraient pas résister. Puis partent au grand galop tant comme ils peuvent le plus et galopent tant qu'ils soient venus au prochain poste, à vingt-cinq milles de là ; quand ils le savent proche, sonnent d'une sorte de trompe qui s'entend de loin, pour que les autres préparent les chevaux ; ils trouvent donc deux autres bons chevaux tout prêts, frais, reposés, rapides. Ils les montent si rapidement qu'ils ne se reposent point, peu ou prou. Et dès qu'ils sont montés, ils se mettent immédiatement au grand galop, tant comme la bête peut aller, et ne cessent de galoper tant qu'ils soient venus au poste suivant. Ils vont ainsi, toujours galopant, d'un poste à l'autre, changeant les chevaux et les hommes, tout le jour jusqu'au soir, et couvrent ainsi une distance merveilleuse. C'est ainsi que ces messagers font bien deux cent cinquante milles par jour pour porter les nouvelles au Grand Sire, et quand il faut, ils en font bien trois cents. Dans les cas très graves, ils chevauchent même la nuit ; si la lune ne brille point, les hommes du poste vont courant devant eux avec des torches jusqu'au poste suivant. Néanmoins, ces messagers ne vont point aussi vite la nuit que le jour, sans parler de ceux qui courent à pied avec les torches, et qui ne peuvent être aussi rapides. De tels messagers, qui peuvent endurer une telle fatigue de course, sont très estimés, et touchent une bonne paye de la Cour.

Or, laissons ces messagers, que bien là vous avons montrés clairement. Maintenant vous conterai de la bonté que le Grand Sire témoigne à son peuple deux fois l'an.

C. — Comment le Grand Can fait aider ses gens quand ils ont souffert dans leurs grains et leurs bêtes

Or sachez que chaque année, le Grand Sire, à une certaine date, envoie ses fidèles messagers et inspecteurs par toutes ses terres, et royaumes et provinces, pour savoir si ses hommes ont subi dommage dans leurs grains, soit par mauvais temps, soit par sauterelles, chenilles ou autre plaie. Et s'il trouve que des gens ont eu dommages et n'ont point de grain, il leur fait remettre l'impôt qu'ils devaient donner cette année, et souvent leur fait donner du grain de ses propres greniers autant qu'il leur en faut, pour qu'ils aient à semer et à manger cette année. Et c'est bien grande bonté, de la part du Seigneur !

Ainsi fait faire l'été, et l'hiver, fait faire tout autrement pour ceux qui ont subi dommages dans leurs troupeaux. Il fait faire enquête, et s'il trouve en quelque province un homme dont les bêtes soient mortes d'épidémie ou pestilence, ou encore du froid, il lui fait donner de ses propres bêtes, qu'il reçoit des autres provinces au titre de la dîme, et le fait aider plus ou moins selon l'étendue de la perte, et ne lui réclame point d'impôt pour cette année. Toute sa pensée, son plus grand souci est d'assister ceux qu'il commande, pour qu'ils soient en mesure de vivre, de travailler et d'accroître leurs biens. Mais voulons dire un autre trait du Grand Can : si d'aventure la foudre frappe quelque troupeau de brebis ou moutons, ou d'autres bêtes de quelque sorte, qui appartient à une ou à plusieurs personnes, et qui peut être aussi grand que vous voudrez, le Grand Can leur remet la dîme pour trois ans. Et pareillement, s'il advient que la foudre frappe une nef pleine de marchandises, il n'en demande ni taxe ni part, parce qu'il pense que c'est mauvais présage quand la foudre frappe les biens de quelqu'un. Et dit le Grand Can : « Dieu l'avait en haine, et c'est pourquoi il l'a frappé de la foudre. » Il ne veut donc point que ces objets frappés par la colère divine entrent jamais dans son trésor.

En telle manière, comme vous avez ouï, le Grand Sire aide et assiste ses hommes. Or vous ai devisé de ce sujet, et donc vous deviserai d'autre chose.

CI. — Comment le Grand Can fait planter arbres le long des routes

Or sachez très véritablement que le Grand Sire a fait une autre chose utile et belle ; par toutes les principales routes qui traversent la province du Catai et les voisines, et par lesquelles passent les messagers, marchands et autres gens, il a fait planter des arbres des deux côtés, à deux ou trois pas l'un de l'autre, et qui sont d'une espèce qui devient grande et forte. Et vous dis qu'ils sont si grands que bien se peuvent voir de fort loin. Ce qu'il a fait faire pour que chacun puisse voir les routes, que les marchands se puissent reposer à l'ombre, et qu'ils ne perdent pas la route, ni de jour, ni de nuit. Et vous trouverez ces très grands arbres le long des chemins solitaires, qui sont grande aide et réconfort aux marchands et aux voyageurs. C'est ainsi par toutes les provinces et par tous les royaumes qui lui sont soumis, pourvu que le terrain permettre qu'on en plante. Mais dans les lieux déserts et sableux, et dans les montagnes pierreuses où point ne saurait-on planter, il a fait mettre d'autres signaux, pierres et colonnes qui montrent la route. Et il a même certains barons qui ont charge de veiller à ce qu'ils soient toujours en bon état. Et outre ce qu'on a déjà dit de ces arbres, le Grand Can les a fait planter avec le plus grand plaisir, car ses devins et astrologues disent que, qui fait planter des arbres, il aura longue vie.

Or vous ai conté des arbres des routes ; donc vous dirai encore autre chose.

CII. — Ci devise du vin que boivent les gens de Catai

Et encore sachez que la plupart des gens de la province du Catai boivent un tel vin comme je vous décrirai. Ils font boisson de riz au lieu de vin, et avec maintes autres bonnes épices, et ils la font en telle manière, et si bien, qu'il est meilleur à boire que nul autre vin de raisin, et nul homme ne peut souhaiter mieux. Il est très clair et pétillant, parfumé, de belle apparence. Il rend un homme ivre plus tôt qu'un autre vin parce qu'il est très chaud, et sucré.

Or laissons cela, et vous conterons comment les pierres brûlent comme bûches.

CIII. — Ci devise d'une manière de pierres qui se brûlent comme bûches

Il est vrai que par toute la province du Catai, il y a une manière de pierres noires qui s'extraient des montagnes, et qui brûlent en faisant des flammes comme bûches : elles se consument tout entières comme le charbon de bois [267]. Elles tiennent le feu et produisent

267. Le charbon minéral était connu et utilisé en Chine depuis l'époque des Han, aux environs de l'ère chrétienne.

la cuisson mieux que ne fait le bois. Et vous dis même que si vous en mettez au feu le soir et les faites bien prendre, elles tiennent si bien le feu toute la nuit qu'on en retrouve le matin. Ces pierres, toutefois, ne font pas grandes flammes, sauf un peu au début, lorsqu'on les allume, et tout ainsi que le charbon de bois, puis demeurent au rouge et donnant grande chaleur. Et sachez qu'on brûle ces pierres par toute la province du Catai, bien qu'à la vérité, ils aient du bois en abondance pour faire des bûches ; mais telle est la multitude des gens, des étuves et des bains publics qui sont continûment chauffés, que le bois n'y suffirait point, car il n'est personne qui n'aille à l'étuve et ne se baigne au moins trois fois la semaine, et, en hiver, tous les jours s'il se peut. Et tout noble ou riche homme a sa propre étuve à la maison, où il se lave, si bien qu'il n'y aurait jamais assez de bois pour tant de feux, mais ces pierres se trouvent en très grande quantité ; ils en brûlent donc en masse parce qu'elles valent mieux et coûtent moins que le bois, dont ils font ainsi grande économie. On ne s'en sert point pour bâtir des maisons, et même elles n'ont aucun autre usage que le feu.

Or vous ai conté ce chapitre, et vous conterai une autre affaire, comment le Grand Sire empêche que le grain ne soit trop cher.

CIV. — Comment le Grand Can fait amasser et distribuer grande quantité de grain pour secourir ses gens

Or sachez tout vraiment que le Grand Sire, quand il voit que les grains sont en grande abondance et qu'on en fait grand vente, en fait acheter et amasser de très grandes quantités par toutes ses provinces, et les fait mettre en grandes maisons destinées à cet usage en chaque province ; et il les fait si bien surveiller qu'ils ne se gâtent point pendant trois ans ou quatre ; et tous les trois ans, on les change. Avec tel soin fait-on provision de ces grains que les greniers du roi sont toujours pleins, afin qu'il puisse pourvoir aux besoins aux époques de disette. Et entendez donc bien qu'il fait réserves publiques de tous grains, froment, orge, millet, panic et riz, et autres grains, et qu'il les amasse en grandissime abondance. Et quand il advient que tel grain fait défaut et que la disette est grande, alors le Grand Sire fait prendre de ce grain dont il a tant comme vous ai conté, et le fait vendre pour argent. Et la mesure qui se vendrait un besant, — et vous dis du froment —, il en fait donner pour ce prix trois ou quatre, et en fait distribuer assez que tous en puissent avoir : si bien que chacun a planté et abondance de grain. Et en cette manière s'arrange le Grand Sire pour que ses hommes ne puissent souffrir grosse famine, et ainsi fait faire en tous les pays où il a seigneurie.

Or vous ai conté cela, et vous conterons un autre chapitre, comment le Grand Sire fait charité.

CV. — COMMENT LE GRAND CAN FAIT GRANDE CHARITÉ A SES PAUVRES GENS

Puisque je vous ai dit comment le Grand Sire fait faire pour son peuple de grandes provisions en vue de la disette, or vous conterai comment il fait grande charité aux pauvres gens qui sont en la ville de Cambaluc, autre œuvre qui n'est point de peu de prix. Il est vrai qu'il fait choisir maintes familles de cette ville, ses faubourgs et son voisinage, qui sont pauvres et n'ont rien à manger ; telle famille est de six personnes, telle de huit, telle de dix, et telle de plus, et telle de moins, et cela fait ensemble un grand nombre de gens. Le Grand Sire leur fait donner de ses greniers du froment et d'autres grains pour que chaque famille ait de quoi manger toute l'année. Et presque tous les ans, il le fait faire à un très grand nombre.

Quand il apprend qu'une famille de gens honorables et dignes est devenue pauvre par quelque infortune, ou ne peut travailler pour quelque maladie, et n'a aucun moyen de récolter du grain, il lui fait donner assez pour qu'elle puisse payer ses dépenses pendant toute l'année. A l'époque ordinaire, ladite famille va voir les fonctionnaires qui sont commis à toutes les dépenses du Grand Can et qui restent en un palais placé à part pour cet office ; et elle présente un écrit qui témoigne combien elle a reçu l'année passée pour vivre, et d'après cela ils la fournissent pour l'année en cours. Ils lui donnent aussi la vêture, car le Grand Can a la dîme de toute la laine, et de la soie, et du chanvre, dont on fait les habits : et il fait tisser ces choses dans une maison bâtie à part de celle-là, où on les entrepose. Comme tous les métiers sont tenus par la loi de travailler pour lui un jour par semaine, le Grand Can fait faire des habits de ces matières, qu'il fait donner aux susdites familles de pauvres gens, selon ce qu'il leur faut et l'hiver et l'été. Il assure également la vêture de ses armées, et en toute cité, il fait tisser des vêtements de laine, qui sont payés sur leur dîme. Et il est à savoir que les Tartares, d'après leur première coutume, avant qu'ils ne connussent la loi des idoles, ne faisaient point l'aumône. Car si quelque pauvre homme venait à eux, ils le chassaient avec insulte en lui disant :

— Va-t'en avec le mauvais sort que Dieu t'a donné ! Car s'il t'avait aimé comme il m'aime, il t'aurait fait du bien !

Mais comme les sages des Idolâtres, et notamment les sus-nommés *basci,* ont suggéré au Grand Can que prévoir pour les pauvres était une bonne œuvre pour lui, et que leurs idoles s'en réjouiraient grandement, lui, là-dessus, a pourvu pour les pauvres comme il est dit plus haut. Et encore vous dis que tous ceux qui désirent aller à la Cour pour toucher le pain du seigneur, ils peuvent chaque jour avoir une miche chaude. Loin de refuser à personne, on donne à tous ceux qui viennent, et nul n'a rien à payer. Et sachez que je ne crois pas mentir en disant que de pauvres, hommes et femmes, il vient bien chaque jour plus de trente mille, et qu'il n'est point de jour qu'on ne distribue vingt mille bols de riz, de panic et de millet. C'est ainsi tous les jours de l'année, et c'est grande bonté au seigneur qui a pitié de ses pauvres peuples. Et comme à nul pauvre on ne refuse de pain, en raison de cette merveilleuse et stupéfiante générosité, les peuples l'ont en si grand bien qu'ils l'adorent comme un dieu.

Or vous ai dit de cette organisation, je vous parlerai d'autre chose.

Dans la ville de Cambaluc sont environ cinq mille devins et astrologues, Chrétiens, Sarrazins, Catayens, auxquels, tout comme aux pauvres, le Grand Can fournit chaque année le vivre et le vêtement. Ils exercent sans cesse leur art dans la cité. Ils ont en effet leur astrologie, où sont écrits les signes des planètes, les heures et les minutes de toute l'année. Ainsi toute l'année, les susdits astrologues Sarrazins, Catayens et Chrétiens étudient l'écoulement et la disposition de toute l'année dans cette astrologie d'après le cours de la Lune. Car ils voient et découvrent quelle sorte de temps chaque lune produira d'après la marche naturelle et la situation des planètes et des signes, et d'après leurs propriétés. Assavoir, en telle lune, il y aura des tonnerres et tempêtes ; en telle autre, tremblement de terre ; en telle autre, orages, éclairs et maintes pluies ; en telle autre, maladies, pestes, guerres et discorde infinie ; et ainsi de suite pour chaque lune, selon ce qu'ils peuvent trouver. Et vous diront que c'est ainsi que les choses sont tenues d'aller d'après leur cours et leur nature, ajoutant toutefois :

— Mais Dieu est bien capable de faire plus ou moins selon sa volonté.

Alors, vous feront bien des petites feuilles où ils vous écriront tout ce qui doit advenir chaque mois de l'année, feuilles qu'on nomme *tacuini* [268]. Ils les vendent

---

268. Calendriers chinois contenant des prévisions météorologiques et des prédictions sur l'avenir utilisés jusqu'à une époque récente.

un gros l'une, à qui les veut acheter pour savoir ce qui va arriver cette année. Ceux qui ont discouru plus véridiquement que les autres sont tenus pour maîtres plus parfaits en leur art et obtiennent de plus hauts honneurs. De même, si quelqu'un se propose d'entreprendre quelque grande œuvre ou de partir pour quelque lieu lointain pour son commerce ou autre chose, ou envisage de faire chose quelconque et désire connaître l'issue de son affaire, s'en ira trouver un de ces astrologues et lui dira :

« Regardez en vos livres comment le ciel se trouve tout juste en ce moment, parce que je veux aller faire telle affaire ou commerce. » Et lui dit l'année, le mois, le jour, l'heure et la minute de sa naissance, parce que chacun, dès qu'il est né, la première chose qu'on lui enseigne, c'est sa nativité. Et voici comment on s'y prend parmi eux. Les Tartares comptent le nombre de leurs années de douze en douze, et ils marquent douze ans avec douze signes ; la première année est marquée d'un lion, la seconde d'un bœuf, la troisième d'un dragon, la quatrième d'un chien, etc., poursuivant ainsi jusqu'à la douzième ; de sorte que si l'on demande à quelqu'un quand il est né, il répond :

— Au cours de l'année du lion, tel jour ou telle nuit, heure et minute de telle lune.

Ou de quelque autre manière, sous quelque autre signe d'année ; et les pères s'astreignent à le noter soigneusement sur un livre. Et lorsque les années ont rempli leur série jusqu'au douzième signe, alors ils recommencent depuis le premier nombre, en suivant toujours le même ordre. Aussi, lorsqu'un homme doit demander à l'astrologue ou au devin à quelle issue son entreprise aboutira, et lui a dit d'abord le jour, l'heure et la minute de la lune de sa naissance, et dans le cours de quelle année, le devin, ayant examiné la constellation, et trouvé la planète sous laquelle l'homme est né, lui annonce en bon ordre tout ce qui lui arrivera en ce voyage, et comment son entreprise aboutira à tout égard, soit bien, soit mal. Notamment, si c'est un marchand, la planète qui sera alors en son ascendant sera opposée à son commerce, de sorte qu'il doit attendre un autre règne, qui lui sera propice ; ou bien, le signe qui brille directement en face de la porte par laquelle il doit sortir de la ville se trouvera en opposition avec le sien propre, de sorte qu'il sera obligé de sortir par une autre porte ou d'attendre que le signe ait changé ; ou encore qu'en tel lieu, ou tel jour, il rencontrera des voleurs ; pour un autre, la pluie et la tempête lui tomberont dessus ; pour tel autre, le cheval se cassera la jambe ; pour tel autre, il perdra sur ses denrées, ou gagnera ; ainsi, il lui prédit chaque événement contraire ou favorable d'après les signes qui lui sont opposés ou propices, et jusqu'à son retour, selon la disposition où l'on trouve le ciel.

Les hommes de la province du Catai sont, plus que tous les autres, ornés de belles et bonnes manières, car ils sont toujours appliqués à l'étude et aux exercices savants.

Ils parlent gracieusement et en bel ordre, saluent aimablement avec un visage avenant et souriant, se conduisent à table avec dignité et propreté ; et de même en toute autre chose. Ils ont fort grand respect pour leur père et leur mère. Et si l'on trouve qu'un fils fasse quelque chose qui leur déplaise, ou ne les assiste point en leurs besoins, il est un tribunal public qui n'a pas d'autre tâche que de punir sévèrement les fils ingrats qui ont commis quelque action d'ingratitude à leur égard. Les malfaiteurs coupables de divers crimes qui ont été attrapés et mis en prison, s'ils n'ont point encore été exécutés lorsque vient le temps fixé par le Grand Can pour la libération des prisonniers, qui est tous les trois ans, alors ils sortent, mais on leur fait une marque sur une mâchoire afin qu'on puisse les reconnaître.

Le présent Grand Can a interdit tous les jeux et tricheries qui chez eux étaient plus répandus qu'en aucun autre lieu du monde ; et pour les en détourner, il a dit : « Je vous ai conquis les armes à la main, et tout ce que vous possédez est mien ; et si vous jouez, vous jouez ce qui est à moi. » Pour autant, toutes fois, il ne leur a rien pris.

Et ne veux manquer de vous parler de l'ordre et des manières que le peuple et les barons du Grand Can observent quand ils se présentent devant lui. D'abord, les gens se tiennent humblement, tranquilles et cois à un demi-mille du lieu où le Grand Can peut être, par respect de son excellence, pour qu'on n'ouïsse ni bruit, ni noise, ni voix de personne parlant bruyamment ou criant. Tout baron ou noble porte toujours un beau petit vase où il crache s'il est dans la salle, car nul n'aurait le front de cracher dans la salle ; et quand il a craché, il le couvre et le serre. Ils ont de même certaines jolies pantoufles de cuir blanc qu'ils emportent avec eux, et quand ils sont arrivés à la Cour, s'ils désirent entrer dans la salle — à supposer que le Seigneur les demande — ils mettent ces pantoufles blanches et donnent aux serviteurs celles qu'ils avaient ; et cela, c'est pour ne point souiller les beaux et merveilleux tapis de soie, d'or, et d'autres couleurs.

Comme vous l'avons dit plus haut, ces gens sont tous idolâtres. En rendant le culte à leurs dieux, ils s'y prennent en cette manière. En sa maison, chacun a une statue pendue au mur d'une chambre, qui représente le grand et sublime dieu du ciel, ou seulement une tablette haut placée au mur de sa chambre, avec le nom du dieu écrit dessus. C'est là que, chaque jour, avec un encensoir ils l'adorent en élevant les mains en l'air, et, en même temps, grinçant trois fois les dents, lui demandent de leur donner longue vie, heureuse et joyeuse, bon entendement et santé, et ne demandent rien de plus. Alors, gisant à terre, ils ont une autre statue, qu'ils appellent Natigai, dieu des affaires terrestres, qui ne s'occupe de rien d'autre que des affaires terrestres et des choses qui poussent de la terre. Avec ce dieu, sont sa femme et ses enfants ; ils les adorent de la même manière, avec l'encensoir, en grinçant des dents et en élevant les mains, et lui demandent un climat tempéré et les fruits de la terre, des enfants et les choses semblables. Certes, de leur âme, ils n'ont ni conscience ni souci, mais songent uniquement à nourrir leur corps et à se procurer des plaisirs. Quant à l'âme, ils tiennent qu'elle est immortelle, mais comme vous allez voir. Ils pensent que, quand un homme trépasse, elle entre incontinent en un autre corps, et selon qu'en sa vie il s'est bien ou mal conduit, en passant du bien au meilleur ou en passant du mal au pire ; c'est-à-dire que s'il a été un pauvre homme, et qu'il se soit bien conduit, et modestement en sa vie, après sa mort, il renaîtra du sein de quelque gente dame, et il sera gentilhomme ; puis du sein, d'une princesse, et il sera seigneur. S'il est le fils d'un chevalier et s'est bien conduit dans sa vie, à sa mort il renaît du sein d'une comtesse ; et après être encore mort, du sein d'une princesse, ainsi toujours montant jusqu'à ce qu'il soit reçu en Dieu. Et au contraire, s'il s'est mal comporté, étant le fils d'un gentilhomme, il renaîtra fils de manant, et de manant deviendra chien, sans cesse descendant vers une vie inférieure.

Et comme nous avons fini de parler du gouvernement et de l'administration de la province du Catai et de la cité de Cambaluc, et de la magnificence du Grand Can, nous quitterons cette ville de Cambaluc pour parler des autres régions où est allé Messire Marco pour les affaires du gouvernement du Grand Can, et traverserons le Catai pour parler des grandes et riches choses qui y sont.

CVI. — Ci commence le propos de la grande province du Catai, et conterons du fleuve de Pulisanghin

Or sachez que Messire Marco en personne, le Grand Sire l'envoya en mission vers le Ponant [269]. Il partit donc

269. Cette mission doit être celle décrite au chap. XVI et doit dater des années 1277-78. Mais il est également possible que plusieurs voyages et séjours aient été décrits sous forme d'un seul itinéraire.

de Cambaluc et fit quatre bons mois de route vers le Ponant ; et pour cela, vous conterons tout ce qu'il vit en ce voyage, en allant et en revenant.

Quand il fut parti de la ville de Cambaluc et fut allé dix milles, trouva un grand fleuve qui est appelé Pulisanghin [270], lequel fleuve va jusques à la mer Océane. Par là, maints marchands, sur bien des nefs, s'en vont à la mer Océane avec maintes marchandises. Et sur ce fleuve il y a un très beau pont de pierre digne de mention, car sachez qu'en le monde entier de si beau n'a son pareil.

Et vous dis qu'il a bien trois cents pas de long et huit de large, car bien dix hommes à cheval y peuvent aller de front. Il a vingt-quatre arches et vingt-quatre piliers dans l'eau pour le porter ; et est tout de marbre gris très bien ouvragé et fondé. A chaque bout se dresse une belle courtine ou mur de marbre et des colonnes, faits comme je vous dirai. A la tête du pont est une colonne de marbre, et dessous il y a un lion de marbre qui la soutient, et dessus il y a un autre lion tout semblable, très gros, très beau et très bien fait. A un pas et demi de cette colonne, en tirant vers le haut de ce pont en est une autre tout ainsi faite, avec deux lions ; d'une colonne à l'autre, ce pont est clos par une bande de marbre gris tout ouvragée de diverses sculptures et mortaisée aux deux colonnes, de sorte que les gens ne peuvent choir dans l'eau. Et ainsi de suite, toutes les colonnes éloignées l'une de l'autre d'un pas et demi, ce pourquoi est belle chose à voir.

Or vous avons parlé de ce beau pont, nous conterons des choses nouvelles.

---

270. Le nom indique non pas le fleuve mais le pont qui le traverse. Le mot est persan et devrait se lire soit comme Poul-i sanghin (= le pont de pierre), soit comme Poul-i Sang-kan (= le pont de la rivière Sang-kan).

Table

Tome I

Tome II

Cartes

Dans la même collection

Littérature et voyages

Louis-Antoine de Bougainville, *Voyage par la frégate la Boudeuse et la flûte l'Étoile.*
Hernán Cortés, *La conquête du Mexique.*
Bartolomé De Las Casas, *Très brève relation de la destruction des Indes.*
Taos Amrouche, *Le grain magique.*
René Caillié, *Voyage à Tombouctou* (tome 1).
René Caillié, *Voyage à Tombouctou* (tome 2).
James Cook, *Relations de voyages autour du monde.*
Ibn Battûta, *Voyages* (tome 1).
Ibn Battûta, *Voyages* (tome 2).
Ibn Battûta, *Voyages* (tome 3).
Jean-François de Lapérouse, *Voyage autour du monde sur l'Astrolabe et la Boussole.*
Louis-Sébastien Mercier, *Le tableau de Paris.*
Louise Michel, *La Commune, Histoire et Souvenirs.*
Martin Nadaud, *Léonard, maçon de la Creuse.*
Mungo Park, *Voyage dans l'intérieur de l'Afrique.*
Marco Polo, *Le devisement du monde, le livre des merveilles* (tome 1).
Marco Polo, *Le devisement du monde, le livre des merveilles* (tome 2).

Essais

Michel Authier et Pierre Lévy, *Les arbres de connaissances.*
Louis Barthas, *Les carnets de guerre de Louis Barthas, tonnelier 1914-1918.*
Paul Blanquart, *Une histoire de la ville.*
Augusto Boal, *Théâtre de l'opprimé.*
Augusto Boal, *Jeux pour acteurs et non-acteurs.*
Lucien Boia, *La fin du monde.*
Philippe Breton, *L'utopie de la communication.*

François BURGAT, *L'islamisme en face.*
Ernesto CHE GUEVARA, *Journal de Bolivie.*
Daniel COHN-BENDIT, *Une envie de politique.*
Daniel GUÉRIN, *Ni Dieu ni maître*, tomes I et II.
Roger-Henri GUERRAND, *Les lieux.*
Jean GUISNEL, *Guerres dans le cyberespace.*
Joseph KLATZMANN, *Attention statistiques !*
Pierre LÉVY, *L'intelligence collective.*
Pierre LÉVY, *Qu'est-ce que le virtuel ?*
André L'HÉNORET, *Le clou qui dépasse.*
Alain LIPIETZ, *La société en sablier.*
Sven ORTOLI et Jean-Pierre PHARABOD, *Le cantique des quantiques, Le monde existe-t-il ?*
Daya PAWAR, *Ma vie d'intouchable.*
Jeremy RIFKIN, *La fin du travail.*
Bertrand SCHWARTZ, *Moderniser sans exclure.*
Victor SERGE, *L'an I de la révolution russe.*
Maryse SOUCHARD, Stéphane WAHNICH, Isabelle CUMINAL, Virginie WATHIER, *Le Pen-les mots.*
Michel WIEVIORKA, *Une société fragmentée ?*

SCIENCES HUMAINES ET SOCIALES

Louis ALTHUSSER, *Pour Marx.*
Paul BAIROCH, *Mythes et paradoxes de l'histoire économique.*
Étienne BALIBAR et Immanuel WALLERSTEIN, *Race, nation, classe.*
Daniel BOUGNOUX, *La communication par la bande.*
Philippe BRETON et Serge PROUX, *L'explosion de la communication.*
Yves CLOT, *Le travail sans l'homme ?*
François DOSSE, *L'empire du sens.*
Florence DUPONT, *L'invention de la littérature.*
Patrice FLICHY, *Une histoire de la communication moderne.*
Yvon GARLAN, *Guerre et économie en Grèce ancienne.*
Camille LACOSTE-DUJARDIN, *Des mères contre les femmes.*
Yves LACOSTE, *Ibn Khaldoun.*
Bruno LATOUR, *Nous n'avons jamais été modernes.*
Bruno LATOUR et Steve WOOLGAR, *La vie de laboratoire.*
Prosper-Olivier LISSAGARAY, *Histoire de la Commune de 1871.*

Geoffrey E.R. LLOYD, *Pour en finir avec les mentalités.*
Georg LUKACS, *Balzac et le réalisme français.*
Armand MATTELART, *L'invention de la communication.*
Gérard MENDEL, *La psychanalyse revisitée.*
Élisée RECLUS, *L'homme et la Terre.*
Maxime RODINSON, *Peuple juif ou problème juif ?*
Jean-Charles SOURNIA, *Histoire de la médecine.*
Jean-Pierre VERNANT, *Mythe et pensée chez les Grecs.*
C. WRIGHT MILLS, *L'imagination sociologique.*
E. J. HOBSBAWM, *Les bandits.*
Jean-Loup AMSELLE et Ekilia M'BOKOLO, *Au cœur de l'ethnie.*

Cet ouvrage reproduit par procédé photomécanique
a été achevé d'imprimer en décembre 1999
par **Bussière Camedan Imprimeries**
à Saint-Amand-Montrond (Cher)
Dépôt légal du 1er tirage : janvier 1998.
Numéro d'imprimeur : 995421/1.
ISBN 2-7071-2815-5